主　　编　曹士兵　中国应用法学研究所所长
副 主 编　关　毅　国家法官学院科研部主任
　　　　　刘　畅　国家法官学院科研部副主任
主编助理　边疆戈　国家法官学院科研部编辑
　　　　　苏　烽　国家法官学院科研部编辑

中国法院

2019年度案例

国家法官学院案例开发研究中心◎编

侵权赔偿纠纷

中国法制出版社
CHINA LEGAL PUBLISHING HOUSE

《中国法院年度案例》通讯编辑名单

序

法律的生命在于实施，而法律实施的核心在于法律的统一适用。《中国法院年度案例》丛书出版的价值追求，即公开精品案例，研究案例所体现的裁判方法和理念，提炼裁判规则，为司法统一贡献力量。

《中国法院年度案例》丛书，是国家法官学院于2012年开始编辑出版的一套大型案例丛书，之后每年年初定期出版，由国家法官学院案例开发研究中心具体承担编辑工作。此前，该中心坚持20余年连续不辍编辑出版了《中国审判案例要览》丛书近90卷，分中文版和英文版在海内外发行，颇有口碑，享有赞誉。现在编辑出版的《中国法院年度案例》丛书，旨在探索编辑案例的新方法、新模式，以弥补当前各种案例书的不足。该丛书2012～2018年已连续出版7套，一直受到读者的广泛好评，并迅速售罄。为更加全面地反映我国司法审判的发展进程，顺应审判实践发展的需要，响应读者需求，2014年度新增3个分册：金融纠纷、行政纠纷、刑事案例，2015年度将刑事案例调整为刑法总则案例、刑法分则案例2册，2016年度新增知识产权纠纷分册，2017年度新增执行案例分册，2018年将刑事案例扩充为4个分册。现国家法官学院案例开发研究中心及时编撰推出《中国法院2019年度案例》系列丛书，共23册。

总的说来，当前市面上的案例丛书百花齐放，既有判决书网，可以查询各地、各类的裁判文书，又有各种专门领域的案例汇编书籍，以及各种案例指导、案例参考等读物，十分活跃，也各具特色。而《中国法院年度案例》丛书则试图把案例书籍变得“好读有用”，故在编辑中坚持以下方法：一是高度提炼案例内容，控制案例篇幅，每个案例基本在3000字以内；二是突出争议焦点，剔除无效信息，尽可能在有限的篇幅内为读者提供有效、有益的信息；三是注重对案件裁判文书的再加工，大多数案例由案件的主审法官撰写“法官后语”，高度提炼、总结案例的指导价值。

同时，《中国法院年度案例》丛书还有以下特色：一是信息量大。国家法官学院案例开发研究中心每年从全国各地法院收集到的上一年度审结的典型案例超过10000件，使该丛书有广泛的选编基础，可提供给读者新近发生的全国各地的代表性案例。二是方便检索。为节约读者选取案例的时间，丛书分卷细化，每卷下还将案例主要根据案由分类编排，每个案例用一句话概括裁判规则、裁判思路或焦点问题作为主标题，让读者一目了然，迅速找到需求目标。

中国法制出版社始终全力支持《中国法院年度案例》的出版，给了作者和编辑们巨大的鼓励。2018年新推出数据库增值服务，2019年继续提供数据库增值服务并充实完善数据内容。购买本书，扫描前勒口二维码，即可在本年度免费查阅使用上一年度案例数据库。我们在此谨表谢忱，并希望通过共同努力，逐步完善，做得更好，真正探索出一条编辑案例书籍、挖掘案例价值的新路，更好地服务于学习、研究法律的读者，服务于社会，服务于国家的法治建设。

本丛书既可作为法官、检察官、律师等司法实务工作人员的办案参考和司法人员培训推荐教程，也是社会大众学法用法的极佳指导，亦是教学科研机构案例研究的精品素材。当然，案例作者和编辑在编写过程中也不能一步到位实现最初的编写愿望，可能会存在各种不足，甚至错误，欢迎读者批评指正，我们愿听取建议，并不断改进。

曹士兵

目　录

Contents

一、产品责任

二、医疗损害责任

三、教育机构责任

四、违反安全保障义务责任

五、环境污染责任

六、触电人身损害责任

七、饲养动物损害责任

八、物件损害责任

九、申请诉中财产保全损害责任

十、其他侵权纠纷

一、产品责任

1

不合格化妆品导致使用者面部损害依法受法律保护

——黄某娣诉六安市某某化妆品专卖店产品责任案

【案件基本信息】

1. 裁判书字号

安徽省六安市裕安区人民法院（2017）皖1503民初1708号民事判决书

2. 案由：产品责任纠纷

3. 当事人

原告：黄某娣

被告：六安市某某化妆品专卖店（以下简称某某专卖店）

【基本案情】

2015年8月29日，原告黄某娣与被告六安市某某化妆品专卖店经营者张某梅签订协议，接受被告某某专卖店为其提供祛斑美容服务，并为此支付服务费4000元。被告承诺：通过美容祛斑，原告面部存在的黄褐斑等瑕疵，可达到98%及以上的祛除。但经过一段时间的“治疗”，并未能达到预期祛斑效果，同时原告还反复产生严重不良反应：面部发红、发紫、出现水泡。原告质疑，被告即让其暂停使用产品，自行修复一段时间，大约两三个月症状消除，被告又继续为其“治疗”。如此重复了4次。2016年10月，被告某某专卖店经营者张某梅向原告出具《保证书》，承诺：“在2个月左右，让脸排毒到自然状态，若不满意，全额退还治疗费，在本店免费治疗。若是一品莲祛斑导（直）致皮肤受损，本店负责。”2017年2月23日，原告前往六安市人民医院门诊治疗，经诊断，原告面部为“瑞尔黑病变”。2017年2月27日，原告申请至安徽皖西司法鉴定所进行伤残鉴定，鉴定意见为：被鉴定人黄某娣目前遗留面部自额部向下至下颌部见色素沉着，呈淡褐色，压制不褪色，色素沉着面积占面部面积的90%，达80%以上，符合《人体损伤致残程度分级》标准六级伤残。

【案件焦点】

1. 被告销售的是否为不合格产品；2. 原告的面部损害与使用被告销售的产品和提供的美容服务之间有无因果关系。

【法院裁判要旨】

安徽省六安市裕安区人民法院经审理认为：关于被告某某专卖店提供给原告使用的产品是否为合格产品的问题。根据庭审查明的事实，被告在为原告“治疗”期间，使用的产品主要是“一品莲祛斑液”和“一品莲保养液”。“一品莲保养液”为25ml装的瓶装液体，包装瓶瓶身，仅标注了“一品莲保养液”和“本品不对外销售”等字样，再无其他标识。《中华人民共和国产品质量法》第二十七条第一款规定：“产品或者其包装上的标识必须真实，并符合下列要求：（一）有产品质量检验合格证明；（二）有中文标明的产品名称、生产厂厂名和厂址；（三）根据产品的特点和使用要求，需要标明产品规格、等级、所含主要成份的名称和含量的，用中文相应予以标明；需要事先让消费者知晓的，应当在外包装上标明，或者预先向消费者提供有关资料；（四）限期使用的产品，应当在显著位置清晰地标明生产日期和安全使用期或者失效日期；（五）使用不当，容易造成产品本身损坏或者可能危及人身、财产安全的产品，应当有警示标志或者中文警示说明。”2007年8月27日，国家质检总局颁布的《化妆品标识管理规定》（以下简称《规定》）第五条至第十五条对化妆品标识应当标注的内容，进行了详细规定。标识内容包括，化妆品的实际生产加工地、生产者的名称和地址、生产日期、保质期或生产批号和限期使用日期、净含量、全成分、产品质量检验合格证明、生产许可证标志和编号等。《规定》同时明确了具体标注形式，第十七条规定：“化妆品标识不得与化妆品包装物（容器）分离”；第十八条规定：“化妆品标识应当直接标注在化妆品最小销售单元（包装）上”。所以，本案被告某某专卖店销售的“一品莲保养液”的包装标识存在明显的瑕疵，产品质量是否合格有待进一步证明，但被告并未就此予以举证说明。《最高人民法院关于审理食品药品纠纷案件适用法律若干问题的规定》第六条规定：“食品的生产者与销售者应当对于食品符合质量标准承担举证责任。认定食品是否合格，应当以国家标准为依据；没有国家标准的，应当以地方标准为依据；没有国家标准、地方标准的，应当以企业标准为依据。食品的生产者采用的标准高于国家标准、地方标准的，应当以企业标准为依据。没有前述标准的，应当以食品安全法的相关规定为依据。”第十七条第一款规定：“消费者与化妆品、保健品等产品的生产者、销售者、广告经营者、广告发布者、推荐者、检验机构等主体之间的纠纷，参照适用本规定。”综上，被告销售的“一品莲保养液”应为不合格产品。被告作为专门从事化妆品销售和美容服务的企业，应当具有辨别产品是否合格的能力，明知产品不合格而销售，存在欺诈行为，故原告要求被告赔偿其支付商品及服务对价的三倍 12000 元（已支付的对价 4000 元 ×3），本院予以支持。

关于原告黄某娣的损伤与使用被告销售的产品和提供的美容服务之间有无因果关系的问题。根据庭审查明的事实，原告在使用被告销售的产品、接受被告提供的美容服务后，产生严重不良反应，面部发红、发紫、出现水泡。原告质疑，被告即让其暂停使用产品，自行修复一段时间，大约两三个月症状消除，被告又继续为其“治疗”。如此重复了 4 次。上述事实能够初步证明，原告的损害与使用被告销售的产品和接受被告提供的美容服务存在因果关系，而被告又没有举出证据证明损害不是因产品不符合质量标准造成的。《最高人民法院关于审理食品药品纠纷案件适用法律若干问题的规定》第五条第二款规定：“消费者举证证明因食用食品或者使用药品受到损害，初步证明损害与食用食品或者使用药品存在因果关系，并请求食品、药品的生产者、销售者承担侵权责任的，人民法院应予支持，但食品、药品的生产者、销售者能证明损害不是因产品不符合质量标准造成的除外。”综上，被告提出原告应当对因产品导致其损害承担举证责任的抗辩理由不能成立，原告的损害与被告销售的不合格产品、提供的美容服务存在因果关系，原告要求被告赔偿其由此造成的人身伤害损失，本院予以支持。

对于原告黄某娣的损失，本院确认如下：

1. 残疾赔偿金：原告黄某娣为“失地农民”，其面部损伤经鉴定为六级伤残，适用城镇居民人均可支配收入标准计算20年，残疾赔偿金为291560元（29156元/年×20年×50%=291560元）。

2. 交通费：原告主张1000元，本院酌定800元。

3. 精神抚慰金：原告因不合格产品致六级伤残，本院支持精神抚慰金25000元。

4. 鉴定费：500元。

上述1~4项共计317860元，应当由被告某某专卖店赔偿。

综上，依照《中华人民共和国侵权责任法》第四十三条第一款，《中华人民共和国产品质量法》第二十七条第一款、第三十六条、第四十三条，《中华人民共和国消费者权益保护法》第四十九条、第五十五条第一款，《最高人民法院关于审理人身损害赔偿案件适用法律若干问题的解释》第十七条、第十八条、第二十二条、第二十五条，《中华人民共和国民事诉讼法》第六十四条，《最高人民法院关于适用〈中华人民共和国民事诉讼法〉的解释》第九十条规定，《最高人民法院关于审理食品药品纠纷案件适用法律若干问题的规定》第五条第二款、第六条、第十七条，经本院审判委员会讨论决定，判决如下：

一、被告六安市某某化妆品专卖店赔偿原告黄某娣购买化妆品、接受美容服务对价的三倍12000元；

二、被告六安市某某化妆品专卖店赔偿原告黄某娣残疾赔偿金等损失合计317860元；

上述一、二项款合计329860元，被告六安市某某化妆品专卖店应于本判决生效之日起十日内一次性付清。

三、驳回原告黄某娣其他诉讼请求。

如果未按本判决指定的时间履行金钱给付义务，应当按照《中华人民共和国民事诉讼法》第二百五十三条规定，加倍支付迟延履行期间的债务利息。

案件受理费3230元，由被告六安市某某化妆品专卖店负担。

【法官后语】

一、化妆品生产者与经营者应当对产品符合质量标准承担举证责任

案涉化妆品虽然存在无产品标识等严重瑕疵，但其是否为不合格产品，并没有

通过检验，也没有经过相关部门的认定。如果按照一般举证责任规则“谁主张、谁举证”来要求，原告即应当承担证明产品质量不合格的责任，但综合双方的举证能力大小，这样实际上是加重了原告的举证责任，会造成实质上的不公平。

《最高人民法院关于审理食品药品纠纷案件适用法律若干问题的规定》第六条规定。“食品的生产者与销售者应当对于食品符合质量标准承担举证责任”。第十七条第一款规定：“消费者与化妆品、保健品等产品的生产者、销售者、广告经营者、广告发布者、推荐者、检验机构等主体之间的纠纷，参照适用本规定。”这些规定为本案举证责任分配提供了直接依据，即被告应当对产品质量符合标准承担举证责任。本案被告没有能够证明其提供给原告使用的化妆品为质量合格产品，所以，原告主张被告销售的产品质量不合格，予以采信。

二、消费者只需要证明损害后果与使用不合格化妆品之间存在初步因果关系即完成了其证明因果关系存在的举证责任

不合格化妆品致人损害造成的后果一般表现为过敏等不良反应，严重的可能导致毁容。但这些后果通常会以某种疾病的形式表现出来，而疾病产生的原因非常复杂，严格要求消费者举证证明与使用不合格化妆品存在因果关系，消费者能够完成举证责任的可能性很小，也很难获得胜诉。

本案原告在使用不合格化妆品后出现不良反应，被诊断为“瑞尔黑病变”，“瑞尔黑病变”的致病原因同样非常复杂，是否与使用不合格化妆品有直接的原因更是难以判定。依据《最高人民法院关于审理药品纠纷案件适用法律若干问题的规定》第五条第二款规定，在初步因果关系能够确定的情况下，举证责任即转移到了被告方。对此本案被告举证不能，原告主张其损害后果与使用不合格化妆品有因果关系，法院予以支持。

三、经营者销售无标识的产品应当认定为存在欺诈行为需承担惩罚性赔偿责任

本案被告销售无标识的化妆品严重违反了《产品质量法》和《规定》的强制性规定，作为从事化妆品销售的经营者对此应当明知，其仍然销售和提供给原告使用，存在明显欺诈。据此，依据《消费者权益保护法》第五十五条的规定，被告应当承担惩罚性赔偿责任。

编写人：安徽省六安市裕安区人民法院　张世军

2

经营者提供“三无产品”为消费者进行美容服务应退还服务价款并按服务金额的三倍支付赔偿金

——陈某冰诉厦门某某美容有限公司产品责任案

【案件基本信息】

1. 裁判书字号

福建省厦门市中级人民法院（2017）闽02民终254号民事判决书

2. 案由：产品责任纠纷

3. 当事人

原告（被上诉人）：陈某冰

被告（上诉人）：厦门某某美容有限公司（以下简称某某公司）

【基本案情】

陈某冰于2015年至2016年在厦门某某美容有限公司消费，接受暖宫、淋巴、减肥项目的服务，共向某某公司支付款项21331.1元。2016年4月22日，陈某冰在某某公司接受服务时遭到烫伤，后其向有关部门投诉。2016年7月29日，厦门市思明区市场监督管理局向陈某冰出具《投诉（举报）处理告知书》，载明某某公司在美容服务中使用没有标明生产厂厂名、厂址和产品质量检验合格证明的瑶族药浴和强效燃脂产品，其行为违反了《厦门经济特区产品质量监督管理条例》第九条第一款第一项与第二项之规定，已构成违法行为，本局决定予以行政处罚。陈某冰遂诉至法院，要求判令：一、某某公司立即退还陈某冰接受服务支付金额总计21331.1元；二、某某公司立即向陈某冰赔偿63993.3元；三、某某公司立即向陈某冰赔偿精神损失费10000元。

【案件焦点】

1. 某某公司是否应退还陈某冰接受服务费用 21331. 1 元；2. 某某公司是否应赔偿陈某冰三倍价款金额 63993. 3 元；3. 某某公司是否应赔偿陈某冰精神损失费 10000 元。

【法院裁判要旨】

福建省厦门市思明区人民法院经审理认为：

一、关于陈某冰接受服务支付金额是否应退还的问题。根据《中华人民共和国消费者权益保护法》第二十四条第一款规定："经营者提供的商品或者服务不符合质量要求的，消费者可以依照国家规定、当事人约定退货，或者要求经营者履行更换、修理等义务。没有国家规定和当事人约定的，消费者可以自收到商品之日起七日内退货；七日后符合法定解除合同条件的，消费者可以及时退货，不符合法定解除合同条件的，可以要求经营者履行更换、修理等义务。"根据前述认定，某某公司在提供减肥服务中使用的产品没有标注生产厂厂名、厂址和产品质量检验合格证明，无法保障陈某冰的人身安全，且在实际使用过程中致陈某冰遭受人身损害，应认定为其服务不符合质量要求。陈某冰要求退还接受服务金额 21331. 1 元可予准许。

二、关于三倍赔偿的问题。某某公司在为陈某冰提供服务的过程中，使用了没有标注生产厂厂名、厂址和产品质量检验合格证明的产品。依照《最高人民法院关于贯彻执行〈中华人民共和国民法通则〉若干问题的意见（试行）》第六十八条规定："一方当事人故意告知对方虚假情况，或者故意隐瞒真实情况，诱使对方当事人作出错误意思表示的，可以认定为欺诈行为。"故陈某冰要求某某公司按接受服务的三倍价款 63993. 3 元进行赔偿，予以支持。

三、关于精神损失费的问题。根据《最高人民法院关于确定民事侵权精神损害赔偿责任若干问题的解释》第八条第一款规定，因侵权致人精神损害，但未造成严重后果，受害人请求赔偿精神损害的，一般不予支持。虽然陈某冰在接受某某公司服务的过程中遭到人身损害，但并未造成严重后果，且亦不属于《中华人民共和国消费者权益保护法》第五十一条规定的可要求精神损害赔偿的情形。故陈某冰要求某某公司支付精神损失费的诉讼请求，没有法律依据，不予支持。

福建省厦门市思明区人民法院依照《中华人民共和国消费者权益保护法》第

四条、第五条第一款、第七条、第二十四条、第五十一条、第五十五条第一款，《中华人民共和国产品质量法》第二十七条，《最高人民法院关于贯彻执行〈中华人民共和国民法通则〉若干问题的意见（试行）》第六十八条，《最高人民法院关于确定民事侵权精神损害赔偿责任若干问题的解释》第八条第一款，《中华人民共和国民事诉讼法》第六十四条第一款，《最高人民法院关于民事诉讼证据的若干规定》第二条规定，作出如下判决：

一、某某公司应于判决生效之日起十日内退还陈某冰价款21331.1元；

二、某某公司应于判决生效之日起十日内支付陈某冰赔偿金63993.3元；

三、驳回陈某冰的其他诉讼请求。

某某公司不服一审判决，提出上诉。福建省厦门市中级人民法院经审理认为：

一、关于某某公司为陈某冰提供的美容服务是否符合质量要求。本案的争议缘于2016年4月22日陈某冰在某某公司接受服务时遭到烫伤。之后，厦门市思明区市场监督管理局的工作人员在某某公司的经营场所检查时发现"三无产品"。某某公司主张被查处的该产品与使用于为陈某冰提供减肥服务的产品非同一产品或者同一批次的产品，某某公司应当为此主张承担举证责任。某某公司虽提交"检验报告"，只能证明送检产品质量符合相应的国家标准，但不能证明送检产品与使用于为陈某冰提供减肥服务的产品非同一产品或者同一批次的产品。一审法院为此认定某某公司为陈某冰提供的美容服务不符合质量要求，并无不当。某某公司上诉主张陈某冰手臂的伤情属于机械性烫伤，与其所使用的强效燃脂膏之间不具有任何关联性，亦没有提交相关证据证明，不予采纳。

二、关于双方争议的"欺诈"问题。本案中，双方建立的是美容服务合同关系，某某公司作为专业从事女性减肥的美容机构，应当诚信经营，其对工作人员在向消费者提供减肥服务过程中使用的"三无产品"，应当是明知的。且在陈某冰接受服务长达半年的时间内，某某公司一直采取隐瞒欺骗的方式诱导陈某冰，致使陈某冰相信其接受的产品和服务符合标准。《中华人民共和国消费者权益保护法》第五十五条规定，"经营者提供商品或者服务有欺诈行为的，应当按照消费者的要求增加赔偿其受到的损失，增加赔偿的金额为消费者购买商品的价款或者接受服务的费用的三倍"。一审法院依据上述规定认定某某公司构成欺诈，并判决支持陈某冰的赔偿请求，并无不当。

三、关于某某公司是否退还全部价款问题。某某公司作为专业减肥机构，其服务意见自然会使陈某冰产生信赖，某某公司将“淋巴、暖宫”等采取捆绑销售的方式向陈某冰推销减肥服务，致使陈某冰进行消费。陈某冰要求全额退还价款，一审法院依法予以支持，亦无不当。

福建省厦门市中级人民法院依照《中华人民共和国民事诉讼法》第六十四条第一款、第一百七十条第一款第一项之规定，作出如下判决：

驳回上诉，维持原判。

【法官后语】

一、经营者是否应退还服务价款的问题

《消费者权益保护法》第二十四条第一款规定：“经营者提供的商品或者服务不符合质量要求的，消费者可以依照国家规定、当事人约定退货，或者要求经营者履行更换、修理等义务。没有国家规定和当事人约定的，消费者可以自收到商品之日起七日内退货；七日后符合法定解除合同条件的，消费者可以及时退货，不符合法定解除合同条件的，可以要求经营者履行更换、修理等义务。”该条是关于经营者承担退货、更换、修理等“三包”义务的规定，在本案的具体法律适用中有以下问题值得探讨：

1. 如何认定“不符合质量要求”

我国涉及产品责任的立法众多，除《消费者权益保护法》外还有《侵权责任法》《产品质量法》《合同法》《民法通则》等，但上述立法关于产品质量问题的表述并不统一。《合同法》《民法通则》中经常使用的是“产品质量不合格”，《产品质量法》则使用“质量不合格”“产品瑕疵”“产品缺陷”，《侵权责任法》使用的是“产品缺陷”，上述法律概念的内涵和外延不尽相同。那么《消费者权益保护法》第二十四条所规定“不符合质量要求”又应如何理解？结合该条上下文，笔者认为至少包含两层含义：首先，“不符合质量要求”是指经营者所提供的商品或服务不符合法律法规规定的强制标准。为此，可参考《产品质量法》第二十六条第二款规定，该条立法明确产品质量应当符合下列要求：（一）不存在危及人身、财产安全的不合理的危险，有保障人体健康和人身、财产安全的国家标准、行业标准的，应当符合该标准；（二）具备产品应当具备的使用性能，但是，对产品存在使用性能的瑕疵作出说明的除外；（三）符合在产品或者其包装上注明采用的产品标准，符合以产品说明、实物样品等方式表明的质量状况。如果有违反《产品质量法》该条规定的，应认定为“不符合质量要求”。其次，结合该条所提到的消费者可按当事人的约定进行退换货，因此，“不符合质量要求”的含义还应包含不符合当事人合同所约定的要求，即合同所明确约定的质量标准及经营者的服务承诺。本案中，某某公司使用“三无产品”为消费者进行美容减肥，可以说既违反了法律的强制性规定，也违反了自己的服务承诺。

2.“不符合质量要求”举证责任应由经营者还是消费者承担

根据上述法律规定，退货或退还服务价款的前提是经营者提供的商品或者服务不符合质量要求，在司法实践中所必然面临的问题是不符合质量要求的举证责任应如何分配。《最高人民法院关于审理食品药品纠纷案件适用法律若干问题的规定》第六条规定，食品的生产者与销售者应当对于食品符合质量标准承担举证责任。第十七条第一款规定：“消费者与化妆品、保健品等产品的生产者、销售者、广告经营者、广告发布者、推荐者、检验机构等主体之间的纠纷，参照适用本规定。”本案的美容减肥产品应与化妆品类似，故根据上述司法解释，某某公司作为产品销售者与服务经营者应就自己提供的美容产品符合质量标准承担举证责任。而本案由于消费者的举报，行政机关在查处过程中已将经营者所使用的美容减肥产品认定为无生产厂名、厂址和产品质量检验合格证明的“三无产品”，并对经营者进行了相应的行政处罚。某某公司虽提交“检验报告”，只能证明送检产品质量符合相应的国家标准，但不能证明送检产品与使用于为陈某冰提供减肥服务的产品非同一产品或者同一批次的产品，故应承担不利的后果。

3. 在无法退还相应服务或商品的情况下，消费者是否有权利要求经营者退还全部服务价款

根据上述法律规定，如果经营者销售不符合质量标准的产品，消费者可要求经营者退还价款，同时其应返还相应产品。而本案中与一般产品责任案件不同，消费者以预付款的方式接受美容院减肥美容等一系列服务，由于服务过程中经营者使用了“三无产品”，消费者要求经营者退还其已支付的服务价款，但其支付的价款大部分已被消费使用，即经营者已经提供了服务价款所对应的服务，并且其所提供的产品也已被消耗使用，在消费者已无法“退货”的情况下，是否能主张全部服务价

款的返还？

在许多服务行业领域，经营者往往通过预收一定款项而为消费者提供持续性、阶段性的服务，双方在缔约之初就应该就经营者提供的商品或者服务的数量和质量、价款或者费用、履行期限和方式、安全注意事项和风险警示、售后服务等内容进行充分磋商，经营者在履约过程中更应保证其所提供的商品或服务符合法律规定的质量标准以及双方的事先约定。本案中，经营者在为消费者提供减肥美容服务的过程中，使用了无生产厂名、厂址和产品质量检验合格证明的产品，并且给消费者造成了烫伤的人身损害，这显然违反了法律的强制性规定及其服务承诺，如果因为消费者已经使用了相关服务或产品而不允许其退还支出的全部服务价款，将显失公平，也不利于服务行业消费者利益的维护。故本案一审与二审法院均认为，无论消费者是否消费相关服务或商品，其预充值的全部服务价款经营者都应予以退还。

二、经营者是否应赔偿三倍服务价款的问题

1. 如何认定经营者的欺诈

《消费者权益保护法》第五十五条第一款规定："经营者提供商品或者服务有欺诈行为的，应当按照消费者的要求增加赔偿其受到的损失，增加赔偿的金额为消费者购买商品的价款或者接受服务的费用的三倍；增加赔偿的金额不足五百元的，为五百元。法律另有规定的，依照其规定。"

司法实践中应如何认定经营者的欺诈？国家工商行政管理总局1996年为配套消费者权益保护法颁布的《欺诈消费者行为处罚办法》虽已失效，但该办法第三条对认定欺诈行为有较为详细的规定，有较好的参考价值。该条规定，经营者在向消费者提供商品中，有下列情形之一的，属于欺诈消费者行为：（一）销售掺杂、掺假，以假充真，以次充好的商品的；（二）采取虚假或者其他不正当手段使销售的商品份量不足的；（三）销售"处理品"、"残次品"、"等外品"等商品而谎称是正品的；（四）以虚假的"清仓价"、"甩卖价"、"最低价"、"优惠价"或者其他欺骗性价格表示销售商品的；（五）以虚假的商品说明、商品标准、实物样品等方式销售商品的；（六）不以自己的真实名称和标记销售商品的；（七）采取雇佣他人等方式进行欺骗性的销售诱导的；（八）作虚假的现场演示和说明的；（九）利用广播、电视、电影、报刊等大众传播媒介对商品作虚假宣传的；（十）骗取消费者预付款的；（十一）利用邮购销售骗取价款而不提供或者不按照约定条件提供商品的；（十二）以虚假“有奖销售”、“还本销售”等方式销售商品的；（十三）以其他虚假或者不正当手段欺诈消费者的行为。

本案中，某某公司明知其为消费者提供的美容减肥产品为“三无产品”，但在陈某冰接受服务长达半年的时间内，某某公司一直采取隐瞒欺骗的方式诱导陈某冰，致使陈某冰相信其接受的产品和服务符合标准，足以认定欺诈，故一审、二审法院均认为应适用三倍价款的惩罚性赔偿。

2. 惩罚性赔偿是否以人身伤害为前提

《侵权责任法》第四十七条规定：“明知产品存在缺陷仍然生产、销售，造成他人死亡或者健康严重损害的，被侵权人有权请求相应的惩罚性赔偿。”由此可知，适用该条主张惩罚性赔偿的需要有两个前提：一是生产者、销售者明知产品存在缺陷仍然生产、销售；二是被侵权人因此受到严重的人身损害。司法实践中，经营者常以该法条抗辩认为惩罚性赔偿必须以造成人身损害为前提。然而，《消费者权益保护法》第五十五条所规定的三倍价款的惩罚性赔偿前提仅是经营者具有欺诈行为，并不要求消费者因此受到人身伤害。笔者认为，在两者冲突的情况下，应选择适用于2013年修订的后法，即《消费者权益保护法》，只要经营者提供商品或者服务有欺诈行为的，消费者就有权主张三倍价款的惩罚性赔偿。此外，于2015年修订的《食品安全法》第一百四十八条第二款关于十倍价款的惩罚性赔偿规定中也并未以造成人身等损害为前提。从上述立法修订的过程中，亦可体现国家对消费者权益保护力度的日益侧重与增强。

编写人：福建省厦门市中级人民法院　纪赐进　李仁莹

3

生产者、销售者生产、销售不符合食品安全的产品应承担十倍赔偿责任

——高某诉昆明百货大楼（集团）超市有限公司等产品责任案

【案件基本信息】

1. 裁判书字号

云南省昆明市中级人民法院（2017）云01民终4574号民事判决书

2. 案由：产品责任纠纷

3. 当事人

原告（被上诉人）：高某

被告（上诉人）：昆明百货大楼（集团）超市有限公司（以下简称百大超市公司）、云南高度生物科技有限公司（以下简称高度公司）

被告：昆明百货大楼（集团）超市有限公司百大店（以下简称百大店）

【基本案情】

高某分别于2015年12月12日、2015年12月13日和2015年12月14日在百大店处购买了单价为198元石运来玛咖酒164瓶，货款总计32472元，该产品外包装标识的QS编号为530015015596。经查，高度公司为上述石运来玛咖酒的经销商。2016年4月1日高某以百大店销售的上述产品未取得食品生产许可证为由诉至法院要求被告退还货款并支付货款十倍的赔偿金。另查明，百大店系有限责任公司分公司，没有独立法人资格，隶属于百大超市公司。涉案石运来玛咖酒出品为高度公司，生产者为香格里拉县达瓦青稞窖酒厂，生产许可证QS530015015596，该生产许可证产品名称为白酒，企业名称香格里拉县达瓦青稞窖酒厂，有效期至2015年1月19日。

【案件焦点】

1. 高某所购涉案 164 瓶石运来玛咖酒是否符合食品安全标准；2. 高某主张的价款 10 倍赔偿是否有法律依据；3. 百大超市公司、百大店、高度公司是否应对高某承担退还货款及赔偿 10 倍货款赔偿金的民事责任。

【法院裁判要旨】

针对争议焦点一。根据《中华人民共和国食品安全法》第三十五条第一款之规定："国家对食品生产经营实行许可制度。从事食品生产、食品销售、餐饮服务，应当依法取得许可。但是，销售食用农产品，不需要取得许可。"本案中涉案 164 瓶石运来玛咖酒外包装标识生产许可证 QS530015015596 的许可范围并未包括玛咖酒，因此，涉案产品未取得食品生产许可证。并且本案涉案的玛咖酒属于直接提供给消费者的预包装食品，根据《食品安全国家标准预包装食品标签通则》（GB7718－2011）第 4. 1. 9 之规定："预包装食品标签应标示食品生产许可证编号的，标识形式按照相关规定执行。"根据《中华人民共和国食品安全法》第六十七条规定，食品安全标准应当包括对与食品安全、营养有关的标签、标示、说明书的要求，本条规定："预包装食品的包装上应当有标签。标签应当标明下列事项：……（八）生产许可证编号……"本案中，被告销售的玛咖酒食品标签上含有虚假内容，不符合预包装食品关于包装标签的强制性规定，即不符合食品安全国家的标准。针对争议焦点二。根据《中华人民共和国食品安全法》第一百四十八条第一款，"消费者因不符合食品安全标准的食品受到损害的，可以向经营者要求赔偿损失，也可以向生产者要求赔偿损失"。《最高人民法院关于审理食品药品纠纷案件适用法律若干问题的规定》第十五条规定："生产不符合安全标准的食品或者销售明知是不符合安全标准的食品，消费者除要求赔偿损失外，向生产者、销售者主张支付价款十倍赔偿金或者依照法律规定的其他赔偿标准要求赔偿的，人民法院应予支持。"本案中，百大店、高度公司作为涉案 164 瓶石运来玛咖酒的销售者，应当建立并严格执行进货检查验收制度，严格审查其所销售的食品是否符合与食品安全、营养有关的标签、标识、说明书的要求，依照法律、法规和食品安全标准从事经营活动，但其在涉案 164 瓶石运来玛咖酒外包装上标识的生产许可证存在虚假内容，在已明显不符合食品安全标准的情况下仍继续销售该食品，应当认定百大店和高度公司的销售行为系明知，依法亦应承担赔偿责任。一审查明百大店系有限责任公司分公司，没有独立法人资格，隶属于百大超市公司。故百大店的民事责任依法应由百大超市公司承担。综上高某要求退还货款并支付货款十倍的赔偿金的诉请于法有据，应予以支持。

昆明市五华区人民院依照《中华人民共和国食品安全法》第三条、第十九条、第二十条、第四十二条、第九十六条第二款，《最高人民法院关于审理食品药品纠纷案件适用法律若干问题的规定》第十五条和《中华人民共和国民事诉讼法》第六十四条、第一百一十八条之规定，判决如下：

一、百大超市公司、高度公司于本判决生效之日起十日内退还原告高某货款人民币 32472 元；

二、百大超市公司、高度公司于本判决生效之日起十日内支付原告高某价款十倍赔偿金人民币 324720 元；

三、驳回高某的其他诉讼请求。

百大超市公司、高度公司不服一审判决，上诉至昆明市中级人民法院。昆明市中级人民法院经审理认为，《中华人民共和国食品安全法》第二十六条规定："食品安全标准应当包括下列内容：（一）食品、食品添加剂、食品相关产品中的致病性微生物，农药残留、兽药残留、生物毒素、重金属等污染物质以及其他危害人体健康物质的限量规定；（二）食品添加剂的品种、使用范围、用量；（三）专供婴幼儿和其他特定人群的主辅食品的营养成分要求；（四）对与卫生、营养等食品安全要求有关的标签、标志、说明书的要求；（五）食品生产经营过程的卫生要求；（六）与食品安全有关的质量要求；（七）与食品安全有关的食品检验方法与规程；（八）其他需要制定为食品安全标准的内容。"第三十五条规定："国家对食品生产经营实行许可制度。从事食品生产、食品销售、餐饮服务，应当依法取得许可……"第六十七条规定："预包装食品的包装上应当有标签。标签应当标明下列事项：（一）名称、规格、净含量、生产日期；（二）成分或者配料表；（三）生产者的名称、地址、联系方式；（四）保质期；（五）产品标准代号；（六）贮存条件；（七）所使用的食品添加剂在国家标准中的通用名称；（八）生产许可证编号；（九）法律、法规或者食品安全标准规定应当标明的其他事项。专供婴幼儿和其他特定人群的主辅食品，其标签还应当标明主要营养成分及其含量。食品安全国家标准对标签标注事项另有规定的，从其规定。"本案中，涉案产品所标注的生产许可证产品名称仅为“白酒”，并未包含涉案产品在内，故涉案产品并未取得生产许可，已违反了《中华人民共和国食品安全法》关于食品生产应当获得生产许可证、食品应当标注生产许可证编号的规定。生产许可证是食品生产和流通的前提，是食品符合食品安全标准的一项重要表征，即使涉案产品为合格产品，未对消费者造成损害，但在预包装食品标签上未标注生产许可的行为可能会对消费者造成误导进而影响消费者对食品安全的判断，因此生产者生产、经营者销售未取得生产许可的食品应认定为销售明知是不符合食品安全标准的行为。《最高人民法院关于审理食品药品纠纷案件适用法律若干问题的规定》第十五条规定：“生产不符合安全标准的食品或者销售明知是不符合安全标准的食品，消费者除要求赔偿损失外，向生产者、销售者主张支付价款十倍赔偿金或者依照法律规定的其他赔偿标准要求赔偿的，人民法院应予支持。”高度公司作为生产者，百大超市公司作为销售者，在明知涉案产品未取得生产许可的情形下仍生产、销售涉案产品，且相关行政部门对涉案产品未取得生产许可对生产者、销售者进行了行政处罚，亦能够确认涉案产品不符合食品安全标准。故高某作为消费者有权依据上述法律规定向高度公司、百大超市公司主张涉案产品价款的十倍赔偿，故本院对高度公司所提事实补充不予确认，对高度公司、百大超市公司所提上诉请求不予支持。关于高度公司、百大超市公司所提高某并非消费者的上诉主张，根据《最高人民法院审理食品药品纠纷案件适用法律若干问题的规定》第三条规定：“因食品、药品质量问题发生纠纷，购买者向生产者、销售者主张权利，生产者、销售者以购买者明知食品、药品存在质量问题而仍然购买为由进行抗辩的，人民法院不予支持。”高某购买了涉案产品，其作为消费者有权提起本案诉讼，故本院对高度公司、百大超市公司的该项上诉主张不予采信。依照《中华人民共和国民事诉讼法》第一百七十条第一款第一项之规定，判决：

驳回上诉，维持原判。

【法官后语】

一、生产、销售不具备生产许可证的食品是否应承担赔偿责任

通过检索裁判文书网食品纠纷案件的数据分析，食品纠纷案件中消费者以标签标识不符合法律规定为由提起诉讼占了绝大多数。这部分案件可以分为两类：标识缺陷和标识瑕疵。标识缺陷，指食品的标签标识违反食品安全国家标准的情形，如

食品无生产许可证、未取得特定的质量标准、标注的食品添加剂不符合规定等，这类案件的特点都在于对于食品的标签标识与食品本身质量是否相符；标识瑕疵，指食品的标签标识的构成要素不规范或不完整，但食品质量本身与标识的外观要素相吻合，如未标注生产者联系方式、字体大小写不符合标准规定、进口产品未标注中文标识等。

本案属于生产者在预包装中标注的生产许可证与食品种类不一致，且标识的生产许可证已过期的情形，应认定为标识缺陷。在实践中会存在生产者生产的食品未取得生产许可，但食品符合质量要求，消费者食用后也未产生损害后果的情形，对此种情况生产者是否应承担责任。有部分观点认为，食品生产许可与食品安全标准属不同范畴，食品生产者是否取得食品生产许可与其生产的食品是否符合食品安全标准不具有必然联系，标签标识即使存在缺陷、瑕疵，但未对使用人产生损害后果的，生产者不承担赔偿责任。笔者认为，《食品安全法》第二十六条采取概括加列举的方式规定了食品安全标准包括的内容，第三十五条规定了国家对食品生产经营实行生产许可制度，从事食品生产、销售、应依法取得许可，第六十七条列举了预包装食品应标注的事项。由此可见，食品生产的标示内容与食品安全具有密切关联，法律之所以将这些内容作为必须标明的事项，旨在确保生产者具备生产符合食品安全标准食品的条件，提高生产者的准入制度，避免不具备生产条件、技术不过关的生产商制造不符合标准的食品，同时也使消费者对食用的食品有清楚的认识。因此，食品生产许可是生产食品的基本要求，即使生产的食品符合质量要求，未对消费者造成损害后果，但生产者明知食品未取得生产许可仍予销售且使用过期的生产许可证编号，容易对消费者造成误导，损害消费者的潜在利益，生产者应承担赔偿责任。本案中，食品监管部门对涉案食品进行了依法查处，对生产者、销售者均作出了行政处罚，也可认定为生产者生产的食品不具备安全标准。生产者、销售者明知案涉酒类未取得生产许可仍对外生产、销售，应向消费者承担赔偿责任。

二、对于赔偿责任应如何认定

经统计，食品纠纷案件的裁判结果有以下三种：第一，仅支持退货，不支持十倍赔偿；第二，支持退货，并支持十倍惩罚；第三，支持退货，酌定进行赔偿。各地法院赔偿标准的差异，导致了事实认定、裁判尺度的不统一，容易同案不同判。

关于食品安全的赔偿标准，《食品安全法》第一百四十八条规定，“生产不符合食品安全标准的食品或经营者明知是不符合食品安全标准的食品，消费者除要求赔偿损失外，还可以向生产者或者经营者要求支付价款十倍或者损失三倍的赔偿金；增加赔偿的金额不足一千元的，为一千元。但是，食品的标签、说明书存在不影响食品安全且不会对消费者造成误导的瑕疵的除外”。该条规定中并未明确必须对消费者造成损失才可主张十倍赔偿，只需生产者、经营者销售明知不符合食品标准的食品即可，这与《消费者权益保护法》第五十五条造成损失的惩罚性赔偿有区别。国家食品药品监管总局等部门组织编写的食品安全法释义中，对惩罚性赔偿制度的适用做出了如下解释：该款规定的惩罚性赔偿，不一定在消费者有实际损害的情况下才可以主张，即使消费者购买后尚未食用的，也可以主张要求支付价款十倍的赔偿金。立法者的本意应在于食品使用的广泛性、重复性及高危性，对生产者规定了较重的法律责任。本案虽未对消费者产生损害后果，但其仍有权以生产者未履行告知义务主张十倍的惩罚性赔偿。当然，从裁判者的角度，考虑到食品安全问题的专业性，如何判断食品标签标识缺陷、标识瑕疵与食品安全标准之间的关系，在认知上存在较大差异。笔者希望《食品安全法》对于仅有标签瑕疵但不影响食品安全的类别进行详细界定，使裁判者对食品安全认定作出清晰判断，有利于案件的裁判统一。

编写人：云南省昆明市中级人民法院　邓林春

4

产品存在危及人身和财产的不合理危险是认定产品缺陷的主要依据

——吕某英、张某诉侯某丰产品销售者责任案

【案件基本信息】

1. 调解书字号

北京市第三中级人民法院（2017）京03民终11552号民事调解书

2. 案由：产品销售者责任纠纷

3. 当事人

原告：吕某英、张某

被告：侯某丰

【基本案情】

2016年7月12日，侯某丰以北京康美永健商贸中心的名义向吕某英出售单人电动轮椅一辆，销售方式为以旧换新，吕某英向被告支付了电动轮椅款2000元，侯某丰为吕某英出具了加盖有北京康美永健商贸中心印章的收据1张。当日，侯某丰将一辆现无法明确品牌的电动轮椅送至吕某英居住的502室房屋内。同日22时50分，吕某英购买的电动轮椅所使用的电池发生爆炸，并引发火灾。此次事故，经朝公消火认字（2016）第2569号《火灾事故认定书》认定："……经调查，对此起火原因认定如下：认定起火原因系电动轮椅充电电池故障引发，起火部位位于客厅北侧电动轮椅处……"事发后，吕某英被送至医院进行治疗。因此次火灾导致502室房屋无法居住使用，吕某英在外租房，共支付了租金97200元。另外，此次火灾发生后，二原告向501室的业主支付了赔偿款6286元、向302室的业主支付了赔偿款1600元、向物业管理公司支付了赔偿款12640元。

庭审中，经本院释明，二原告及被告均不申请对涉案充电电池的质量进行司法鉴定。被告经本院释明未向本院提供其向吕某英出卖的充电电池的同类产品以及其购买该产品的相关手续，亦未能提供涉案充电电池的生产厂家的信息和证据。

上述事实，有下列证据予以证明：1. 户籍证明信；2. 证明；3. 集体土地建设用地使用证；4. 农村宅基地发证审批表；5. 平面图；6. 发票；7. 视频录像；8. 收据；9. 建房审批表；10. 开庭笔录；11. 平面示意图；12. 现场勘验笔录；13. 证人证言。

【案件焦点】

本案的主要争议焦点系被告为吕某英提供的电动轮椅及充电电池是否属于缺陷产品。

【法院裁判要旨】

北京市朝阳区人民法院经审理认为：一、被告是适格的诉讼主体及义务主体。

经查，被告虽以康美永健商贸中心的名义为吕某英提供电动轮椅并收取了吕某英的货款，同时为吕某英提供了加盖有康美永健商贸中心印章的收据，但在本次买卖合同关系成立前该商贸中心已经被工商部门审核注销，因此，应认定被告与吕某英之间形成买卖合同关系，并且被告应当以自然人的身份参加本案的诉讼。二、张某可以成为本案的权利主体及享有诉讼主体资格。产品生产者或销售者在将产品投入市场时能合理预见到的任何使用者或购买者都应是赔偿权利主体，而本案中的张某作为购买者吕某英的亲属，且吕某英所购买的产品系在502室房屋中使用，故可以认定张某属于《产品质量法》中所述的受害人的范围，其可以成为本案的权利主体，并依法享有诉讼主体资格。三、被告为吕某英提供的电动轮椅及充电电池是否属于缺陷产品以及举证责任的分配。虽然吕某英用旧电动轮椅置换了新轮椅，但该置换行为从本质上看仍是一种买卖的行为。充电电池属于电动轮椅的一部分，与电动轮椅构成了一个完整的产品。基于我国法律规定，本案所涉的电动轮椅及充电电池的生产者负有就法律规定免责事由的举证责任，因被告作为销售者不能明确提供产品的生产者，也不能指明产品的供货者，故应当由本案的被告对其销售给吕某英的产品是否存在缺陷以及法律规定的免责事由承担举证责任。

北京市朝阳区人民法院依照《中华人民共和国民法通则》第一百二十二条，《中华人民共和国侵权责任法》第四十一条、第四十二条、第四十三条，《中华人民共和国产品质量法》第二条、第二十七条、第三十三条、第四十二条、第四十三条、第四十四条，《最高人民法院关于审理人身损害赔偿案件适用法律若干问题的解释》第一条、第十七条、第十九条，《中华人民共和国民事诉讼法》第六十四条、第一百四十四条，《最高人民法院关于民事诉讼证据的若干规定》第四条第一款第六项，《最高人民法院关于适用〈中华人民共和国民事诉讼法〉的解释》第五十九条、第九十条之规定，判决如下：

一、被告侯某丰于本判决生效后七日内赔偿原告吕某英医疗费155.64元；

二、被告侯某丰于本判决生效后七日内赔偿原告吕某英、张某房屋装修、室内物品损失等费用共计44794元；

三、被告侯某丰于本判决生效后七日内赔偿原告吕某英租房损失90000元；

四、被告侯某丰于本判决生效后七日内赔偿原告吕某英、张某茶叶价值贬损的经济损失10000元；

五、被告侯某丰于本判决生效后七日内赔偿原告吕某英、张某其他经济损失20526元；

六、被告侯某丰于本判决生效后七日内给付原告吕某英、张某评估费1000元；

七、驳回原告吕某英、张某的其他诉讼请求。

如果未按本判决指定的期间履行给付金钱义务，应当依照《中华人民共和国民事诉讼法》第二百五十三条之规定，加倍支付迟延履行期间的债务利息。侯某丰对一审判决不服，上诉至北京市第三中级人民法院。二审期间，吕某英、张某与侯某丰就赔偿金额达成了调解，并确定如侯某丰未按约定期限履行付款义务，则按照一审民事判决内容执行。

【法官后语】

本案系产品责任纠纷，被告为吕某英提供的电动轮椅及充电电池是否属于缺陷产品成为本案的主要争议焦点。

本案争议的焦点之一系被告为吕某英提供的电动轮椅及充电电池是否属于缺陷产品。《民法通则》第一百二十二条曾使用“产品质量不合格”的表述，之后制定的《产品质量法》改为采用“产品存在缺陷”的表述，这不仅实现了概念上的科学性，也与国际上的通用术语保持了一致。我国的《侵权责任法》也采用“产品存在缺陷”这一表述，明确了产品缺陷是产品责任的构成要件。

产品缺陷是产品责任的核心。产品缺陷和产品瑕疵是两个不同的概念，产品缺陷关注的是产品的安全性，而产品瑕疵关注的是产品的适用性。“产品缺陷”的外延小于“产品瑕疵”的外延，“产品瑕疵”实际上分为缺陷与除缺陷外的其他瑕疵。我国《侵权责任法》没有界定“缺陷”的概念，《产品质量法》第四十六条规定了缺陷产品的二元标准，即“存在危及人身、他人财产安全的不合理的危险”和“不符合国家标准和行业标准”。有的法官在认定时采用一元标准，即单一采用“不符合国家标准和行业标准”。然而在确定产品责任时，不能将“国家标准和行业标准”作为免除责任的抗辩事由，因为“国家标准”和“行业标准”的制定与修改是一个相对滞后的过程，违反“国家标准”和“行业标准”必然认定为存在产品缺陷，但是符合国家和行业标准的产品未必不具有缺陷，未必不存在不合理危险。“不合理危险”，是指缺陷产品的生产者或销售者没有尽到最高的注意义务，没有采取最适当的预防措施，没有使用最有效的警示方式而使产品无法向消费者提供他们有权期待的安全。“不合理危险”强调危险因素的“不合理性”，它体现在以下几个方面：(1) 生产者对产品可能具有的危险因素应当预见而没有预见；(2) 虽已预见但并未采取适当的措施给予警示及有效的预防；(3) 生产者所采取的预防措施没遵从或未达到当时科技条件的最高专业水平；(4) 所作出的警示没有达到生产者在当时科技条件下对某危险的一般预见能力。本案中，吕某英向被告购买电动轮椅（含充电电池），在通常情况下充电电池是不会发生爆炸的，而吕某英在使用该产品时发生了爆炸并引发火灾事故，该事故经消防部门认定，火灾事故确系充电电池爆炸引起，因此，客观上已经出现了“不合理的危险”，符合“存在危及人身、他人财产安全的不合理的危险”这一条件。因此，可以得知：(1) 如果对该产品尚未制定国家标准或行业标准的，产品必须达到并符合保障人体健康和人身、财产安全的要求。这是产品质量的最低底线；(2) 如果产品符合国家标准、行业标准，却因不合理危险造成消费者损害时，生产者仍应承担赔偿责任。此外，因侯某丰作为销售者不能提供生产者的具体信息，故法院判决其承担法律责任，符合相关法律规定，也是对消费者权益最大限度的保护。本案在审理期间全程接受了新闻媒体的跟踪采访，做到了最大限度的公平、公正，不仅取得了良好的法律效果，同时也取得了良好的社会效果。

编写人：北京市朝阳区人民法院　史震　刘岩

5

产品检验报告是否达到举证责任之证明标准

——张某诉北京某玻璃有限公司产品责任案

【案件基本信息】

1. 裁判书字号

北京市密云区人民法院（2017）第8829号民事判决书

2. 案由：产品责任纠纷

3. 当事人

原告：张某

被告：北京某玻璃有限公司

【基本案情】

2015 年 11 月 18 日，张某从北京某玻璃有限公司处购买该公司生产并销售的有检验报告和“3C”认证标示的钢化玻璃，为第三人安装钢化玻璃棚。2015 年 11 月 18 日安装完毕。2016 年 7 月 1 日下午 3 时许，第三人家里自东向西数第四块钢化玻璃突然从钢化玻璃的中间爆裂，将其炸伤。北京市密云区人民法院于 2017 年 7 月 21 日作出（2017）京 0118 民初 2026 号民事判决，判决张某赔偿第三人损失共计 73336.74 元。经上诉，北京三中院作出（2017）京 03 民终 10960 号民事判决：驳回上诉，维持原判。张某以产品质量责任纠纷起诉至法院，诉称为第三人建设安装安全钢化玻璃棚所使用的安全玻璃是被告生产并销售的，钢化玻璃破碎是从中间爆裂，是因钢化玻璃自身质量存在缺陷所致，北京某玻璃有限公司应对张某承担全部赔偿责任。北京某玻璃有限公司认为出售给原告的玻璃已经过产品检验达到合格标志并提交了该批次产品质量检验报告，故不认可张某的诉讼请求。

【案件焦点】

产品检验报告中诉称本批次产品已达合格是否已具备举证责任之证明程度。

【法院裁判要旨】

北京市密云区人民法院经审理认为：因产品存在缺陷造成人身、缺陷产品以外的其他财产损害的，生产者应当承担赔偿责任。生产者产品侵权适用无过错责任原则，除非存在法定的免责事由。产品符合相应标准及其存在法定的免责事由北京某玻璃有限公司承担举证责任。北京某玻璃有限公司出具的《检验报告》，样品均为 6mm 的钢化玻璃，而非涉案的 10mm 钢化玻璃，且种类物亦不能与特定物完全等同，而涉案的已爆玻璃因破碎原因无法进行鉴定，故无法认定涉案的已爆玻璃符合国家标准及行业标准，北京某玻璃有限公司应就此承担举证不能的法律后果。依照《建筑玻璃应用技术规程》JGJ113－2009 安全玻璃选用之规定，距离地面高度小于或等于3米的屋面用玻璃，应选用均质钢化玻璃或夹层玻璃。张某作为从事玻璃安装工程的承包人，未获得相应资质就从事两米以上作业，且未按照上述规定使用玻璃，而是超范围使用涉案玻璃，亦对损害事故的发生存在过错。二人以上分别实施侵权行为造成同一损害，能够确定责任大小的，各自承担相应的责任。

综上，依据《中华人民共和国侵权责任法》第十二条、第四十一条、第四十二条、第四十三条，《中华人民共和国产品质量法》第十二条、第四十一条、第四十三条、第四十四条、第四十六条，《最高人民法院关于民事诉讼证据的若干规定》第二条之规定，判决如下：

一、被告北京某玻璃有限公司赔偿原告张某经济损失费36284.87元，于本判决生效之日起七日内给付。

二、驳回原告张某的其他诉讼请求。

【法官后语】

产品质量责任适用无过错责任，是一种特殊的民事侵权责任。实践表明，在通常情况下，产品缺陷在生产过程中就已经存在。而在整个生产过程中，生产者一直处于主动、积极的地位，只有他们才能及时认识到产品存在的缺陷并设法避免。大多数消费者由于缺乏专业知识和对整个生产过程的了解，不可能及时发现产品的缺陷并以自己的行为防止其造成危险。正是由于生产者所具有的这种特殊优势，才使法律将产品责任规定为无过错责任。受害人只要证明发生了有关产品缺陷致损，生产者只能通过证明存在法定的三种免责事由。《侵权责任法》第四十一条规定："因产品存在缺陷造成他人损害的，生产者应当承担侵权责任。"《产品质量法》第四十一条第二款规定："生产者能够证明有下列情形之一的，不承担赔偿责任：（一）未将产品投入流通的；（二）产品投入流通时，引起损害的缺陷尚不存在的；（三）将产品投入流通时的科学技术水平尚不能发现缺陷的存在的。"《最高人民法院关于民事诉讼证据的若干规定》第四条第一款第六项规定："因缺陷产品致人损害的侵权诉讼，由产品的生产者就法律规定的免责事由承担举证责任。"由该规定可得出产品质量责任纠纷中由生产者就产品不存在质量缺陷承担举证责任。一般情况下，大多数商品进入流通领域之前需要经过有关检验或者许可，此类检验或者许可通常为行政管理行为，大部分为某类产品中随机抽样检查，具有随机性、概括性，此类检查目的是规范有关生产者依法从事有关生产，而侵权行为的发生往往都是具体个案，涉及的是某个具体产品，而不是某类产品。通过随机抽样确定产品检验的行为显然不能代表个体都符合要求，这也就决定了出现个体产品侵权时，要针对涉案具体产品而不是随机抽样的检验。

具体到本案中，张某通过举证证明存在损害行为、损害结果及两者因果关系，已经完成初步的举证责任，北京某玻璃有限公司作为涉案产品生产者理应对免责事由进行举证。该案被告虽然出具了产品质量检验报告，但仅仅是对该批次产品的抽样检验报告，具有随机性，不具备针对个样的特定化，且法律裁判适用于具体个案，就该个案发生所具备之产品质量具有特定化，适用于销售领域的产品质量检验报告不能当然适用于司法个案裁判依据，且本案中北京某玻璃有限公司提交之检验报告样品为6mm不能当然适用于涉案10mm产品，即便北京某玻璃有限公司提供检验报告样品为10mm，也不具备当然适用。

值得注意的是当发生产品质量责任纠纷时，因需对涉案产品进行检验，故涉案产品的保存尤为重要；倘若涉案产品灭失，将会造成被告无法对产品进行检验，从而无法完成举证责任，进而面临败诉风险。本案中待鉴定物品破损程度较为严重且发生破损后已被清理丢弃，即便要鉴定也可能面临着鉴定物不符合要求的困境。面临此种状况，张某、北京某玻璃有限公司之间利益权衡问题值得思考。

编写人：北京市密云区区人民法院　陈义建

6

产品责任纠纷中惩罚性赔偿的适用

——金某军诉金湖县生活用品总公司等产品责任案

【案件基本信息】

1. 裁判书字号

江苏省淮安市中级人民法院（2017）苏08民终1134号民事判决书

2. 案由：产品责任纠纷

3. 当事人

原告（被上诉人）：金某军

被告（上诉人）：金湖县生活用品总公司

被告：广丰县兴胜花炮制造有限公司（以下简称广丰花炮公司）

【基本案情】

2016年3月19日晚，金某军到亲戚家为亲戚祝寿，帮助亲戚燃放烟火。在燃放标注福禄寿囍财中“囍”字烟花爆竹时突然该烟花爆炸，并有异物打在其左眼上，眼睛当场出血，随即被送往金湖县人民医院并转院至南京医科大学附属眼科医院住院治疗，左眼球被摘除，花去医疗费数万元。现金某军为维护自己的合法权益，诉至法院。

被告金湖县生活用品总公司辩称：我公司从未与广丰花炮公司发生过买卖关系，致金某军眼睛受伤的产品并非其经销商品，其损害后果与其无关，不同意承担赔偿责任。

被告广丰花炮公司辩称：我公司从未生产过该型号的烟花爆竹，也未与金湖县生活用品总公司发生过供销关系。我公司从未在淮安市行政区域范围内发生过销售行为，金某军不可能从金湖县生活用品总公司处购买到广丰花炮公司生产的产品，故不同意承担赔偿责任。且金某军作为理性的成年人，其应尽到自己勤勉注意的义务。

法院经审理查明：金某军出生于1989年9月20日，在南京恒翔保温材料制造有限公司上班。2016年3月19日晚上6时许，金某军在亲戚王某刚家祝寿燃放烟花时，外包装标注为“囍”字的烟花在点燃后爆炸，致其眼睛受伤。金某军受伤后被送往金湖县人民医院门诊检查，在南京医科大学眼科医院住院治疗11天，金某军因治疗伤花费医疗费18351.87元，其中，金湖县生活用品总公司垫付10000元。

2016年8月2日，淮安市第一人民医院司法鉴定所作出鉴定意见书，鉴定意见为：1. 被鉴定人金某军鞭炮炸伤致使左眼球破裂伤、行眼球摘除术，该损伤构成七级残疾。2. 误工期限120日，护理期限70日、营养期限70日。义眼后续费用建议以实际发生计算。为此，金某军花费鉴定费2354.40元。涉案“福、禄、寿、囍、财”系列组合烟花残骸经国家烟花爆竹产品质量监督检验中心鉴定，该检验中心于2016年12月16日作出质量分析报告，综合结论为：“福禄寿财”烟花残骸，经检验：标志、筒体、内径、壁厚、结构与材质项目不符合GB10631－2013《烟花爆竹安全与质量》、GB19593－2004《烟花爆竹组合烟花》和GB24426－2009《烟花爆竹标志》标准要求。“囍”烟花残骸，经检验，其燃放性能（烧筒）、筒体内径、壁厚、结构与材质项目不符合GB10631－2013《烟花爆竹安全与质量》、GB19593－2004《烟花爆竹组合烟花》标准要求。为此，金某军花费鉴定费10000元。

另查明：涉案烟花由郭某玉从金湖县生活用品总公司购买，并从该公司位于金湖县淮胜的烟花爆竹仓库中取出。

【案件焦点】

1. 两被告是否应承担赔偿责任；2. 原告主张的二倍惩罚性赔偿是否有依据；3. 原告主张的各项损失是否合理。

【法院裁判要旨】

江苏省金湖县人民法院经审理后认为：关于本案的赔偿主体及责任认定问题。根据《侵权责任法》的相关规定，因产品存在缺陷造成损害的，被侵权人可以向产品的生产者请求赔偿，也可以向产品的销售者请求赔偿，销售者不能指明缺陷产品的生产者，也不能指明缺陷产品的供货者的，销售者应当承担侵权责任。金某军因质量不合格的烟花爆炸致眼睛受伤，其有权获得赔偿。因涉案烟花来源于金湖县生活用品总公司的仓库，且经检测，燃放性能、筒体内径、壁厚、结构、材质等均不符合相应质量标准的要求，金湖县生活用品总公司作为销售商，不能指明该产品的来源，其应对金某军的损失承担赔偿责任。故对金某军要求金湖县生活用品公司承担赔偿责任的诉讼请求予以支持。关于金某军要求广丰花炮公司承担赔偿责任的诉讼请求，因涉案烟花来源于金湖县生活用品公司，且金湖县生活用品公司否认与广丰花炮公司之间存在买卖关系，根据现有证据，金某军要求广丰花炮公司承担赔偿责任依据不足，故对金某军要求广丰花炮公司承担赔偿责任的诉讼请求不予支持。

关于金某军主张的二倍惩罚性赔偿问题。根据消费者权益保护法的相关规定，经营者明知商品存在缺陷，仍然向消费者提供，造成消费者或者其他受害人严重健康损害的，受害人有权要求经营者依照法律规定赔偿损失，并有权要求所受损失二倍以下的惩罚性赔偿。同时，《中华人民共和国侵权责任法》第四十七条规定，明知产品存在缺陷仍然生产、销售，造成他人死亡或者健康严重损害的，被侵权人有权请求相应的惩罚性赔偿。经营者在明知商品存在缺陷仍然向消费者提供时，需承担受害人所受损失二倍以下的惩罚性赔偿。涉案烟花爆竹属于特殊商品，其生产和经营均有严格的规定，金湖县生活用品总公司未尽到严格的进货审查义务，验明产品合格证明和其他标识，导致其销售的问题商品严重影响他人健康，其存在一定过错，结合金湖县生活用品总公司的过错程度及金某军的受损害程度综合考虑，本院酌定金湖县生活用品总公司对金某军的损失承担0.85倍的惩罚性赔偿为宜。

关于金某军因烟花爆炸造成的损失。关于医疗费，经对医疗费发票核算，应为18351.87元。金某军主张的误工费12221元、护理费7000元、住院伙食补助费330元、残疾赔偿金297384元、精神损害抚慰金20000元，符合法律规定，予以认定。关于营养费，金某军主张50元/天标准过高，应按30元/天计算为宜，故认定营养费为2100元（30元/天×70天）。关于交通费，金某军未提供证据，酌定为2000元。关于住宿费，因金某军未提供正式发票，不予认定。

综上，法院认定金某军的损失合计359386.87元，该损失由金湖县生活用品总公司予以赔偿。此外，金湖县生活用品总公司还需向金某军支付0.85倍惩罚性赔偿305478.84元（359386.87元×0.85），以上合计664865.71元，扣除金湖县生活用品公司已给付的10000元，尚需赔偿金某军654865.71元。

江苏省金湖县人民法院依照《中华人民共和国侵权责任法》第二十六条、第四十二条、第四十七条，《中华人民共和国产品质量法》第三十三条、第四十二条第二款、第四十四条、第四十六条，《中华人民共和国消费者权益保护法》第二条、第四十条、第五十五条第二款，《中华人民共和国民事诉讼法》第六十四条的规定，作出如下判决：

一、被告金湖县生活用品总公司于本判决生效后二十日内赔偿原告金某军医疗费等各项损失359386.87元及惩罚性赔偿305478.84元，合计664865.71元，扣除被告金湖县生活用品总公司已给付的10000元，被告金湖县生活用品总公司尚需赔偿654865.71元；

二、驳回原告金某军的其他诉讼请求。

金湖县生活用品总公司不服原判，提起上诉。

江苏省淮安市中级人民法院经审理后认为：涉案烟花体积庞大，金某军作为完全民事行为能力人，应当预见到燃放烟花潜在的危险和后果，燃放前应当谨慎、仔细阅读烟花的燃放说明和警示语。其没有按燃放说明中的要求在坚实、平整的地面燃放，而在正处于生长期的麦田内燃放烟花，没有尽到普通人的正常注意义务，对其损害后果负有一定过错。二审中，金某军自愿承担部分责任，本院酌定其承担15%的责任。金某军因此事故造成的损失共计359386.87元，上诉人金湖县生活用品总公司应赔偿305478.84元（359386.87元×85%），其余损失由金某军自行承担。

虽然涉案产品标注生产厂家为广丰花炮公司，但金湖县生活用品总公司否认与该公司间存在买卖关系，金湖县生活用品总公司也没有证据证明涉案产品确系广丰花炮公司生产，故金湖县生活用品总公司要求广丰花炮公司承担赔偿责任的上诉请求，在本案中不予支持。

关于本案应否适用惩罚性赔偿的问题。上诉人认为根据《中华人民共和国侵权责任法》第四十七条的规定，销售者必须明知产品存在缺陷仍然销售才能适用惩罚性条款，而上诉人并不明知涉案产品不合格也不存在销售行为，一审法院适用惩罚性赔偿条款没有依据。本院认为，如前所述，涉案产品系上诉人金湖县生活用品公司提供，其作为专门销售烟花爆竹的企业，未尽到严格的进货审查义务，验明产品合格证明，且经检测，涉案产品燃放性能、筒体内径、壁厚、结构、材质等均不符合相应质量标准的要求，其应当明知涉案产品有缺陷。一审法院适用消费者权益保护法的相关规定，结合金湖县生活用品总公司的过错程度及金某军的受损害程度，酌定金湖县生活用品总公司对金某军的损失承担0.85倍的惩罚性赔偿并无不当。金湖县生活用品总公司应当承担的惩罚性赔偿金为259657.01元（305478.84元×0.85）。金湖县生活用品总公司共应赔偿金某军565135.85元（305478.84元+259657.01元），扣除生活用品公司已经给付的10000元，仍需赔偿金某军555135.85元。

综上，依照《中华人民共和国侵权责任法》第二十六条、《中华人民共和国民事诉讼法》第一百七十条第一款第二项之规定，判决如下：

一、维持江苏省金湖县人民法院（2016）苏0831民初1413号民事判决第二项和案件受理费、鉴定费的处理决定；

二、撤销江苏省金湖县人民法院（2016）苏0831民初1413号民事判决第一项；

三、上诉人金湖县生活用品总公司于本判决生效后二十日内赔偿被上诉人金某军555135.85元。

【法官后语】

本案系一起因产品存在缺陷造成人身损害引发的赔偿纠纷。因产品存在商品缺陷造成人身、财产损害的，可以向销售者要求赔偿，也可以向生产者要求赔偿。对此，法律已有明确的规定，被告金湖县某公司销售的烟花不符合国家《烟花爆竹安全与质量》标准要求，存在缺陷，对原告金某军造成人身损害，应当根据其过错承担相应的民事赔偿责任是显而易见的。而被告金湖县某公司是否应当承担惩罚性赔偿金，存在着较大争议，而解决这一争议的关键在于正确理解适用惩罚性赔偿的条件。

惩罚性赔偿，是指行为人恶意实施某种行为，或者对该行为有重大过失时，以对行为人实施惩罚和追求一般抑制效果为目的，法院在判令行为人支付通常赔偿金的同时，还可以判令行为人支付受害人高于实际损失的赔偿金。惩罚性赔偿不仅宣示了对被告行为的否定，而且意在制止行为人重犯这种行为，并且有可能进一步制止其他人效法这种行为。因此，惩罚性赔偿的正确适用，必将有助于整个社会的和谐稳定，对于引导社会主义核心价值观的建立有着十分积极的意义。在审判实践中，如何正确适用惩罚性赔偿？《侵权责任法》第四十七条规定："明知产品存在缺陷仍然生产、销售，造成他人死亡或者健康严重损害的，被侵权人有权请求相应的惩罚性赔偿。"《消费者权益保护法》第五十五条第二款规定："经营者明知商品或者服务存在缺陷，仍然向消费者提供，造成消费者或者其他受害人死亡或者健康严重损害的，受害人有权要求经营者依照本法第四十九条、第五十一条等法律规定赔偿损失，并有权要求所受损失二倍以下的惩罚性赔偿。"据此，适用惩罚性赔偿的法定要件为：1. 惩罚性赔偿仅适用于产品责任纠纷案件，不得适用到其他侵权类案件。2. 惩罚性赔偿以造成消费者或者其他受害人死亡、健康严重损害为前提。不适用财产损害，即使对于人身损害，惩罚性赔偿也非全部适用，而仅用于受害人生命、健康受损的情形。一般损害后果无权要求惩罚性赔偿。3. 存在生产、销售缺陷产品的事实。缺陷，是指产品存在危及人身、他人财产安全的不合理的危险；产品有保障人体健康和人身、财产安全的国家标准、行业标准的，是指不符合该标准。4. 明知产品存在缺陷。被告金湖县生活用品总公司认为，涉案产品经鉴定才确定为不合格产品，被告金湖县生活用品总公司对涉案的烟花存在缺陷不是明知的，故不应当承担惩罚性赔偿责任。对此，应当客观去解释“明知”含义，而不能仅从字面上去理解。这里的“明知”不应当仅仅从经营者主观心态去简单考量，而应当结合经营者是否尽了进货查验义务、侵权人的过错是否达到足够严重程度等进行综合认定是否应当明知产品有缺陷。5. 惩罚性赔偿的数额是受害人所遭受损失的二倍以下。应当根据受害人遭受损害的程度、当事人的过错等，合理确定惩罚性赔偿的数额，不应一律适用二倍赔偿。

本案中，涉案烟花系金湖县生活用品公司提供，其作为专门销售烟花爆竹的企业，未尽到严格的进货审查义务以验明产品合格证明，不能提供进货渠道，且经检测，涉案产品燃放性能、筒体内径、壁厚、结构、材质等均不符合相应质量标准的要求，其应当明知涉案产品有缺陷。由于被告金湖县生活用品总公司出售的缺陷烟花，造成了原告金某军左眼球破裂，被摘除，该损伤构成七级残疾，对原告金某军的健康损害是严重的。综上，原告金某军主张的惩罚性赔偿，符合法律规定的惩罚性赔偿条件，法院根据相关的法律规定，结合当事人的过错程度及金某军受损害程度，酌定被告金湖县生活用品总公司对原告金某军的损失承担 0.85 倍的惩罚性赔偿是合情合理合法的。

编写人：江苏省金湖县人民法院　陈德良

7

食品标签、说明书存在瑕疵是否适用惩罚性赔偿责任

——张某明诉洛阳王府井百货有限责任公司产品责任案

【案件基本信息】

1. 裁判书字号

河南省洛阳市中级人民法院（2017）豫 03 民终 6659 号民事判决书

2. 案由：产品责任纠纷

3. 当事人

原告（上诉人）：张某明

被告（被上诉人）：洛阳王府井百货有限责任公司（以下简称洛阳王府井）

【基本案情】

2017 年 4 月 7 日，张某明在洛阳王府井负一楼超市购买净含量为 5L 的恒大兴安芥花籽橄榄油食用调和油 143 桶（单价 115 元/桶）及净含量为 4L 的恒大兴安芥花籽橄榄油食用调和油 177 桶（单价 65 元/桶），价款共计 27950 元，其中净含量为 5L 的恒大兴安芥花籽橄榄油食用调和油为组合商品，每桶油送一袋大米。上述两种商品外包装标有“恒大兴安　芥花籽橄榄油　食用调和油”字样，并标注了营养成分表、生产商、食品名称、产品标准号、配料、生产日期、保质期、贮存条件等内容，其中食品名称处注明“恒大兴安芥花籽橄榄油（食用调和油）”，配料处注明“一级芥花籽油　特级初榨橄榄油”，但未注明橄榄油含量，生产商为呼伦贝尔合适佳食品有限公司。后张某明以洛阳王府井销售的恒大兴安芥花籽橄榄油食用调和油未标注橄榄油含量违反食品安全法为由诉至法院，请求法院判决洛阳王府井立即退还张某明购物款 27950 元，并承担 10 倍赔偿款 279500 元。

另查明，1.《食品安全国家标准预包装食品标签通则》（GB7718－2011）第 4.1.4.1 规定：“如果在食品标签或食品说明书上特别强调添加了或含有一种或多

种有价值、有特性的配料或成分，应标示所强调配料或成分的添加量或在成品中的含量”；第4.1.4.3规定：“食品名称中提及的某种配料或成分而未在标签上特别强调，不需要标示该种配料或成分的添加量或在成品中的含量”。2. 诉讼过程中，洛阳王府井提交了通标标准技术服务有限公司青岛分公司出具的标签审核报告两份（复印件），显示该公司于2016年5月10日至5月12日对呼伦贝尔合适佳食品有限公司生产的恒大兴安芥花籽橄榄油（净含量为4L及5L）预包装食品标签进行审核，审核结论为标签符合《食品安全国家标准预包装食品标签通则》（GB7718－2011）及《食品安全国家标准预包装食品营养标签通则》（GB28050－2011）的要求。3. 庭审中，洛阳王府井出示了全国粮油标准化技术委员会油料及油脂分技术委员会于2016年9月25日作出的《关于“食用植物调和油标签标示问题咨询函”的回复》（打印件），该回复指出：（1）由于目前技术水平限制，无法准确检测食用植物调和油中各原料油的含量，因此目前行业的相关标准并不强制要求标示食用植物调和油中原料油的含量。（2）《食品安全国家标准预包装食品标签通则》（GB7718－2011）和《食品安全国家标准预包装食品营养标签通则》（GB28050－2011）中规定了“特别强调添加了有价值、有特性的配料或成分应标示其添加量或在成品中的含量”，在这个产品中，双低菜籽油（即函中所提芥花籽油）、橄榄油作为普通的食用植物油，都不属于GB7718所述的“有价值、有特性”的配料，因此不标识菜籽油或橄榄油在产品中的含量及成分，这是符合行业实际情况的……（4）诉讼过程中，洛阳王府井出示了农业部谷物及制品质量监督检验测试中心（哈尔滨）对呼伦贝尔合适佳食品有限公司送检的5L恒大兴安芥花籽橄榄油食用调和油进行检验后出具的检验报告，检验结论为样品按Q/HDLY046－2015、GB7718－2011标准检验，所检项目合格。

【案件焦点】

涉案商品外包装标示的内容是否违反了食品安全国家标准。

【法院裁判要旨】

河南省洛阳市西工区人民法院经审理认为：《中华人民共和国食品安全法》第一百四十八条第二款规定：“生产不符合食品安全标准的食品或者经营明知是不符合食品安全标准的食品，消费者除要求赔偿损失外，还可以向生产者或者经营者要求支付价款十倍或者损失三倍的赔偿金；增加赔偿的金额不足一千元的，为一千元。但是，食品的标签、说明书存在不影响食品安全且不会对消费者造成误导的瑕疵的除外。”本案中，张某明诉称洛阳王府井销售的恒大兴安芥花籽橄榄油食用调和油没有标注橄榄油的含量，属于不符合食品安全标准的食品，洛阳王府井应当承担退还货款和十倍赔偿的责任，但相关检测结果显示，恒大兴安芥花籽橄榄油食用调和油各项指标均符合国家食用油标准，属于合格油品，标签亦符合相关要求；全国粮油标准化技术委员会油料及油脂分技术委员会在《关于“食用植物调和油标签标示问题咨询函”的回复》中也明确指出芥花籽油、橄榄油不属于“有价值、有特性”的配料，可不标识其含量及成分，故本案涉案商品符合食品安全要求，虽然在标签中没有标明橄榄油的添加量，但不足以影响消费者在购买时作出判断，因此张某明要求洛阳王府井退还货款并十倍赔偿的主张依据不足，不予支持。关于张某明要求洛阳王府井承担交通费的主张，因未能举证证明该项损失，且于法无据，不予支持。关于洛阳王府井的辩解意见，合理部分，予以采纳。

河南省洛阳市西工区人民法院依照《中华人民共和国食品安全法》第一百四十八条、《中华人民共和国民事诉讼法》第六十四条第一款、《最高人民法院关于适用〈中华人民共和国民事诉讼法〉的解释》第九十条规定，经本院审判委员会讨论决定，作出如下判决：

驳回张某明的诉讼请求。

张某明持原审起诉意见提起上诉。洛阳市中级人民法院经审理认为：《中华人民共和国食品安全法》第一百四十八条第二款规定，生产不符合食品安全标准的食品或者经营明知是不符合食品安全标准的食品，消费者除要求赔偿损失外，还可以向生产者或者经营者要求支付价款十倍或者损失三倍的赔偿金。在该条的规定中，要求经营者明知食品违反食品安全标准而进行销售的，方承担十倍惩罚性赔偿责任。《中华人民共和国食品安全法》第二十六条第四项中规定了食品安全标准应当包括下列内容：“……对与卫生、营养等食品安全要求有关的标签、标志、说明书的要求。”上述规定针对的是食品安全标准的制定内容，目前，我国并没有制定统一的食用调和油国家标准。在食用调和油行业标准（SB/T10292－1998）中，并未涉及具体的油料配合比和营养标识的问题。中华人民共和国卫生部 2011 年 4 月 20 日实施的《食品安全国家标准预包装食品标签通则》（GB7718－2011）第 4. 1. 4. 1

规定："如果在食品标签或食品说明书上特别强调添加了或含有一种或多种有价值、有特性的配料或成分，应标示所强调配料或成分的添加量或在成品中的含量。"本案中，涉案的未标注含量的橄榄油是否属于特别强调的有价值、有特性的成分，是否应当标注含量，没有明确规定。在此情况下，要求销售者判断涉案的橄榄油是否属于特别强调的有价值、有特性的成分，是否应当标注含量，对于销售者过于苛刻。此外，食品的标签本身不是食品，也不会直接改变食品本身的质量和营养成分，虽然涉案的调和油未标注橄榄油的含量，但标签的标注并不涉及调和油本身的安全问题，也不会对上诉人造成食用安全方面的误导。因此，本案中无法认定被上诉人明知涉案商品是不符合食品安全的食品而进行销售。综上，涉案的食用调和油未标注橄榄油的含量不影响食品安全且未对消费者产生误导，上诉人作为购买者要求十倍惩罚性赔偿及退还货款的理由不能成立。对其上诉请求，本院依法予以驳回。一审判决认定事实清楚，适用法律正确，应予维持。

洛阳市中级人民法院依照《中华人民共和国民事诉讼法》第一百七十条第一款第一项规定，作出如下判决：

驳回上诉，维持原判。

【法官后语】

随着社会经济的发展，人们对美好生活的要求逐步提高，消费者对于涉及食品安全问题的维权意识也不断提升，对食品安全提出了更高的要求。近年来，食品安全领域中的维权案件成为增长迅速的新型案件，具有专业性强、因果关系与证据认定困难以及新《食品安全法》对惩罚性赔偿条款的修改带来的变化等特点，导致法院在审理过程中面临诸多难点。

从审判实践来看，食品安全领域中的惩罚赔偿责任制度已运用多年，积累了较多的司法指导意见和审判经验。从法律产生过程看，从《消费者权益保护法》第四十七条到《食品安全法》第九十六条，以及《侵权责任法》第四十七条与修订的《消费者权益保护法》第五十五条，直到2018年12月29日开始实施的修订后的《食品安全法》，惩罚性赔偿制度经历了从无到有的过程。随着《最高人民法院关于审理食品药品纠纷案件适用法律若干问题的规定》的出台以及指导案例的公布，惩罚性赔偿责任制度得到不断完善。

惩罚性赔偿金的判赔前提在于食品不符合食品安全标准。如何判定食品是否影响食品安全，不仅仅是看食品引起的损害结果，更多的是参考各类食品安全标准来判断。《食品安全法》第二十六条规定："食品安全标准应当包括下列内容：（一）食品、食品添加剂、食品相关产品中的致病性微生物，农药残留、兽药残留、生物毒素、重金属等污染物质以及其他危害人体健康物质的限量规定；（二）食品添加剂的品种、使用范围、用量；（三）专供婴幼儿和其他特定人群的主辅食品的营养成分要求；（四）对与卫生、营养等食品安全要求有关的标签、标志、说明书的要求；（五）食品生产经营过程的卫生要求；（六）与食品安全有关的质量要求；（七）与食品安全有关的食品检验方法与规程；（八）其他需要制定为食品安全标准的内容。"而"对与卫生、营养等食品安全要求有关的标签、标志、说明书的要求"是许多职业打假人索赔时最经常使用的标准依据。判断食用油的标签是否符合《食品安全法》第二十六条第四项规定，需要通过对标识方面的标准进行衡量，如《食品安全国家标准预包装食品标签通则》（GB7718－2011）等。

一般情况下，此类案件原告起诉依据食品的标签、标志、说明书不符合食品安全标准，向生产者或销售者索赔惩罚性赔偿金，而对于食品本身的质量并不持异议，故在审判实践中会产生不同的裁判观点。具体到本案，原、被告双方争议焦点为涉案商品外包装标示的内容是否违反了食品安全国家标准，而关于本案的处理意见，曾形成三种不同意见：

第一种意见：张某明在洛阳王府井购买芥花籽橄榄油食用调和油并支付货款，洛阳王府井向张某明交付商品，双方之间形成买卖合同关系。关于张某明购买商品的外包装标示内容是否违反了食品安全国家标准的问题，从涉案芥花籽橄榄油食用调和油的标签上所标示的产品名称为"芥花籽橄榄油"、外包装图案设计有橄榄果、配料标注为"一级芥花籽油特级初榨橄榄油"的配料标注、图形及文字看，"橄榄"与"芥花籽"系并列关系，应认定张某明所购商品的标签对"恒大兴安芥花籽橄榄油"产品中含有橄榄油进行了特别强调，且橄榄油的市场价格和营养价值均高于芥花籽油，可认定其为涉案商品中有价值、有特性的配料。因此，涉案商品的标签应当对橄榄油的添加量进行标示，其未作标示违反了《食品安全国家标准预包装食品标签通则》（GB7718－2011）第4.1.4.1规定，致使消费者对该商品中橄榄油的含量多少、是否适合个体长期食用以及购买该商品的性价比等难以作出理性判断，故张某明要求退还货款并十倍赔偿的诉讼请求于法有据。

第二种意见：张某明诉称洛阳王府井销售的恒大兴安芥花籽橄榄油食用调和油没有标注橄榄油的含量，属于不符合食品安全标准的食品，洛阳王府井应当承担退还货款和十倍赔偿的责任，但相关检测结果显示，恒大兴安芥花籽橄榄油食用调和油各项指标均符合国家食用油标准，属于合格油品，标签亦符合相关要求；全国粮油标准化技术委员会油料及油脂分技术委员会在《关于“食用植物调和油标签标示问题咨询函”的回复》中也明确指出芥花籽油、橄榄油不属于“有价值、有特性”的配料，可不标识其含量及成分，故本案涉案商品符合食品安全要求，虽然在标签中没有标明橄榄油的添加量，但不足以影响消费者在购买时作出判断，因此张某明要求洛阳王府井退还货款并十倍赔偿的主张依据不足，不应支持。

第三种意见：张某明诉称洛阳王府井销售的恒大兴安芥花籽橄榄油食用调和油没有标注橄榄油的含量，属于不符合食品安全标准的食品，洛阳王府井应当承担退还货款和十倍赔偿的责任，但张某明于2017年4月4日、4月6日、4月7日在多地多家商场购买同种商品，且以相同事由诉至法院要求退款并索赔，从张某明要求索赔的多个案件可以反映，张某明在短期内多次在不同地区不同商场购买同种类商品，继而以产品不符合食品安全标准为由起诉要求价款十倍的赔偿，可见张某明的购买行为显然并非为生活消费所需，而是出于“买假索赔”的营利目的，因此，综合本案查明的事实，可认定张某明系以营利为目的购买涉案商品。以营利为目的专门购买商品继而索赔的行为与食品安全法的法律价值和立法精神不符，且张某明所举证据不足以证明涉案商品存在质量问题，故张某明要求退还货款及承担惩罚性赔偿的诉讼请求不应得到支持。

笔者同意上述第二种意见，理由如下：涉案的未标注含量的橄榄油是否属于特别强调的有价值、有特性的成分，是否应当标注含量，没有明确规定。而根据相关检测结果显示，恒大兴安芥花籽橄榄油食用调和油各项指标均符合国家食用油标准，属于合格油品，标签亦符合相关要求；全国粮油标准化技术委员会油料及油脂分技术委员会在《关于“食用植物调和油标签标示问题咨询函”的回复》中也明确指出芥花籽油、橄榄油不属于“有价值、有特性”的配料，可不标识其含量及成分。在此情况下，若要求销售者判断涉案的橄榄油是否属于特别强调的有价值、有特性的成分，并标注含量，对于销售者而言过于严苛。此外，食品的标签是否标注含量不会直接改变食品本身的质量和营养成分，虽然张某明购买的调和油未标注橄榄油的含量，但标签的标注并不涉及调和油本身的安全问题，也不会对张某明造成食用安全方面的误导。因此，涉案油品虽然在标签中没有标明橄榄油的添加量，但不足以影响消费者在购买时作出判断，因此张某明要求销售者洛阳王府井退还货款并十倍赔偿的主张依据不足，不予支持。

编写人：河南省洛阳市西工区人民法院　殷春昱　吴可征

8

鉴定结论不明时的产品缺陷举证责任承担及其限度

——洪某钦诉厦门盈众至远汽车销售有限公司产品责任案

【案件基本信息】

1. 裁判书字号

福建省厦门市中级人民法院（2018）闽02民终1139号民事裁定书

2. 案由：产品责任纠纷

3. 当事人

原告（上诉人）：洪某钦

被告（被上诉人）：厦门盈众至远汽车销售有限公司（以下简称盈众公司）

【基本案情】

2015年12月10日，原告洪某钦与被告盈众公司签订《购车合同》一份，由原告向被告购买奥迪Q7越野车，购车款为829500元。洪某钦购车后缴纳了车辆购置税70897.44元、上牌服务费及工本费2000元、车辆保险费26277.77元。2016年1月25日，洪某钦与盈众公司销售职员进行交车检查并在《商品车交车检查确认单》《车辆信息确认单》上签字确认。该车于2016年6月22日2时许停放在永安市泰园小区并于当日5时10分发生火灾，整车烧损严重。2016年8月21日，永安市公安消防大队出具《火灾事故认定书》一份，载明：经调查，对起火原因认定如下：

起火时间为2016年6月22日5时10分许；起火部位为奥迪Q7车身右侧，中央扶手靠右、副驾驶座往后、右后座往前区域；起火原因可以排除雷击、放火引发火灾的可能，不排除草木灰烘烤以及该部位电气故障引起火灾的可能。福建中联司法鉴定所经永安市公安消防大队委托，对闽DK871L小型轿车的火灾事故与车辆技术状况之间是否存在因果关系进行鉴定，该所于2016年8月19日出具《司法鉴定意见书》，鉴定意见为：无法确定闽DK××××号小型轿车是否存在电气线路短路、过载故障及是否是电气线路短路故障导致本次火灾事故。福建省永安市气象局于2016年8月1日出具《气象证明》，载明：6月22日2时至6时永安城区天气为多云，无雷电，平均气温25.4℃。

另查明，2016年6月21日事故发生前日傍晚7时许，有人在该车停放处焚烧堆高将近一米的树枝树叶。

还查明，讼争车辆于2015年10月15日经广州出入境检验检疫局检验，其《进口机动车辆随车检验单》上载明的检验情况中，一般项目检验为合格，安全性能检验为合格；于2015年11月19日经黄埔海关办结进口手续获得《货物进口证明书》入境。

【案件焦点】

1. 被告主体是否适格；2. 被告是否应当承担赔偿责任；3. 汽车所有人或使用人的安全注意义务。

【法院裁判要旨】

福建省厦门市同安区人民法院经审理认为：1. 被告主体是否适格的问题。《侵权责任法》《产品质量法》规定了产品存在缺陷造成损害的赔偿责任，生产者、销售者均负有向受害人承担赔偿责任的义务，而受害人有权选择向生产者或销售者要求赔偿，其选择的任何一个主体均应承担全部责任，但在承担责任后可向终局责任人进行追偿。现原告选择向销售者主张赔偿责任并无不当，本案将销售者列为被告符合法律规定，被告提出的其主体不适格的抗辩意见缺乏充分依据，本院不予采纳。2. 被告是否应当承担赔偿责任的问题。产品生产者、销售者承担赔偿责任的前提是产品存在缺陷、损害系产品缺陷导致、生产者及销售者不存在免责事由。本案被告作为汽车销售者是否应当承担赔偿责任的关键在于其所售汽车是否存在质量问题，火灾是否因汽车质量问题导致。根据《产品质量法》《民事诉讼法》的相关规定，产品责任纠纷不适用举证责任倒置，原告有义务举证证明被告销售的产品存在质量缺陷、损失确已发生、损失与产品缺陷之间存在因果关系，被告就法定的免责事由承担举证责任，但前提是原告已证明汽车存在质量问题并导致了损失发生。本案中，对于汽车燃烧的原因没有明确结论，根据永安市公安消防大队出具的《火灾事故认定书》和福建中联司法鉴定所出具的《司法鉴定意见书》的鉴定结论，发生火灾的原因既有可能是汽车电气故障引发的自燃，也有可能是草木灰烘烤所致。也就是说，现有证据不能直接证明汽车存在质量问题，更不能证明汽车燃烧是因为汽车产品缺陷所引发。纵观本案诸多因素，本院认为，外因引发汽车燃烧的可能性更大，理由如下：1. 汽车停放至汽车开始燃烧时隔三小时左右，汽车在熄火状态下，即便存在电气故障，起火燃烧的可能性也很小；2. 起火部位为中央扶手靠右、副驾驶座位后、右后座往前区域，而该区域并不像车身前部区域那样电气线路复杂，产生故障并引发起火的概率很小；3. 事故车辆为德国原装进口汽车，相关质量检验合格，火灾发生前没有电气线路故障的迹象和记录；4. 事故车辆停放的位置正在草木灰烬之上，而草木灰烬系事故发生前十小时左右开始焚烧，被焚烧的树枝树叶堆高近一米，数量较大且燃烧过后在气温较高的情况下灰烬热量保存时间较长，灰烬持续烘烤足以引发汽车燃点较低的物件起火。因此，本院认为，汽车起火原因系自身质量问题的可能性较小，因草木灰烬烘烤的可能性更大。在没有充分证据证明汽车燃烧原因的情况下，根据盖然性占优的证明标准，应当认定可能性更高的事实而不能认定可能性更小的事实，故不宜认定汽车燃烧是可能性更小的原因即汽车电气线路故障。

综上，本院认为，原告不能证明汽车存在质量缺陷，更不能证明汽车燃烧是因为汽车质量缺陷所引发，其请求被告作为销售者承担产品缺陷的损害赔偿责任没有事实及法律依据，本院不予支持。根据《中华人民共和国民事诉讼法》第六十四条第一款之规定，判决如下：

驳回原告洪某钦的全部诉讼请求。

宣判后，原告洪某钦提出上诉，厦门市中级人民法院于2018年2月26日做出（2018）闽02民终1139号民事裁定书，裁定如下：

准许洪某钦撤回上诉。一审判决自本裁定书送达之日起发生法律效力。

【法官后语】

随着我国汽车保有量持续快速增长，因汽车产品质量引发的法律纠纷也不断攀升。法院在审理此类纠纷时应顺应当事人诉求，将其以产品侵权责任纠纷处理，合理分配举证责任，以社会价值综合考量证据的高度盖然性，在加重生产者、销售者举证义务的同时也不能忽视车辆所有人或使用人的安全注意义务，以维护社会经济秩序健康发展。

一、汽车自燃案件是否应以产品侵权责任纠纷处理

产品缺陷损害，是指有瑕疵的产品在交付或移转所有权之后，潜伏于产品的瑕疵不幸实现，导致产品不堪使用、毁损或灭失的情形。产品缺陷导致的民事责任有违约责任和侵权责任两种，由受害人（所有人）自行选择。但无论从诉讼程序上还是从实体上，以侵权责任纠纷处理都更有利于维护受害人的权益。《产品质量法》第四十一条规定：因产品存在缺陷造成人身、缺陷产品以外的其他财产损害的，生产者应当承担赔偿责任。文义上理解，似乎产品侵权责任的损害范围仅为人身损害、他人财产损害，不包括产品自身。而汽车自燃案件中，汽车为受害人所主张的缺陷产品，在没有汽车以外的其他财产或人身遭受损害的情况下，如认为不产生侵权责任而只存在违约责任，则受害人本身的权利将受到限制。本案认为，生产者、销售者对缺陷产品自身损害承担侵权责任应为立法本意。首先，民法理论中侵权行为所侵害的客体为人身权和财产权的权利本身，而非权利所指向的对象如汽车，如对财产权所指向的具体财产加以区分限制则削弱权利的完整性。其次，参照《民法通则》第一百二十二条规定：因产品质量不合格造成他人财产、人身损害的，产品制造者、销售者应当依法承担民事责任。这里的“他人”系指产品制造者、销售者以外的公民、法人或其他组织；“他人财产”系指所有因产品质量不合格而遭受损害的财产，包括产品本身。产品所有人对自身财产损害可直接参照前述规定主张权利。最后，在受害人自有的缺陷产品及其他财产同时遭受损害时，如受害人只能就其他财产损害主张侵权责任，而对缺陷产品本身的财产损害向销售者主张合同责任，则加重了当事人的诉讼成本，有违诉讼经济原则。

二、汽车自燃案件中的举证责任分配及其限度

《最高人民法院关于民事诉讼证据的若干规定》第四条第一款第六项规定：因缺陷产品致人损害的侵权诉讼，由产品的生产者就法律规定的免责事由承担举证责

任。虽然因缺陷产品致人损害的侵权属特殊侵权，由生产者承担无过错责任，但并不免除受害人的举证责任。《产品质量法》规定，产品侵权责任采用的是过错责任与无过错责任同时存在的二元归责原则。产品生产者、销售者承担赔偿责任的前提是产品存在缺陷、损害系产品缺陷导致、生产者及销售者不存在免责事由。汽车销售者是否应当承担赔偿责任的关键在于其所售汽车是否存在质量问题，火灾是否因汽车质量问题导致。根据《产品质量法》《民事诉讼法》的相关规定，产品责任纠纷不适用举证责任倒置，受害人有义务举证证明被告销售的产品存在质量缺陷，损失确已发生、损失与产品缺陷之间存在因果关系，销售者就法定的免责事由承担举证责任，但前提是受害人已证明汽车存在质量问题并导致了损失发生。虽然在汽车自燃案件中，受害人对于汽车这种生产工艺复杂、技术含量很高的产品缺乏专业知识，几乎不可能举证证明产品缺陷，但其可以借助鉴定机构出具的鉴定意见证实自己的主张。本案中，消防大队作为事故处理部门在委托了专业机构就轿车的火灾事故与车辆技术状况之间是否存在因果关系进行鉴定的基础上出具的《火灾事故认定书》载明：起火原因不排除草木灰烘烤以及该部位电气故障引起火灾的可能。在这种情况下，法院依法要求鉴定人员出庭接受质询，在仍然无法查清原因且车辆现状无法再次鉴定的情况下，采用间接反证等灵活的证明方法，根据案件的具体情况做出事实推定，从而减轻受害人的举证负担。

三、高度盖然性证据规则在汽车自燃案件中的适用

实践中，汽车燃烧原因没有明确结论较为常见。如本案中，发生火灾的原因既有可能是汽车电气故障引发的自燃，也有可能是草木灰烘烤所致。即证据不能直接证明汽车存在质量问题，更不能证明汽车燃烧是因为汽车产品缺陷所引发。综观本案诸多因素，应认定为外因引发汽车燃烧的可能性更大，理由如下：1. 汽车停放至汽车开始燃烧时隔三小时左右，汽车在熄火状态下，即便存在电气故障，起火燃烧的可能性也很小；2. 起火部位为中央扶手靠右、副驾驶座位后、右后座往前区域，而该区域并不像车身前部区域那样电气线路复杂，产生故障并引发起火的概率很小；3. 事故车辆为德国原装进口汽车，相关质量检验合格，火灾发生前没有电气线路故障的迹象和记录；4. 事故车辆停放的位置正在草木灰烬之上，而草木灰烬系事故发生前十小时左右开始焚烧，被焚烧的树枝树叶堆高近一米，数量较大且燃烧过后在气温较高的情况下灰烬热量保存时间较长，灰烬持续烘烤足以引发汽车

燃点较低的物件起火。综上，汽车起火原因系自身质量问题的可能性较小，因草木灰烬烘烤的可能性更大。在没有充分证据证明汽车燃烧原因的情况下，根据盖然性占优的证明标准，应当认定可能性更高的事实而不能认定可能性更小的事实，故不宜认定汽车燃烧是可能性更小的原因即汽车电气线路故障，从而避免无限度加重销售者的举证义务。

四、车辆所有人或使用人的安全注意义务

汽车自燃案件在加重生产者和销售中举证责任的同时不能忽视了车辆所有人或使用人的安全注意义务。据专家分析，导致汽车自燃的原因除设备故障、电气线路短路、机械摩擦起火等，也不排除使用维护不当、违章操作等人为方面的原因。社会常识告诉我们，汽车着火起码要有以下两个条件：一是易燃品，二是火源。这就要求汽车所有人和使用人必须对车辆尽到一般的安全注意义务，如定期进行车辆检测、发现漏油等故障，及时到正规修理厂检测、保养；不随意改装车辆、改变车辆电器线路；不将车辆在高温下暴晒；不将车辆停放于火源或者易燃物附近。如车辆无质量问题而车主存在前述行为即可推定车主对产品损害存在过错。本案中，车底有草木灰烬等温度较高的物质，车主停放时未尽到一般的安全注意义务，草木灰烘烤车底导致车辆自燃，存在过错，应承担相应的责任。本案判决驳回其诉讼请求也对广大的车辆所有人或使用人起到警示作用。

编写人：福建省厦门市同安区人民法院　徐丽碧

9

产品生产者责任案举证责任分配和专家意见的采纳

——郭某甲等诉天津小鸟车业有限公司等产品生产者责任案

【案件基本信息】

1. 裁判书字号

北京市第三中级人民法院（2017）京03民终11836号民事判决书

2. 案由：产品生产者责任纠纷

3. 当事人

原告（被上诉人）：郭某甲、刘某英

被告（上诉人）：天津小鸟车业有限公司（以下简称小鸟公司）

被告：超威电源有限公司（以下简称超威公司）、北京永盛德威商贸中心（以下简称永盛中心）

【基本案情】

郭某甲、刘某英是夫妻关系，郭某娟系郭某甲、刘某英之女。2015年10月16日凌晨，因电动车电池被放置屋内充电，他们居住的房屋发生火灾，郭某娟在火灾中死亡。北京市朝阳区公安消防支队出具的《火灾事故认定书》认定充电电瓶电器故障导致火灾。充电电瓶为小鸟牌电动车电瓶，电瓶外壳有小鸟商标，电瓶内部由4块铅酸蓄电池连接组成，其中2块电池外皮部分烧毁，另外2块电池上发现“超威”标志。北京市朝阳区公安消防支队对上述充电电瓶内部电线进行技术鉴定后称上述充电电瓶内部电线有一次短路熔痕。电动车是郭某甲夫妇在永盛中心购买，该电动车和配套充电器系小鸟公司生产，配套电池为超威公司生产。

事故发生后，郭某甲、刘某英认为小鸟公司和超威公司作为产品生产者应承担责任，故诉至法院要求两公司连带赔偿152.7万元。小鸟公司辩称其不生产电池，是电池质量问题引起火灾，其不应承担责任。超威公司辩称消防部门认定事故原因为充电电池电气故障，但由于充电电池的构成部分较多，具体哪个部分造成火灾无法从认定书中找到结论，超威公司仅是裸电池的生产者，不生产和销售其他部件。除涉案电池外壳外，电池为不可燃物，而电池外壳的燃点在400度以上，因此电池不是火灾发生的原因。消防部门作出的现场勘验笔录中发现涉案充电电瓶内部电线发生一次短路熔痕，正是由于此次短路，给涉案火灾提供了火源。

超威公司申请专家马贵龙教授出庭发表专门意见：因为充电器不能及时调整充电电压，不具备基本的定时断电功能，导致每年5月至10月经常发生人员伤亡的火灾事故。火灾发生原因基本都是因为热失控，电池发热，导致软化进而导致短路引起着火。如果不存在热失控，凌晨发生火灾的可能性很小。防止热失控的最简单办法是定时断电。基本上所有充电器生产厂家都有能力生产具备定时断电功能的充电器，只是成本要比不具备该功能的充电器高几元钱。因此本案最大的可能性是充电器输出电压高出电池所能承受的电压而产生热失控导致火灾。

【案件焦点】

涉案电动车充电电瓶是否存在产品缺陷。

【法院裁判要旨】

北京市朝阳区人民法院经审理认为：本案中，要查明本案涉案产品是否存在缺陷，需要查明涉案火灾的发生原因。根据消防部门出具的火灾事故认定书和相关的技术鉴定报告可知系由于电动车充电电瓶电气故障引起了火灾。结合马贵龙教授的专业意见以及超威公司提交的资料，本院对于超威公司主张涉案火灾系因“热失控”现象所引起的意见予以采纳。根据马贵龙教授的意见，避免热失控的最简单、有效的手段就是使用具有调节充电电压功能或者定时断电功能的充电器，但本案发生火灾的充电器并不具备此种功能。由于这一功能的缺失，导致本案火灾的发生。小鸟公司作为充电器的生产者应当对二原告的各项损失承担赔偿责任。电池生产者超威公司和代理商永盛中心均不应承担赔偿责任。综上，依照《中华人民共和国侵权责任法》第十六条、第四十三条，《最高人民法院关于确定民事侵权精神损害赔偿责任若干问题的解释》第八条第二款之规定判决：

一、小鸟公司于本判决生效之日起七日内赔偿刘某英、郭某甲死亡赔偿金1057180元、丧葬费38058元、精神损害抚慰金80000元、直接财产损失60000元；

二、驳回刘某英、郭某甲的其他诉讼请求。

小鸟公司不服，持辩称意见上诉。北京市第三中级人民法院经审理认为：《中华人民共和国产品质量法》第四十一条规定：“因产品存在缺陷造成人身、缺陷产品以外的其他财产（以下简称他人财产）损害的，生产者应当承担赔偿责任。生产者能够证明有下列情形之一的，不承担赔偿责任：（一）未将产品投入流通的；（二）产品投入流通时，引起损害的缺陷尚不存在的；（三）将产品投入流通时的科学技术水平尚不能发现缺陷的存在的。”本案中，小鸟公司和超威公司均未能对涉案产品就法律规定的免责事由提交证据。北京市朝阳区公安消防支队出具的《火灾事故认定书》认定“火灾原因为充电电瓶电气故障所致”，不能排除超威公司生产的产品存在缺陷的可能性，一审法院仅凭马贵龙的专家意见及超威公司提交资料，在没有直接证据可以证明超威公司的产品不存在缺陷的情况下，就排除了超威公司的责任，缺乏事实依据。因小鸟公司和超威公司均未能证明其产品不存在缺陷，故郭某甲、刘某英的损失应该由小鸟公司和超威公司共同承担连带赔偿责任。一审法院仅判决小鸟公司承担赔偿责任，缺乏事实及法律依据，故依照《中华人民共和国民事诉讼法》第一百七十条第一款第二项之规定判决：

一、撤销北京市朝阳区人民法院（2016）京0105民初3405号民事判决；

二、小鸟公司、超威公司于本判决生效后七日内对郭某甲、刘某英的各项损失（死亡赔偿金1057180元、丧葬费38058元、精神损害抚慰金80000元、直接财产损失60000元），共计1235238元承担连带赔偿责任；

三、驳回郭某甲、刘某英的其他诉讼请求；

四、驳回小鸟公司的其他上诉请求。

【法官后语】

该案例涉及产品责任的举证责任分配和专家意见的采纳问题。

产品责任，是指因产品缺陷造成他人的财产或人身损害，产品的生产者和销售者对受害人承担的严格责任。我国法律对产品责任确立严格责任的归责原则，即产品生产者承担产品责任不以其主观过错为前提，只要产品存在缺陷造成他人损害，除非存在法定免责事由，生产者均应承担侵权责任。因本案属于产品责任，根据严格责任的归责原则，原告郭某甲和刘某英无须证明产品生产者小鸟公司和超威公司存在过错。

一、产品责任举证责任分配

产品责任作为严格责任，一般要求三个构成要件：产品缺陷、损害法益、因果关系。产品责任在性质上是侵权责任的一种，根据《侵权责任法》第四十一条的规定及举证责任分配原理，应由原告负有证明案件要件事实的举证责任，即原告应向法庭初步证明产品存在缺陷、该缺陷损害了法益以及产品缺陷和损害法益之间存在因果关系。在原告提供初步证据证明案件的要件事实后，生产者要免责，须就《产品质量法》规定的免责事由承担举证责任。本案中，涉案产品是否为缺陷产品的举证责任仍应由郭某甲、刘某英承担。二人提交的北京市朝阳区公安消防支队出具的《火灾事故认定书》认定“火灾原因为充电电瓶电气故障所致”，已初步证明涉案产品存在缺陷，按照法律规定，应由产品的生产者小鸟公司、超威公司对涉案产品就法律规定的免责事由承担举证责任。因小鸟公司和超威公司不能举证证明免责事由的存在，故小鸟公司和超威公司应承担举证不能的法律后果。

二、专家意见的采纳

与专家意见的相关的法律规定主要就专家出庭发表意见的程序作出相应说明，而对民事诉讼领域专家意见的采纳问题目前无论在立法上还是理论层面上都没有统一界定。比较英美法系国家对专家意见的采纳规定，无不要求专家意见需要具备：1. 相关性，即意见内容必须和案件事实之间存在客观联系；2. 有用性，即专家意见能为解决争议问题提供实质性帮助；3. 可靠性，即专家本人具备出具专家证言的能力以及其提供的结论能够得到业内的认可。同时，在采纳专家意见之前，还要考虑两个问题：第一，在没有拥有专家的辅助情况下，意见的主题能否可由缺乏相关领域知识或经验的人自行形成正确的判断。如果没有专家的辅助，法官能够根据现有证据形成相应的判断，那么专家意见并非必须采纳。第二，专家意见是否对法庭具有真正的帮助。如果答案是否定的，专家意见也并非采纳。

具体到本案中，超威公司申请马贵龙作为具有专门知识的人出庭发表意见，证明本案发生火灾最大可能是充电器缺陷导致火灾。专家证人马贵龙的专家身份和发表的意见内容已经满足了相关性、有用性和可靠性的要求，但马贵龙发表的专家意见对本案并不能起决定性作用，因为本案北京市朝阳区公安消防支队出具的《火灾事故认定书》认定“火灾原因为充电电瓶电气故障所致”，不能排除超威公司生产的电池存在缺陷的可能性，而超威公司又未能就法定免责事由提出相应证据，故马贵龙的专家意见不能被采纳。

编写人：北京市第三中级人民法院　蒋巍　吴可加

10

消费者在使用存有缺陷产品时存在明显使用不当造成第三人人身损害的结果如何认定责任

——潘某某诉浙江快速龙电器有限公司产品生产者责任案

【案件基本信息】

1. 调解书字号

福建省泉州市泉港区人民法院（2016）闽0505民初2410号民事调解书

2. 案由：产品生产者责任纠纷

3. 当事人

原告：潘某某

被告：浙江快速龙电器有限公司

【基本案情】

2014年5月21日，原告潘某某购买了被告浙江快速龙电器有限公司生产的QD10－26/2－1.5小型多级潜水电泵。2014年9月14日上午，原告在打井过程中，用该水泵在小溪中抽水作业，当天下午1时多林某被发现死于抽水泵作业水域。经泉州市公安局界山派出所委托泉州市公安局泉港分局物证鉴定室对林某死因进行鉴定，鉴定意见为“死者林某不排除溺水死亡”。此后又出具如下工作说明：在本例尸检中，未发现林某存在明显电流斑的病理改变，但是不能排除电击伤（死）的可能。2014年11月11日，泉州市公安局界山派出所委托福建东南产品质量司法鉴定所对涉事水泵进行水泵及相关线路是否漏电的鉴定，最终鉴定意见为：1. 受鉴水泵绝缘已失效，水泵接入电源后其外壳金属件带电，存在漏电安全隐患；2. 受鉴水泵为1类器具，却未接入可靠的接地系统，达不到GB8877－2008标准要求，存在安全隐患；3. 受鉴水泵使用中未受剩余电流保护装置控制，达不到GB13955－

2005 标准要求，存在安全隐患。

事故发生后，根据相关部门提供的证据，当地镇人民调解委员会组织几方进行调解，最终达成以下协议：承包当事人潘某某（涉诉产品的消费者，亦是使用者）、业主林某华同意一次性赔偿死者家属 34 万元。后由于赔偿义务人未能履行协议，林某家属于 2015 年 4 月 16 日诉至泉港法院。同年 10 月 8 日，该院经审理认为，综合考虑全案证据、林某的身高体型、事发现场环境和一般常理，林某仅因落水而直接导致溺水死亡的可能性很小。根据民事诉讼证据的高度盖然性证明标准，可以推定林某因触电后溺水死亡。原告潘某某作为打井工程的承揽方，对打井施工过程负有安全保障责任，应当确保施工设备的安全性，并采取相应的安全措施，最大限度地保护劳动者和周围群众的安全，但原告潘某某在未取得相应资质的情况下，未尽合理的安全管理义务和采取相应的安全防护措施，以致造成林某死亡，其应负主要责任。依据《中华人民共和国民法通则》第四条，《中华人民共和国合同法》第八条，《中华人民共和国人民调解法》第三十一条第一款和《最高人民法院关于审理涉及人民调解协议的民事案件的若干规定》第三条、第四条，判决原告潘某某承担林某家属赔偿款 272000 元（按原双方达成的调解协议中的赔偿金额的 80%）。潘某某不服一审判决上诉至泉州市中级人民法院，该院于 2016 年 6 月 20 日作出判决：驳回潘某某上诉，维持原判。

【案件焦点】

消费者在使用存有缺陷产品时存在明显使用不当造成第三人人身损害的结果，生产者与消费者如何承担责任。

【法院裁判要旨】

福建省泉州市泉港区人民法院经审理认为：依原告提供的（2015）港民初字第 1005 号民事判决书、（2015）泉民终字第 5718 号民事判决书等证据，根据《最高人民法院关于民事诉讼证据的若干规定》第九条第一款第四项规定，可以认定受害人林某系在涉诉水泵作业水域触电后溺水死亡，潘某某应赔偿死者家属 272000 元的事实。而依福建东南产品质量司法鉴定所出具的《司法鉴定意见书》，亦可以认定涉诉水泵经鉴定未安装剩余电流保护装置，存在安全隐患的事实。同时依双方庭审陈述，可以认定原告潘某某在施工过程中使用该产品时，发生两次跳闸的情况，仍违规连接电源，毫无安全防范意识，是造成林某死亡这一损害后果发生的直接原因之一，而本案中，产品存在缺陷并不必然的引起该损害事故的发生，正是介入使用者严重的过错行为才造成了损害结果的发生。因此，作为涉诉水泵的使用者自身应对造成的该损害结果承担相应的赔偿责任。

审理中，承办法官为双方梳理问题、释法明理。后于2016年11月28日主持调解，双方当事人达成如下协议：

一、被告浙江快速龙电器有限公司同意一次性支付原告潘某某因涉诉水泵产品责任纠纷款100000元，该款定于自2016年11月30日前支付给原告潘某某；

二、该协议履行完毕后，原、被告之间就涉诉水泵发生的产品责任纠纷再无争议。

【法官后语】

本案虽以调解方式结案，但仍有几点值得思考：

一、如何认定产品是否存在缺陷

根据《产品质量法》第四十六条规定，所谓产品缺陷指的是产品存在危及人身、他人财产安全的不合理的危险；产品不符合有保障人体健康及人身、他人财产安全的国家标准、行业标准。在我国，产品质量监管机关和人民法院有权认定产品缺陷，前者为行政认定，后者为司法认定，但无论何种认定，对于缺陷产品往往需要委托有资质的专门鉴定机构进行鉴定。本案中，经专门鉴定机构鉴定，所涉及的水泵属1类器具，但其连接电缆上却将接地线断开，却未接入可靠的接地系统，达不到GB8877－2008标准要求，存在安全隐患；涉诉水泵符合标准要求的必须安装剩余电流保护装置，但其接电线路却未接入漏电保护开关等剩余电流保护装置，达不到GB13955－2005标准要求，存在安全隐患。因此，在鉴定结论确定产品相关指标与相关标准不符的情况下，直接推定产品存在质量缺陷，虽然增加了一定办案风险，但提高了办案效率，也减少了当事人的诉讼成本。

二、在产品经鉴定存有缺陷的情形下，消费者（使用者）在使用过程中亦存在严重使用不当，造成第三人损害结果，各方应如何分配责任的问题

关于缺陷产品致人损害的侵权诉讼适用何种归责原则，笔者认为，应将其分成两个阶段，第一阶段是受害人向生产者、销售者主张权利阶段。在此阶段中，除法定免责情况外，只要受害者（可以是购买者、消费者，也可以是购买者、消费者之

外的第三人）证明自己使用了缺陷产品，并证明了使用缺陷产品是损害发生的原因，就推定为生产者存在过错，均应对受害人承担完全赔偿责任，实行严格责任原则。在林某家属因人身受到侵害以侵权之诉至法院要求潘某某等人依双方先前达成的赔偿金额支付赔偿款一案中，林某家属不同意追加浙江快速龙电器有限公司作为共同赔偿义务人，而该案并非产品责任纠纷，存在不同法律关系，因此，在该案中应适用过错原则，潘某某在作业过程中未尽合理的安全管理义务，在涉诉水泵存在漏电等安全隐患的情况下仍继续作业，且在明知将水泵的电源接到空气开关上可能导致发生漏电情况时漏电开关不会自动断掉电源的危险后果后，仍放任该结果的发生，没有做好施工的安全防护措施，导致林某在施工过程中死亡，其应在本案事故中对林某的死亡负主要过错，而业主存在选任过失，亦有过错，双方应根据过错程度各自承担相应责任。

第二阶段生产者、消费者（使用者）相互追偿阶段。在该阶段中，对双方应实行过错责任原则，即属于产品生产者责任的，消费者（使用者）赔偿给第三人后，有权向产品的生产者追偿，但如果生产者能证实消费者存在使用不当或改装或人为损坏的情形造成第三人损害后果的，应当权衡各自的过错程度与产品缺陷对造成该损害结果的作用力大小来确定各方应承担的责任。

本案中，第三人林某系因触电后溺水死亡，该事实系人民法院发生法律效力的裁决所确认的事实，双方当事人未能提供相反证据足以推翻，应予认定。作为林某死亡直接责任人亦是本案涉诉产品的消费者潘某某在使用该产品时，在施工过程中发生两次跳闸的情况，仍违规连接电源，毫无安全防范意识，是造成林某死亡这一损害后果发生直接原因之一，本案中，产品存在缺陷并不必然地引起该损害事故的发生，正是介入使用者严重的过错行为才造成了损害结果的发生。笔者认为应当综合考虑使用者的过错与产品缺陷对造成该损害结果的作用力大小来确定各方应承担的责任。

三、消费者能否就其与第三人达成的赔偿金额要求生产者承担该赔偿款的问题

笔者认为，潘某某主张的数额系根据其与受害人所签订的《人民调解协议书》中双方确定的赔偿数额，但根据合同相对性原则，在不存在合同效力外溢的情况下，该协议仅仅对本案的原告及受害人有约束力，而并不必然对生产者产生拘束力，故生产者并不必然的承担该赔偿数额，而应依照相关法律法规确定受害人的实际损失。

编写人：福建省泉州市泉港区人民法院　叶绿萱

二、医疗损害责任

11

“生育权”的权利主体及内容

——杨某诉某某医院医疗损害责任案

【案件基本信息】

1. 裁判书字号

广东省广州市中级人民法院（2017）粤01民终16895号民事判决书

2. 案由：医疗损害责任纠纷

3. 当事人

原告（上诉人）：杨某

被告（被上诉人）：某某医院

【基本案情】

原告与彭某某于2014年1月22日登记结婚。2014年9月21日，彭某某在其母亲的陪同下到被告处入院要求终止妊娠，并在《中/晚期妊娠引产知情同意书》签名，同月26日，彭某某引产一死胎，后于同月29日出院。彭某某分别于2014年11月及2015年9月起诉原告要求离婚，人民法院均判决驳回彭某某的诉讼请求。彭某某于2016年11月再次起诉离婚，县人民法院于同年12月15日判决准许双方离婚。

彭某某在被告处住院期间共支付医疗费用9125.68元。原告以被告在不问情况的情形下为彭某某施行人工终止妊娠手术，给原告及其家庭带来严重的损害为由诉至法院，请求法院向原告赔偿误工费150000元、车旅费50000元、结婚费200000元、胎儿生命代价费300000元、精神损失费180000元，共计880000元、被告退还彭某某人工终止妊娠手术时的费用9125.68元。

被告认为：1. 原告主体不适格。根据法律规定，妇女有自主决定生育或不生育的权利。原告无权干涉彭某某的生育自主权，被告实施的是对彭某某的诊疗行为，与彭某某形成相应的诊疗行为及诊疗服务合同关系。原告与被告没有对应的法律关系，不存在被告侵犯其权利的事实和法律依据。2. 彭某某到被告处门诊，声称停经26周未婚先孕，要求终止妊娠，经检查，无终止妊娠的医学禁忌症，又非性别选择的终止妊娠，故在履行常规术前检查和炎症治疗的术前准备，详细交代并告知引产可能发生的风险及并发症，本人签署知情同意书后，于9月24日行引产术，手术顺利，康复后于9月29日出院。被告具有实施终止妊娠手术的合法资质，彭某某本人及其母亲因未婚先孕要求终止妊娠的态度明确，不违反计划生育政策，原告家庭内部矛盾与被告不相关，被告在彭某某意思表示明确的前提下为其实施手术，是正当的履行职责的行为，不存在侵权。

【案件焦点】

“生育权”的权利主体及内容。

【法院裁判要旨】

广东省广州市越秀区人民法院经审理认为：1. 关于原告是否是本案适格主体。本案涉及生育权纠纷，原告作为生育权的利害关系人提起本案诉讼并无不当。2. 被告的行为是否侵犯了原告的生育权。根据《中华人民共和国妇女权益保障法》第五十一条第一款“妇女有按照国家有关规定生育子女的权利，也有不生育的自由”的规定，彭某某作为一名具有完全民事行为能力的成年人，在其母亲的陪伴下前往被告处做引产手术，被告为彭某某施行终止妊娠术，既是对其意愿的尊重，更是被告为保障女性公民不生育自由而必须履行的义务，并没有侵犯原告的生育权，无须承担赔偿责任。

广东省广州市越秀区人民法院依照《中华人民共和国民事诉讼法》第六十四条第一款的规定，判决如下：

驳回原告杨某的全部诉讼请求。

上诉人杨某不服原审判决，向广州市中级人民法院提起上诉称：一、被告医院于2014年9月26日为彭某某实施终止妊娠手术，发生在上诉人杨某与彭某某婚姻关系存续期间，被告医院应当查清彭某某的婚姻状况而没有查明，存在过错。二、被告医院轻信彭某某未婚的谎言，没有尽到询问并了解胎儿父亲情况的义务，存在过错。三、被告医院不符合获准开展妊娠14周以上人工终止妊娠手术业务的医疗保健机构或计划生育技术服务机构条件，其为彭某某实施终止妊娠手术，存在过错。四、非选择性别需要终止妊娠的，应当持镇人口计生办出具的同意施行人工终止妊娠手术证明方可实施手术。彭某某没有出具相关证明，被告医院即为其实施终止妊娠手术，存在过错，应视为非法施行选择性别人工终止妊娠行为，被告医院应对此承担赔偿责任。五、公民享有生育的权利，包括男方和女方。本案中，被告医院的行为侵犯了杨某的生育权，应当承担赔偿责任。六、被告医院为妊娠25周的彭某某非法进行人工终止妊娠手术，不仅剥夺了杨某的生育权，也剥夺了胎儿的生命权，造成杨某与彭某某夫妻感情破裂和离婚，破坏了杨某的家庭幸福，造成杨某精神上受到巨大的伤害，出现了忧郁、失眠等精神异常症状。综上所述，杨某上诉请求：

一、撤销广东省广州市越秀区人民法院（2017）粤0104民初8111号民事判决；

二、判决某某医院向杨某赔偿误工费150000元、车旅费50000元、结婚费200000元、胎儿生命代价费300000元、精神损失费180000元，共计880000元；

三、判令某某医院赔偿彭某某人工终止妊娠手术费时的费用9125.68元；

四、由某某医院承担一、二审费用。

广东省广州市中级人民法院认为：原审法院根据双方当事人的诉辩、提交的证据对本案事实进行了认定，并在此基础上依法作出原审判决，合法合理，且理由阐述充分，本院予以确认。《中华人民共和国侵权责任法》第六条规定，“行为人因过错侵害他人民事权益，应当承担侵权责任”。本案中，某某医院为彭某某施行终止妊娠手术，是保障女性公民不生育自由的正当行为，具有合法性，并不存在过错，依法无须承担侵权责任。上诉人主张某某医院不具有获准开展人工终止妊娠手术业务的医疗保健机构或计划生育技术服务机构条件，该主张与某某医院已获得的执业许可范围不符，本院不予采纳。关于某某医院有无查清彭某某的婚姻状况及询问了解胎儿父亲情况问题，一方面本案证据不足以认定某某医院疏于了解相关情况，另一方面该问题也与是否侵犯上诉人生育权无关，故上诉人以此为由主张某某医院构成过错应承担侵权责任，本院亦不予采纳。关于是否存在非法施行选择性别人工终止妊娠行为的问题，本案并无证据证实彭某某是基于选择胎儿性别需要而终止妊娠，上诉人主张某某医院非法施行选择性别人工终止妊娠行为，缺乏合理依据，本院不予采纳。综上所述，本案中某某医院为彭某某施行人工终止妊娠手术，是保障女性公民不生育自由的合法行为，上诉人主张该行为非法剥夺了其生育权和胎儿的生命权，于法无据，本院不予支持。本院认可原审法院对事实的分析认定及对相关法律的适用，原审判决并无不当，本院予以维持。

广州市中级人民法院依照《中华人民共和国民事诉讼法》第一百七十条第一款第一项之规定，判决如下：

驳回上诉，维持原判。

【法官后语】

生育权是指生育主体享有依法生育或不生育的自由以及根据权利生育或不生育并因此受到侵害、阻碍时，有请求法律保护的权利。根据《人口与计划生育法》第十七条规定，公民有生育的权利，也有依法实行计划生育的义务，夫妻双方在实行计划生育中负有共同的责任。由此可见，生育权是公民的一项基本人权，生育权的主体包括有婚姻关系的自然人，也包括无婚姻关系的自然人，包括有生育能力的自然人，也包括无生育能力的自然人，包括男子也包括女子。生育权一般需男女共享且需要男女互相协助才能实现，依照权利和义务相一致的观念，女性在生育过程更应享有决定权。《妇女权益保障法》第五十一条规定：妇女有按照国家有关规定生育子女的权利，也有不生育的自由。但这并非表明法律剥夺了“男人的生育权”，而是因为女性在怀孕、生产和抚养子女的过程中承担比男性更多的风险和艰难困苦，所以更多地赋予女性生育自由，体现了对妇女群体的人文关怀和特殊保护。

我国法律规定的生育权包括以下几部分内容：1. 自由而负责地决定生育子女的时间、数量和间隔的权利。2. 公民有生育的权利，也有不生育的自由。公民有权利选择生育与不生育，不生育也不应当受到歧视。3. 在生育权问题上夫妻之间享有平等的权利。从理论上说，生育是男女双方的共同行为，不可能依靠单方实现，因此，一方不能强迫另一方实现这个权利，这个权利应当是以双方协商为基础的，两个人共同的意愿才能实现。4. 生殖健康权。生殖健康表示人们能够有满意而且安全的性生活，有生育能力，可以自由决定是否和何时生育及生育多少。公民有权获得科学知识和信息、有避孕措施的知情权和安全保障权利以及患不孕症公民有获得咨询和治疗的权利。计划生育技术服务人员应当指导实行计划生育的公民选择安全、有效、适宜的避孕措施。

综上，在本案中，原告作为彭某某的配偶，双方均享有生育权，其作为生育权的利害关系人提起本案诉讼并无不当。彭某某在其母亲的陪同下到被告处入院要求终止妊娠，并在《中/晚期妊娠引产知情同意书》签名，属于对其生育权的自行处置，被告医院具有实施终止妊娠手术的合法资质，在履行常规术前检查和炎症治疗的术前准备，详细交代并告知引产可能发生的风险及并发症，本人签署知情同意书后为彭某某实施手术，既是对彭某某意愿的尊重，更是被告为保障女性公民不生育自由而必须履行的义务，其行为没有违反国家法律、法规的规定，不构成侵权。因此，原告主张被告侵犯了其生育权，要求赔偿的请求，法院不予支持。

编写人：广东省广州市越秀区人民法院　朱琼

12

精神病妇女及其配偶的生育权应受保护

——石某、殷某泉诉北京某某医院医疗损害责任案

【案件基本信息】

1. 裁判书字号

北京市朝阳区人民法院（2014）朝民初字第07701号民事判决书

2. 案由：医疗损害责任纠纷

3. 当事人

原告：石某、殷某泉

被告：北京某某医院

【基本案情】

2012年10月30日，原告在北京市石景山区民政局办理了结婚登记。2012年2月27日安定医院诊断证明书，诊断及建议记载石某患“精神分裂症”；2014年2月11日安定医院诊断证明书，诊断及建议记载石某患“精神分裂症，目前正在住院治疗中”；2014年8月8日至2014年9月11日安定医院住院病案，主要诊断记载“未分化型精神分裂症”；2015年6月6日至2015年10月8日北京市昌平区中西医结合医院（以下简称昌平中西医结合医院）住院病案，门诊诊断记载“癫病、偏执型精神分裂症”。2014年7月31日法庭谈话中，经本院询问，双方当事人均不申请就石某在某某医院诊疗时是否具有民事行为能力及本案中是否具有诉讼行为能力进行鉴定，当事人同意本院指定鉴定机构对上述事项进行鉴定，本院依职权指定北京法大法庭科学技术鉴定所进行鉴定。经多次庭审与谈话，石某无法对诉讼相关事宜清晰表达其意思。另外，殷某泉对于石某是否具有行为能力作出多次矛盾的表述。2013年12月21日，石某在某某医院行“放置宫内节育器、负压吸引术”。门诊病历主要内容记载：“生育服务证：无；医学诊断证明：无；计生部门证明：无；主诉：停经54天，要求终止妊娠＋上环；婚史：未婚；既往史：精神疾病史，曾服用镇静药；诊断：早期妊娠，精神疾病?”术前，某某医院为石某进行了各项检查。上述两项手术知情同意书中患者签字部分记载“石某”，当事人均认可该名字由石某父亲石某民代其签署；家属签字为“石某民”。殷某泉提交石某的机动车驾驶证、计算机等级考试证书、毕业证、城镇退役士兵自谋职业证、婚礼视频录像等证据，证明石某在某某医院进行手术前属于完全民事行为能力人；因某某医院未经石某同意，即给其进行了人工流产手术和宫内放置节育器手术，导致石某回家后自杀、绝食。

【案件焦点】

1. 石某在本案中是否具有诉讼行为能力；2. 某某医院对于石某的诊疗是否有过错；3. 石某的配偶殷某泉是否是本案适格原告。

【法院裁判要旨】

北京市朝阳区人民法院经审理认为：

一、关于石某的诉讼行为能力。本案中，经法院多次释明，以石某法定代理人身份参加诉讼的殷某泉均表示不予配合鉴定。《最高人民法院关于贯彻执行〈中华人民共和国民法通则〉若干问题的意见（试行）》第七条规定："当事人是否患有精神病，人民法院应当根据司法精神病学鉴定或者参照医院的诊断、鉴定确认。在不具备诊断、鉴定条件的情况下，也可以参照群众公认的当事人的精神状态认定，但应以利害关系人没有异议为限。"结合《中华人民共和国民法通则》中对于无民事行为能力或者限制民事行为能力的成年人表述为"无民事行为能力或者限制民事行为能力的精神病人"，故本院认为，考虑本案的实际情况，本院可以参照上述《最高人民法院关于贯彻执行〈中华人民共和国民法通则〉若干问题的意见（试行）》第七条的规定，就石某的诉讼行为能力进行认定。综合石某的诊断证明及参加庭审的实际表现，本院认定石某在本案中无诉讼行为能力。

二、关于石某在某某医院诊疗时是否具有民事行为能力，某某医院对石某的诊疗行为是否具有过错或违反法律规定。第一，根据石某就诊时的记载及父母陈述，石某很有可能不具备相应的民事行为能力。在此情况下，即使某某医院不具备认定民事行为能力的专业资质，也应进一步就石某是否被认定为无民事行为能力人或限制民事行为能力人进行审查，或对石某是否能清晰完整地知晓此次诊疗的内容、目的进行进一步了解。第二，无民事行为能力人及限制民事行为能力人应由其监护人代为行使相关民事权利。石某进行诊疗时已经成年，按照当时实施的《中华人民共和国民法通则》的规定，石某的父母并非其当然的监护人。某某医院并未就石某是否有符合法律规定的监护人进行任何审查，存在过错。第四，即使石某未经法定程序被认定为无民事行为能力人或限制行为能力人，未经法定程序被指定监护人，但由于石某患有精神疾病，要实施的手术为终止妊娠及节育手术，涉及妇女的生育权利甚至其胎儿父亲的生育权利，此时应当考虑配偶在生育问题上的相关意愿。若就诊者主张其为未婚，院方应进行一定的审查，就审查的限度，本院认为应要求就诊者提供其户籍所在地婚姻登记部门出具的未婚证明较为合理。第三，殷某泉是否为本案适格原告及其主张的损害后果是否合理。

《中华人民共和国宪法》《中华人民共和国妇女权益保障法》均规定了夫妻双

方有依法实行计划生育的义务。故应认定男性亦依法享有生育权利，并当然包括选择生育或选择不生育的权利。故若因侵权行为导致其丧失选择生育或不生育子女的机会，应当成为被侵权主体，故殷某泉应为本案适格原告。某某医院违反说明告知义务，在未合法获得石某的同意即为其实施了终止妊娠及节育手术，石某的配偶殷某泉也因该行为丧失该次生育子女的机会，故应认定某某医院的行为侵害了殷某泉的生育权，殷某泉就此主张精神损害抚慰金，本院予以支持。

北京市朝阳区人民法院依照《中华人民共和国侵权责任法》第二条、第六条第二款、第十六条、第五十五条，《中华人民共和国妇女权益保障法》第五十一条第一款，《最高人民法院关于贯彻执行〈中华人民共和国民法通则〉若干问题的意见（试行）》第七条，《最高人民法院关于确定民事侵权精神损害赔偿责任若干问题的解释》第一条，《中华人民共和国民事诉讼法》第五十七条之规定，判决如下：

一、被告北京某某医院于本判决生效之日起七日内向原告石某、殷某泉书面赔礼道歉，致歉内容由本院审定，如拒绝履行，本院将在北京市发行的报纸上刊登本判决书主要内容，费用由被告北京某某医院负担；

二、被告北京某某医院于本判决生效之日起七日内赔偿原告石某医疗费500元；

三、被告北京某某医院于本判决生效之日起七日内赔偿原告石某精神损害抚慰金30000元；

四、被告北京某某医院于本判决生效之日起七日内赔偿原告殷某泉精神损害抚慰金100元；

五、驳回原告石某、殷某泉的其他诉讼请求。

宣判后，双方均未提起上诉。

【法官后语】

本案的审理涉及几个焦点问题：第一是精神病妇女的生育权保护问题，第二是男性生育权的保护问题，第三是诉讼行为能力认定的程序问题。

一、精神病妇女终止妊娠的合法程序

法律确认了女性独立行使权利的自由，则妊娠期女性有权单方决定终止妊娠。但是，精神病妇女有其特殊性，其很有可能为无民事行为能力或限制民事行为能力人，在终止妊娠问题上不具有相应的意思表示能力，需要通过其监护人行使权利。

但必须指出的是，对于精神病妇女终止妊娠的相应程序，法律规定较为缺位。这里可能涉及多个价值选择的冲突及优先问题。一方面，妇女的生育权应受保护，精神病妇女亦无例外；另一方面，患有特定精神病的妇女生育确实不利于妇女及子女健康，及时终止妊娠是有利于该妇女的选择。而行为能力受限的精神病妇女合法的意思表示必须通过监护人完成，但具有监护资格的人中恰有可能与其消极生育权有冲突的配偶，这就可能涉及复杂的宣告行为能力程序、监护人指定程序，甚至监护人变更程序，对于实施手术的医方苛以过重的审查义务，反而有违精神病妇女的利益最大化原则。本案的背景情况则是，石某的父母一直不同意石某与殷某泉的婚姻，在石某怀孕后，考虑到石某的身体状况确实不适合生育，在未告知石某配偶的情形下，带石某去被告处进行妊娠及节育手术，并且如实告知了被告事实情况。石某的父母完全是出于有利于石某健康的角度带石某实施手术，对于石某父母来讲，被告医院其实是做了“好事”。此外，在石某实施了上述手术、殷某泉知晓后，殷某泉曾带石某到北京某三甲医院申请取环手术，但由于石某患有精神病，该医院拒绝实施手术；殷某泉后带石某赴某私立医院进行了取环手术，可见由于规范的缺失，医疗机构在实践中对于精神病妇女生育相关诊疗的程序把握也不一致。

综合考虑全案事实，法院认为，石某在被告处进行手术时，其父母陈述其为精神分裂症，并陈述为未婚，被告遂为石某进行了手术。本院经审理认为，医院在石某是否具有民事行为能力上应存合理怀疑，在此情形下未确认石某合法的监护人身份。虽然其父母代其陈述为未婚，但未进行任何审查，考虑到终止妊娠系特殊的手术，涉及当事人及其配偶的生育权利问题，故对当事人陈述其为未婚的，应要求当事人出具户籍部门的未婚证明。

二、关于石某配偶是否是本案主体及其生育权是否应受到保护

如上文述，我国法律虽未明确将男性生育权列为权利种类之一，但《宪法》《人口与计划生育法》《妇女权益保障法》均规定了夫妻双方有依法实行计划生育的义务；《最高人民法院关于适用〈中华人民共和国婚姻法〉若干问题的解释（三）》第九条事实上确认了男性生育权受到损害后的救济途径，故应认定男性亦依法享有生育权利。

医疗损害责任纠纷一般的被侵权主体为诊疗行为所针对的患者，但是，鉴于生

育权的特点，虽然在夫妻之间存在消极生育权的冲突，但是由于积极生育权的行使需要夫妻双方共同完成，故从对外关系上，生育权是夫妻共同享有的一项权利。被告医院违反告知义务为石某实施终止妊娠及节育的手术，侵犯了石某的生育权，石某的配偶殷某泉也因该行为丧失该次生育子女的机会。应认定医院的行为侵害了殷某泉的生育权，应当承担侵权责任。

三、诉讼行为能力的认定程序

本案审理过程中反映出的另一个突出问题在于石某诉讼行为能力的认定。殷某泉在起诉书中载明石某为限制民事行为能力人，其后对石某的行为能力多次有相互矛盾的陈述。石某并未经过行为能力认定的法定程序，诉讼中也不予配合进行诉讼行为能力鉴定，亦不申请进入宣告无民事行为能力或限制民事行为能力的特别程序，导致案件久拖不决。司法实践中，由于“诉讼行为能力鉴定”缺乏明确的法律依据、鉴定程序的开展对被鉴定人要求程度较高，鉴定机构数量及人员有限等原因，因当事人诉讼行为能力认定的程序障碍导致案件审理进入僵局的情形屡见不鲜。

考虑本案的实际情况，可以参照《最高人民法院关于贯彻执行〈中华人民共和国民法通则〉若干问题的意见（试行）》第七条的规定，就石某的诉讼行为能力进行认定。最终，法院根据石某的诊疗记录、与石某本人的谈话、殷某泉的陈述及与石某共同生活的其他人的陈述的等因素，参照《最高人民法院关于贯彻执行〈中华人民共和国民法通则〉若干问题的意见（试行）》第七条，参照群众公认的当事人的精神状态，对石某的诉讼行为能力进行了认定，并且对“利害关系人无异议”做出了符合客观情况的解释，即殷某泉对于石某是否具有诉讼行为能力有着多次矛盾的陈述，自我矛盾的陈述不能构成有效的异议。这一认定方式一定程度上解决了司法实践中在当事人明显不具备诉讼行为能力的情况下，由于鉴定条件不具备或不配合鉴定的情形导致案件久拖不决的问题。

编写人：北京市朝阳区人民法院　孙铭溪

13

医疗侵权纠纷中医疗机构篡改病历适用不可推翻的过错推定归责原则

——陈某朱诉中国人民解放军南京军区某某总院医疗损害责任案

【案件基本信息】

1. 裁判书字号

福建省福州市鼓楼区人民法院（2015）鼓民初字第 7912 号民事判决书

2. 案由：医疗损害责任纠纷

3. 当事人

原告：陈某朱

被告：中国人民解放军南京军区某某总院（以下简称某某总院）

【基本案情】

陈某朱系福清市中医院普通外科退休医师，因患有“胆囊结石并胆囊炎”于 2015 年 5 月 20 日至某某总院处就诊并住院治疗，于 5 月 26 日实施“腹腔镜下胆囊切除术”微创手术。术中某某总院中转开腹，实施“胆囊切除 + 胆总管探查 T 管引流 + 胆总管切开取石术”手术。

陈某朱认为，某某总院存在四处严重违反诊疗规范的行为：第一，术前检查均未发现患有胆总管结石，但某某总院却为其实施了胆总管切开取石术；第二，某某总院实施胆总管探查 T 管引流术，未先行做胆总管探查和胆管造影；第三，“腹腔镜胆囊切除术”本是微创手术，但某某总院却实施了开腹胆囊切除术，由一项手术做成三项手术，且中转开腹主要原因系微创探查时对胆囊胆总管造成损伤，导致无法分离胆囊三角，中转开腹不是陈某朱本身病情所需；第四，某某总院拒绝封存病历，存在着篡改病历的行为。故起诉至法院，请求某某总院对陈某朱承担人身损害赔偿责任。

法院对某某总院提交的病历真实性进行了审查，发现存在如下问题：第一，2015年5月20日的CT诊断报告的诊断意见为："胆囊结石并胆囊炎"。但在某某总院提供的病历资料中未记录该份CT诊断报告，且病程记录中体现为2015年5月15日行上腹部CT检查，诊断为"胆囊及胆总管多发结石，并胆囊炎"；同时，在入院记录中现病史一栏记录"3天前出现上腹部疼痛，较前加剧，就诊我院，行上腹部CT增强：胆囊及胆总管多发结石"，该记录体现陈某朱入院时间为2015年5月22日，三天前即为2015年5月19日。庭审中，某某总院确认2015年5月15日、5月19日没有对陈某朱进行CT检查，仅在2015年5月20日进行了一次CT检查；第二，病历资料中"手术志愿书""手术记录"的术前诊断均为陈某朱患有"胆囊结石伴胆囊炎"，实施的手术为"腹腔镜下胆囊切除术"，但在病程记录中却均记录为陈某朱患有"胆总管多发结石、胆囊结石伴胆囊炎"，实施"全麻下行胆道探查术"。

【案件焦点】

1. 医疗机构提供的病历真实性存在争议医疗责任如何认定；2. 医疗机构过错推定责任是否允许反证。

【法院裁判要旨】

福建省福州市鼓楼区人民法院经审理认为：病历资料是指患者在医院中接受问诊、查体、诊断、治疗、检查、护理等医疗过程的所有医疗文书资料，包括医务人员对病情发生、发展、转归的分析，医疗资源使用和费用支付情况的原始记录等，是医疗活动信息的主要载体。由医疗机构保管的病历资料是医疗过错鉴定的最重要依据，故医疗机构对病历资料的保管负有高度注意义务，必须保证病历资料内容客观、真实、完整，任何拒绝提供与纠纷有关的病历资料、任何行为使得病历中存在违反客观真实的情形都将被视为违法，而推定存在过错。本案中，某某总院提供的陈某朱的病历资料存在前后矛盾，记录不客观、不真实，甚至虚构病情；如前所述，某某总院虚构CT检查时间、CT诊断结论，可以认定某某总院存在伪造、篡改病历的行为，故本院推定其有过错，由于某某总院的过错导致陈某朱的身体受到损害，应当对原告的损害后果承担赔偿责任。

依据《中华人民共和国侵权责任法》第十六条、第五十四条、第五十八条，《中华人民共和国民事诉讼法》第六十四条规定，判决如下：

某某总院于本判决生效之日起十日内赔偿陈某朱各项损失共计21874.55元。

【法官后语】

医疗纠纷存在审理难度大、审理周期长、案件调撤率低等特点，其中关于举证责任、鉴定程序、责任构成、责任承担等法律适用中的争议点、难点问题多。

当医患纠纷发生时，医患双方有必要将病历资料及时封存。在司法实践中，由于病历资料没有及时封存等原因，患者往往会对医疗机构提供的病历的真实性提出异议。《侵权责任法》第五十八条规定：患者有损害，因下列情形之一的，推定医疗机构有过错：（一）违反法律、行政法规、规章以及其他有关诊疗规范的规定；（二）隐匿或者拒绝提供与纠纷有关的病历资料；（三）伪造、篡改或者销毁病历资料。只要符合以上情形，即使没有医疗过错鉴定，也可直接推定医疗机构有过错，由医疗机构承担相应的赔偿责任。司法实践中，对《侵权责任法》第五十八条的理解与适用存在一定的争议，其中对该过错推定责任的适用争议较大，笔者认为，该条规定的附条件适用过错推定责任原则，符合医学的特殊性，在医疗纠纷中，医疗行为具有高风险、局限性、复杂性等特点，这使得医疗侵权行为中过错与因果关系的认定都极为困难。如果将证明医疗过错的举证责任强加在患者一方，会给患者一方造成举证上的困难。在这种情况下，如果举证责任由医院来负，对处于弱势地位的患者是比较公平的，能够适时地促进医患和谐。

对于《侵权责任法》第五十八条的过错推定实质上是一种不可反驳的推定，是一种法律拟制，是一种直接认定，诉讼中的医疗机构不能提出相反证据予以反驳，原告只要能够证明存在该条规定的三种情形之一，医疗机构就绝对存在过错，这样理解该法律规定，在一定程度上可以避免因证据缺乏而陷入诉讼僵局，体现了立法者对于程序性便利的追求。

本案中，某某总院提供的陈某朱的病历资料存在前后矛盾，记录不客观、不真实，甚至虚构病情等情形；如前所述，某某总院虚构CT检查时间、CT诊断结论，可以认定某某总院存在伪造、篡改病历的行为，故本院推定其有过错。当然，即使认定篡改行为存在，也仅能推定医疗机构在主观上存有过错。《侵权责任法》规定了医疗损害侵权责任的构成除了医务人员的过错，还必须满足医疗损害事实、诊治行为和损害结果之间存在因果关系两个要件。

综上所述，对于医务人员故意修改病历并导致修改后的病历与患者接受的诊治不相符或者原来记录被涂改看不清楚的行为可适用《侵权责任法》第五十八条第三项的规定推定医疗机构存在过错，且该过错推定是不可推翻的。但不能仅据此追究医疗机构和医务人员的民事侵权责任，还必须满足医疗机构或者医务人员的诊治行为给患者或其近亲属造成了损害事实，并且两者之间具有法律通认的因果关系。

编写人：福建省福州市鼓楼区人民法院　林巧　张一凡

14

医疗损害责任纠纷中独立性精神损害赔偿的司法救济

——杜某妹、陈某域诉厦门某某医院医疗损害责任案

【案件基本信息】

1. 裁判书字号

福建省厦门市思明区人民法院（2016）闽0203民初5549号民事判决书

2. 案由：医疗损害责任纠纷

3. 当事人

原告：杜某妹、陈某域

被告：厦门某某医院

【基本案情】

2015年4月14日，杜某妹在厦门某某医院进行三维彩超胎儿影像检查。该项检查报告单载明，杜某妹为中期妊娠，估测孕周23W+5D大小，超声所见内容包括“……颜面部：上唇显示清晰；其他：三维仅部分显示胎儿颜面部及四肢未见明显异常”，超声提示内容包括：“……本次为胎儿常规彩超检查，仅检查报告中超声

描述的内容，胎儿耳、指、趾、各种腺体、单纯腭裂、部分消化道等结构不能常规检查，超声也不能见到胎儿染色体……”杜某妹当日支付门诊医疗费597元。2015年8月3日，杜某妹在大田协和医院分娩（第2胎）产下一子，名为陈某旻。该婴儿被诊断为“新生儿唇腭裂”。2015年11月，陈某旻在厦门长庚医院住院治疗，诊断为“双上不完全性唇裂、双上牙槽嵴裂、完全性腭裂”，并行双侧唇裂修复术等。2016年10月，陈某旻又在该医院行腭裂修复术等，出院医嘱为“不适随诊、定期回诊，适时行牙槽嵴裂修复”。

另查明，陈某域系陈某旻之父。两原告因生育陈某旻缴纳社会抚养费1000元。庭审中，两原告确认杜某妹未办理孕期建卡事宜，孕期共进行三次超声检查：第一次是怀孕四周多在厦门某某医院检查，第二次是怀孕24周即案涉超声检查，第三次是产前五天在大田协和医院进行彩超检查，第三次检查时发现胎儿唇裂。

本案审理过程中，经两原告申请，法院依法委托福建省医学会对厦门某某医院在诊疗过程中是否存在过错，如有过错，该过错与患儿的“不当降生”之间是否存在因果关系及过错参与度进行鉴定。福建省医学会经鉴定认为：1. 患儿系先天性唇腭裂；2. 杜某妹于2015年4月14日（孕24周）在厦门某某医院进行胎儿彩超检查，未提示胎儿唇腭裂，从超声技术上不完全唇裂伴腭裂产前超声诊断有一定困难，不能100%显示，存在一定漏诊率。唇腭裂畸形不属于卫生部《产前诊断技术管理办法》规定必须筛查出的六种致死性畸形（无脑儿、严重脑膨出、严重开放性脊柱裂、严重胸腹壁缺损伴内脏外翻、单腔心、致死性软骨发育不良）；3. 医方夸大三维超声检查的作用，未能将三维超声检查在产前诊断中的作用据实告知，误导孕妇认为三维超声检查即为排畸检查；4. 根据《母婴保健法》的规定，唇腭裂畸形不能实施选择性人工终止妊娠；5. 经手术治疗，患儿的唇腭裂已修复。福建省医学会鉴定意见为：医方夸大三维超声检查的作用，未能将三维超声检查在产前诊断中的作用据实告知，误导孕妇认为三维超声检查即为排畸检查；根据《母婴保健法》的规定，唇腭裂畸形不能实施选择性人工终止妊娠。两原告为此支付鉴定费3500元。

【案件焦点】

唇腭裂患儿的出生与医院诊疗行为是否存在因果关系，治疗唇腭裂患儿所产生的医疗费、误工费等费用是否应予以赔偿；唇腭裂患儿父母是否有权主张精神损害赔偿。

【法院裁判要旨】

福建省厦门市思明区人民法院经审理认为：杜某妹在厦门某某医院进行超声产前检查，双方存在医疗关系。但是，患儿的唇腭裂系先天性缺陷，并非因超声检查导致，与厦门某某医院的超声检查这一诊疗行为缺乏因果关系。根据国家卫生部制定的《超声产前诊断技术规范》中“超声产前诊断应诊断的严重畸形”规定，妊娠 16 周至 24 周应诊断的致命畸形包括无脑儿、脑膨出、开放性脊柱裂、胸腹壁缺损伴内脏外翻、单腔心、致命性软骨发育不全等。《母婴保健法》第十八条规定：“经产前诊断，有下列情形之一的，医师应当向夫妻双方说明情况，并提出终止妊娠的医学意见：（一）胎儿患严重遗传性疾病的；（二）胎儿有严重缺陷的；（三）因患严重疾病，继续妊娠可能危及孕妇生命安全或者严重危害孕妇健康的。”结合福建省医学会关于“唇腭裂不属于必须筛查出的六种致死性畸形”“唇腭裂不能实施选择性人工终止妊娠”等鉴定意见，杜某妹进行案涉超声检查时孕周约 24 周（已超过 14 周），除法定情形外不得人工终止妊娠。而胎儿唇腭裂不属于超声产前诊断必须筛查出的致死性畸形，也不属于实施选择性人工终止妊娠的情形，故两原告关于缺陷婴儿的降生影响两原告优生优育、属于“不当”降生的主张缺乏依据，亦与厦门某某医院的超声检查这一诊疗行为缺乏因果关系。至于两原告所称的胎儿违反计划生育，可以实施人工终止妊娠属于计划生育政策范畴，与本案讼争的医疗损害责任纠纷缺乏关联性，其意见不予采信。因此，两原告关于厦门某某医院赔偿因治疗陈某旻唇腭裂所产生的医疗费、误工费等费用的诉讼请求缺乏事实和法律依据，不予支持。

但是，厦门某某医院作为医疗机构，患者对其医务人员的专业性有充分信赖，医务人员在诊疗过程中应谨慎、勤勉，负有高度注意义务。若医务人员疏于注意而违反义务，则其具有法律上的过错。本案中，不完全唇裂伴腭裂虽然从超声技术上在产前诊断时不能 100% 显示，存在一定漏诊率，然而，案涉超声检查并非因为超声检查时的显示问题未诊断出胎儿唇腭裂，而是确定胎儿部分颜面部可见，并对胎儿颜面部进行部分描述——“上唇显示清晰”。从日常生活经验的角度，一般人对该超声描述的理解为“该胎儿上唇完整，不存在唇裂的可能”。由此可以看出，厦门某某医院的医务人员在超声检查时不够谨慎、细致，未尽到医方的高度注意义务，做出了“上唇显示清晰”的超声描述，也未能将三维超声检查在产前诊断中的作用据实告知，未尽告知和说明义务，误导孕妇认为该超声检查即为排畸检查，存在过错。厦门某某医院主张“唇腭裂在超声检查中存在一定漏诊率”、医方不存在过错缺乏依据，不予采信。医方的上述行为致使两原告在案涉超声检查后认为胎儿健康，至少是能够确信胎儿不存在唇裂的可能。两原告直至产前五天在其他医疗机构进行彩超检查时才被告知胎儿唇裂，并在数天后看到婴儿唇腭裂之状况。从对胎儿不存在唇裂可能的确信，到得知胎儿唇裂、看到婴儿唇裂的震惊，两者巨大差异带来的冲击必然给两原告造成心理上的极大痛苦，使两原告精神健康受到损害。基于此，本院认为两原告要求厦门某某医院返还超声检查费用并给予一定的精神损害抚慰金是必要和合理的。考虑到厦门某某医院的过错程度、侵权后果等因素，本院酌定精神损害抚慰金为 25000 元。

综上，厦门某某医院在诊疗过程（超声检查）中存在过错，对两原告造成心理痛苦和精神损害，应赔偿两原告超声检查费用 597 元、精神损害抚慰金 25000 元，共计 25597 元。两原告为证明其诉求主张支出鉴定费 3500 元，综合本案查明情况，本院酌定厦门某某医院赔偿两原告 50% 的鉴定费用即 1750 元。因此，厦门某某医院共计应赔偿两原告 27347 元。

福建省厦门市思明区人民法院依照《中华人民共和国侵权责任法》第二十二条、第五十四条，《中华人民共和国母婴保健法》第十八条，《最高人民法院关于确定民事侵权精神损害赔偿责任若干问题的解释》第十条，《福建省禁止非医学需要鉴定胎儿性别和选择性别终止妊娠条例》第八条，《中华人民共和国民事诉讼法》第六十四条第一款规定，判决如下：

一、厦门某某医院于本判决生效之日起十日内赔偿杜某妹、陈某域 27347 元；

二、驳回杜某妹、陈某域的其他诉讼请求。

【法官后语】

一、医疗损害责任纠纷中独立性精神损害赔偿的正当性

（一）附随性精神损害赔偿的公式化及其不周延

自精神损害赔偿制度确立以来，就医疗损害责任纠纷，在司法实践中逐步形成

了"非生理伤害、无精神损害赔偿，精神损害赔偿数额对锁伤残等级"的审判套路。该审判套路表达了司法裁判中法律解释的立场，即"无生理伤害，即无精神损害，精神损害程度，近似于伤残等级程度"。该"附随性精神损害赔偿的公式化审判"固然有其司法实践中的积极意义，但随着精神科学的发展和多元、复杂的时代演变，在个案中，当事人的精神损害并非一律保持与伤残等级同频的递进或者衰减。更为重要的是，当前不导致伤残评定却造成问诊者精神损害的加害行为正呈现明显增长之势，而裁判尺度的自我束缚，在悄悄地对这类行为提供"沉默而刚性"的圈护的同时，也等于在公然地放弃对这类损害的救济。

（二）不规范诊疗行为可能造成独立性精神损害

本案被告作为诊疗机构，其为问诊者提供的医疗行为系超声产前诊断，其诊断结论记载胎儿"颜面部：上唇显示清晰……"后问诊者所产婴儿经诊断为"新生儿唇腭裂"。福建省医学会的鉴定意见至少能够得出判断：医方的医疗行为属于不规范诊疗行为。显然，就该不规范诊疗行为，医方并未造成问诊者任何可确定的生理性伤害。新生儿唇腭裂则属于先天性病情，并非医方诊疗行为所造成。若沿袭前述审判套路的解释立场，可以简单地形成该不规范诊疗行为不会造成问诊者精神损害的结论。

但是，所谓当事人是否因此存在精神损害，本质是一个事实问题。就本案而言，基于医方的前述诊疗行为，原告相应地会形成对其将来所产婴儿无唇腭裂的心理预期，这种预期扎根于其作为父亲、母亲对自己孩子强烈的情感纽带之中。而最终的生育结果，则撕裂了这样一种情感预期。又有谁敢断言，这没有造成精神损害？因此，不规范诊疗行为可能造成独立性精神损害，这在客观事实上完全可能存在。

（三）独立性精神损害赔偿的请求权规范基础

在我国的法律体系架构下，民事审判支持独立性精神损害赔偿的前提，是在法律解释的框架内，可以确定该独立性精神损害赔偿的请求权规范基础。如果法律已然明确拒绝对特定损害排除救济，仅仅作为审判机构而非立法机构的法院自然也无权擅开赔偿之门。《侵权责任法》第二十二条规定："侵害他人人身权益，造成他人严重精神损害的，被侵权人可以请求精神损害赔偿。"该规定已成为支持精神损害赔偿最直接的请求权规范基础。该条款实质上完全没有排除若权利人存在独立性精神损害下的赔偿请求权。因此，该条款是独立性精神损害赔偿充分的请求权规范基础。

二、医疗损害责任纠纷中独立性精神损害赔偿的现实合理性

近年来，医疗机构各类影像医学检查服务，因不断被设计成类似“快消品”为医院创收提供源源不断的收入而为公众所诟病。与此同时，即便影像医学检查不规范，只要不因此导致病人伤残，医院几乎无任何责任。从规则治理的角度，显然是由于前述一刀切式的审判套路扭曲了违规诊疗的成本，使之不断外部化，转嫁由受损的患者承担，最终导致财务上违规的成本与利润完全不相称，不断激励该类不规范诊疗行为持续扩大。

独立性精神损害赔偿在规则治理上的积极意义在于，通过司法救济方式让切实造成损害的医疗机构承担相应责任，从而阻断医疗机构将违规诊疗行为错误转嫁由患者承担这一外部化机制运行，进而激励医疗机构在通过大型医疗影像设备快速提高医疗诊断精确度的同时，以患者为导向提供更加规范、谨慎、优质的医疗服务，也可进一步缓和当前紧张的医患关系。

三、医疗损害责任纠纷独立性精神损害赔偿的审判模型建构

（一）构成要件界定

1. 精神损害的识别

由于原告方并无外在的生理伤残评定，法官原则上很难断定当事人是否存在精神损害。在此，可预见的方法有二：(1) 若当事人可以提供客观连续性的精神诊疗记录，法官可由此判断其精神受害状况。(2) 求诸于法官对社会经验、情感的有效认知。例如，本案中法官可直接透过父亲、母亲与婴儿这一天然的情感关系纽带，认知到医疗机构的不规范诊疗必然给婴儿父母造成相当的精神损害。

2. 诊疗行为的不规范

即独立性精神损害赔偿中过错要件。在相应地为独立性精神损害问诊者提供救济的同时，也应当保护医疗机构的正当利益。倘若医疗机构在诊疗过程中完全合乎规范，即可认定患者的精神损害并非医疗机构导致。就目前而言，医疗鉴定可能仍是判断诊疗行为是否违规、医疗机构是否存在过错的唯一路径。

3. 因果关系

这是侵权责任构成要件的因果关系要件，系指权利人主张的精神损害与医疗机构的诊疗行为之间应具有相应的因果关系。

（二）赔偿的可独立性

赔偿的可独立性系指该讼争诊疗行为仅仅造成了权利人的精神损害，而不涉及其他方的生理性损害。假设某诊疗行为造成孩子伤残，虽然我们可以判断，该诊疗行为既给孩子造成附带性精神损害，也同时给其父母造成精神损害。但在这种情况下，父母的精神损害不具有可独立性，不宜同时赋予儿童及其父母并行的两个损害救济，因为孩子在此时成为损害的最终承担者。

（三）赔偿量化与判后检视

独立性精神损害赔偿的司法实践仅仅是“小荷才露尖尖角”，缺乏大样本的积累。在这一司法探索性问题上，只要独立性精神损害的整体赔偿幅度没有超越原有基于伤残等级评定的精神损害赔偿数额范围，应可大致认为合理。量化均衡在现阶段更多只能从判后当事人是否行使上诉权/申诉权来检视其合理性。从这一意义上说，对于本案精神损害赔偿数额的量化结果，双方均未提出上诉，应可断定对应类似的情况，判决所最终选择的尺度是符合司法正义的。

编写人：福建省厦门市思明区人民法院　曾臻

15

已通过医疗保险报销的医疗费的正确处理

——朱某英等诉北大医疗某某医院医疗损害责任案

【案件基本信息】

1. 裁判书字号

山东省淄博市中级人民法院（2017）鲁03民终956号民事判决书

2. 案由：医疗损害责任纠纷

3. 诉讼双方

原告（上诉人）：朱某英、于某燕、于某青、于某明、于某梅

被告（被上诉人）：北大医疗某某医院

【基本案情】

患者于某杰系朱某英之夫，于某燕、于某青、于某明、于某梅之父。2015年3月3日，于某杰因腹胀到被告处消化内科住院治疗，诊断为糜烂性胃炎等，2015年3月11日出院。2015年3月25日，于某杰再次到被告处就诊，诊断为肝外胆管扩张、胆囊结石等，住院治疗。2015年3月29日，行ERCP术，反复多次插管不能至胆总管，放弃ERCP治疗，后诊断为急性重症胰腺炎。2015年4月5日，转院至山东大学齐鲁医院治疗，诊断为急性重症胰腺炎、腹腔感染等，住院治疗，2015年4月28日出院。2015年4月29日，于某杰再次到山东大学齐鲁医院住院治疗，2015年4月30日出院。出院后，于某杰去世。于某杰2015年3月25日在被告处住院花费医疗费63253.53元，扣除医疗保险部分外，自负36421.98元；于某杰两次在山东大学齐鲁医院住院分别花费医疗费285138.83元、4725.35元，其中医疗费285138.83元，扣除医疗保险部分外，自负227138.83元，另花费救护车费用等7200元（1600元+2800元+2800元）、挂号费8元、复印费257元。患者家属因参与鉴定支出住宿费738元。原、被告就被告的诊疗行为是否存在过错及赔偿事宜协商未果，为此形成诉讼。一审法院依法委托复旦大学上海医学院司法鉴定中心对被告的诊疗行为是否存在医疗过错，若存在过错，过错与于某杰的死亡之间是否存在因果关系及参与度进行了司法鉴定，该鉴定所于2016年12月5日作出司法鉴定意见书，鉴定意见为：北大医疗某某医院对患者于某杰的诊疗过程中存在一定过错，医方的过错与患者于某杰的死亡后果存在一定因果关系，建议医方的过错参与度为40%～50%。原、被告对此司法鉴定意见均无异议。原告为此花费鉴定费9450元。原告主张如下损失：1. 医疗费368782.71元；2. 交通费9901元；3. 住宿费3200元；4. 鉴定费9450元；5. 护理费7520元；6. 住院伙食补助费1440元；7. 死亡赔偿金315450元；8. 丧葬费26230元；9. 精神损害抚慰金80000元。于某杰于1944年11月15日出生，其与妻子朱某英自2012年11月在济南市历下区智远街道其子于某明处居住。

【案件焦点】

已通过医疗保险报销的医疗费能否要求侵权人赔偿。

【法院裁判要旨】

山东省淄博市临淄区人民法院认为：患者在诊疗活动中受到损害，医疗机构有过错的，由医疗机构承担赔偿责任。经司法鉴定，北大医疗某某医院对患者于某杰的诊疗过程中存在一定过错，医方的过错参与度为40% ~50%，原、被告对此均无异议，予以确认。综合本案具体情况，确定由被告承担45%的民事赔偿责任。被告辩称其诊疗符合医疗常规，不存在医疗过错，与事实不符，对此意见不予采信。对原告主张的鉴定费9450元、丧葬费26230元，被告无异议，予以确认。关于原告主张的医疗费368782.71元，被告提出异议，于某杰住院医疗费用扣除医疗保险统筹部分外为268286.16元（36421.98元+227138.83元+4725.35元），另有挂号费8元、复印费257元、救护费用4400元，以上合计272951.16元；原告主张的会诊费11000元，因无证据证实，不予确认；原告主张的社会保险统筹部分，于法无据，不予确认。关于原告主张的交通费9901元，被告提出异议，原告主张的火车票费用2601元及被告救护车费用2800元，为实际花费，且有证据证明，予以确认，原告主张的其他交通费用，未提交证据证明，酌定1500元，以上合计6901元。关于原告主张的住宿费3200元，被告提出异议，住宿费系正当开支，酌定1000元。关于原告主张的护理费7520元，被告提出异议，护理人员原则上为一人，原告亦未提供医疗机构等需要多人护理的建议，且于某杰大多住院时间系在特护病房，故对原告主张两人护理的意见，不予确认；原告虽提交了于某青的个体工商户营业执照，但该执照已到期，无法证明其具体收入情况，故护理费应按护工标准82.19元/天计算33天，即2712.27元；对原告主张过高部分，不予确认。关于原告主张的住院伙食补助费1440元，被告提出异议，于某杰在被告处住院治疗期间，每天按照30元计算，即240元（30元/天×8天），在山东大学齐鲁医院住院治疗24天，每天按照50元计算，即1200元（50元/天×24天），合计1440元，原告的主张数额并未超出，予以确认。关于原告主张的死亡赔偿金315450元，被告提出异议，临淄区齐都镇葛家村村委会及济南市历下区智远街道济炼社区居委会出具的证明能够证实于某杰已在城镇居住满一年以上，应按城镇标准计算死亡赔偿金，于某杰死亡时已年满七十周岁，原告按照2015年山东省城镇居民年人均可支配收入31545元计算10年，符合规定，予以确认。关于原告主张的精神损害抚慰金80000元，被告之行为，给原告造成了持续的精神痛苦，应依法赔偿原告精神损害抚慰金，结合本地及本案实际情况，酌情支持 30000 元，对原告主张的过高部分，不予支持。据此，一审判决：

一、北大医疗某某医院赔偿朱某英、于某燕、于某青、于某明、于某梅医疗费 272951.16 元、交通费 6901 元、住宿费 1000 元、护理费 2712.27 元、住院伙食补助费 1440 元、死亡赔偿金 315450 元、丧葬费 26230 元、鉴定费 9450 元的 45%，共计 286260.49 元；

二、北大医疗某某医院赔偿朱某英、于某燕、于某青、于某明、于某梅精神损害抚慰金 30000 元；

三、驳回朱某英、于某燕、于某青、于某明、于某梅的其他诉讼请求。

五原告不服提起上诉。山东省淄博市中级人民法院认为：关于北大医疗某某医院承担赔偿责任比例是否恰当问题。于某杰所患重症胰腺炎系由涉案 ERCP 术导致，且系导致其死亡的主要病情。在此情况下，北大医疗某某医院应对于某杰死亡后果承担主要的赔偿责任。于某杰在出院时被诊断出的病情多达十二种，而其中只有重症胰腺炎系由北大医疗某某医院的诊疗行为导致。于某杰家属主张其完全系因急性重症胰腺炎死亡，并未提供证据予以证明，涉案鉴定意见也未排除多种病情综合导致其死亡后果的可能性。鉴于此，对于于某杰家属关于北大医疗某某医院应承担全部赔偿责任的主张，本院不予支持。综合考量以上因素，北大医疗某某医院应当承担本案 60% 的赔偿责任。对于一审判决的相关认定，予以更正。另外，涉案鉴定意见中医方过错参与度为 40% ~50% 仅为鉴定机构对于医方责任的建议参考意见，而非法院确定赔偿责任的依据，如果完全采用，则会导致“以鉴代判”情况，因此，法院应当依据查明事实另行确定赔偿责任，而不应受到鉴定意见的制约。关于五上诉人上诉主张医疗费、交通费、住宿费、护理费、精神损害抚慰金应否予以支持问题，原审判决并无不当。据此，二审判决如下：

一、维持一审判决第二、三项；

二、变更一审判决第一项为：北大医疗某某医院赔偿朱某英、于某燕、于某青、于某明、于某梅医疗费 272951.16 元、交通费 6901 元、住宿费 1000 元、护理费 2712.27 元、住院伙食补助费 1440 元、死亡赔偿金 315450 元、丧葬费 26230 元、鉴定费 9450 元的 60%，共计 381680.66 元。

【法官后语】

本案主要涉及已通过医疗保险报销的医疗费的正确处理问题。

关于已通过医疗保险报销的医疗费能否要求侵权人赔偿，司法实务中存在三种不同做法：一是不予扣除的做法。二是予以扣除的做法。三是追加社保机构参加诉讼，判决由侵权人将该笔费用向社保机构支付的做法。本案一、二审采纳了第二种做法。笔者认为，应该采取第三种做法。理由如下：

《社会保险法》第三十条明确规定了此种情况下医保机构对第三人即赔偿义务人的追偿权，而不是向受害人追偿。(1) 虽然人力资源和社会保障部制定的《社保基金先行支付暂行办法》第十一条规定了医保机构可要求受害人退还，受害人不退还则可向受害人追偿或在以后支付的相关待遇中扣减，不再向赔偿义务人追偿，但是该办法毕竟只是部门规章，不能直接作为裁决依据，只能作参照。而且，《社会保险法》第三十条已经明确规定了此种情形下医保机构对赔偿义务人的追偿权，而不是对受害人进行追偿。(2)《社保基金先行支付暂行办法》第十二条规定："社会保险经办机构按照本办法第三条规定先行支付医疗费用或者按照第五条第一项、第二项规定先行支付工伤医疗费用后，有关部门确定了第三人责任的，应当要求第三人按照确定的责任大小依法偿还先行支付数额中的相应部分。第三人逾期不偿还的，社会保险经办机构应当依法向人民法院提起诉讼。"而第三条规定："社会保险经办机构接到个人根据第二条规定提出的申请后，经审核确定其参加基本医疗保险的，应当按照统筹地区基本医疗保险基金支付的规定先行支付相应部分的医疗费用。"第二条则规定："参加基本医疗保险的职工或者居民（以下简称个人）由于第三人的侵权行为造成伤病的，其医疗费用应当由第三人按照确定的责任大小依法承担。超过第三人责任部分的医疗费用，由基本医疗保险基金按照国家规定支付。前款规定中应当由第三人支付的医疗费用，第三人不支付或者无法确定第三人的，在医疗费用结算时，个人可以向参保地社会保险经办机构书面申请基本医疗保险基金先行支付，并告知造成其伤病的原因和第三人不支付医疗费用或者无法确定第三人的情况。"结合上述规定及第十一条规定来看，第十一条规定的个人已经从第三人或者用人单位处获得医疗费用、工伤医疗费用或者工伤保险待遇的应当退还的情形，解读为受害人从第三人处获得相应赔偿在前，医保机构支付费用在后的情形更合适，否则，第十一条则既与第十二条相矛盾，亦与上位法《社会保险法》第三十条冲突。若是如此，在探讨该问题处理时就不能以第十一条规定作为依据。

兼顾受害人、赔偿义务人及医保机构相关利益主体的利益，不能顾此失彼。已由医保报销的费用应否扣除的问题，关系受害人、赔偿义务人和医保机构三方利益，甚至主要关系到医保机构利益。所以，处理该问题时不能仅仅在受害人和赔偿义务人之间衡平利益和适用法律，还要注意医保机构利益的保护，防止国有资产流失，并秉持尽可能一次性解决诉讼的理念，在法律规定范围内尽可能减少当事人诉累。

追加医疗保险机构作为第三人参加诉讼有一定法律依据。不论是上述哪种意见，都没有否认医保机构在此种情形下所享有的追偿权，即对医保报销费用享有的请求权，只是对向谁追偿、能否在受害人提起的损害赔偿之诉中一并追偿的问题存在争议。在医保机构不主动申请参加诉讼的情况下，虽然对法院能否依职权通知其参加诉讼可能存在争议，但根据《民事诉讼法》第五十六条及《最高人民法院关于适用〈中华人民共和国民事诉讼法〉的解释》第二百九十二条等相关规定，如果法院不通知医保机构参加诉讼，其作为权益受损害方依法可以提起第三人撤销之诉，这样势必造成当事人诉累；同时，如今后医保机构以先行支付医疗费为由向侵权者提起追偿之诉，会导致法院针对同一事实作出两份裁判文书，如果采纳第一种处理意见，还会导致侵权人承担二次责任的结果。同时，为避免程序上的争议，可采取这样的操作办法，即由审理受害人损害赔偿之诉的法院通知医保机构，由医保机构主动申请参加诉讼。

从《人民司法》《民事审判指导与参考》所刊载的文章观点来看也支持上述观点。(1) 从最高人民法院民一庭编著的《民事审判指导与参考》(2014年第1辑)在“指导性案例”专栏刊载的最高人民法院法官李明义所写的文章《人身损害赔偿纠纷案件中社会医疗保险机构所支付医疗费的追偿方式》来看，该文在结尾部分明确最高人民法院民一庭倾向性意见为：在人身损害赔偿纠纷案件中，社会保险制度不能减轻侵权人的责任，而被侵权人也不能因侵权人的违法行为而获利。如果已经支付了医疗费的社会医疗保险机构没有参加该案诉讼，人民法院应当向其通知本案的诉讼情况，支持其行使追偿权。(2) 从最高人民法院民一庭庭长程新文2015年在《关于当前民事审判工作中的若干具体问题》中强调的意见来看，他在谈到“关于社会保险制度与侵权责任的关系”时特别强调了两点：第一，社会保险制度是对受害人的一种基本社会保障，没有分散侵权人侵权责任的功能，第三人的侵权责任不能因为受害人获得社会保险的给付而减轻或免除；第二，要注意保护社会保险管理机构的追偿权。如果社会保险制度规定社会保险管理机构向受害人支付保险待遇后有权就其中的部分或者全部向侵权人追偿，在相应的侵权纠纷案件中，可以通知其参加诉讼。(3) 从最高人民法院机关刊《人民司法》刊载的文章来看，虽然在 2013 年刊载了文章《社会医疗保险垫付的医疗费不应在损害赔偿中扣减》，但 2015 年其又刊载了《已由社会保险先行支付的医疗费用可向第三人追偿》的文章，有可能后文观点是对前文观点的修正。

综上，人身损害赔偿纠纷案件中，受害人不能就同一损害获得“医保报销利益”和“加害人赔偿利益”双重赔偿，赔偿义务人也不能因医保报销了费用而减轻赔偿责任。如果已先行支付医疗费的医保机构没有参加该案诉讼，由法院告知其案件情况，由医保机构申请作为第三人参加诉讼，避免法院主动依职权追加。这也是贯彻“纠纷一次性解决”的民事诉讼理念的体现。《最高人民法院第八次全国民事商事审判工作会议（民事部分）纪要》第九条、第十条也体现了这种精神。当然，如果医保机构未主动申请参加诉讼，法院依职权通知其参加诉讼在程序法上并非毫无障碍，由此，在医保机构未参与诉讼的情况下，从赔偿范围中扣除的做法虽说是一种相对较好的选择，但如果医保机构不向赔偿义务人追偿，将导致国有资产的流失，损害广大投保人的利益。追偿制度不明确、缺位，导致医疗保险基金大量流失的问题应予重视。在予以扣除的情况下，法院应该将生效判决的内容告知医保机构，以便于医保机构及时掌握相关信息，行使追偿权。工伤保险等社保基金先行支付的费用，同医保报销费用的性质相同，处理思路亦应相同。

编写人：山东省淄博市中级人民法院　荣明潇

山东省淄博市临淄区人民法院　刘海红

16

多份鉴定意见并存时医疗损害责任的判断与处理

——林某宝等诉厦门大学某某医院医疗损害责任案

【案件基本信息】

1. 裁判书字号

福建省厦门市中级人民法院（2017）闽02民终2675号民事判决书

2. 案由：医疗损害责任纠纷

3. 当事人

原告（被上诉人）：林某宝、吴某敏、吴某华

被告（上诉人）：厦门大学某某医院（以下简称某某医院）

【基本案情】

患者林某双出生于1969年1月，林某宝、吴某敏、吴某华分别系林某双的母亲、配偶、儿子。

2015年1月，林某双以“活动后心悸、气促2月余”为主诉入住某某医院心外科，某某医院为其实施“二尖瓣机械瓣膜置换术+主动脉—冠状动脉搭桥术”，手术后林某双始终未清醒，五日后去世。

2015年2月，吴某敏与某某医院签订一份《协议书》，约定将该医疗纠纷提交西南政法大学司法鉴定中心鉴定。该鉴定中心认为林某双无明确冠心病高危因素，无心肌缺血的相关临床表现及心电图异常表现，二尖瓣置换术前不进行冠状动脉造影检查，符合医疗诊疗规范、常规，其鉴定意见为：某某医院对林某双的诊疗活动不存在过错。

2015年8月，吴某敏与某某医院签订一份《吴某敏与厦门大学某某医院医疗争议案》，约定双方共同委托复旦大学上海医学院司法鉴定中心就诊疗活动是否存在过错等事项进行鉴定。该《司法鉴定意见书》认为林某双无明显冠心病高危因

素，无心肌缺血的相关临床表现，术前心电图正常，二尖瓣置换术前不进行冠状动脉造影检查，并不违反诊疗规范、常规；但某某医院在诊疗过程中存在一定过错，虽然根据检查结果，并非一定需要术前冠脉造影，但某某医院未考虑林某双有高血压病史，如行冠脉造影有帮助，造成冠心病漏诊，由于未考虑林某双存在“冠心病”，术中心肌保护不如意，复苏困难，虽积极行搭桥手术，却未能达到预期手术治疗效果。最终鉴定意见为：某某医院对林某双的诊疗活动存在一定过错，其诊疗活动（过错）与林某双死亡之间存在一定因果关系，建议过错参与度为20%左右。

之后，林某宝、吴某敏、吴某华与某某医院沟通赔偿事宜未果，遂诉至法院，请求法院判令某某医院赔偿林某宝、吴某敏、吴某华各项损失共计648141.9元。某某医院认为根据西南政法大学司法鉴定中心的鉴定意见，其不存在医疗过错，且两份鉴定意见均肯定其未违反诊疗规范，故其无须承担赔偿责任。

【案件焦点】

1. 本案成讼前，双方当事人协商一致，先后委托两家鉴定机构对医疗过错与因果关系进行鉴定，西南政法大学司法鉴定中心与复旦大学上海医学院司法鉴定中心对是否存在医疗过错给出了不同的鉴定意见，应以哪份鉴定意见作为裁判依据；2. 诊疗行为符合诊疗、护理常规，是否意味着诊疗行为没有过错。

【法院裁判要旨】

福建省厦门市思明区人民法院经审理认为：鉴于两次医疗损害鉴定均系双方当事人共同委托进行的鉴定，存在先后顺序，故在双方当事人存在争议的情况下，应以第二次医疗损害鉴定的结论作为本案审理的依据。因第二份司法鉴定意见书认为某某医院对林某双的诊疗活动存在一定过错，过错参与度为20%左右，林某宝、吴某敏、吴某华要求某某医院承担医疗过错损害赔偿责任，有事实和法律依据。综合本案讼争病例情况，酌定某某医院应对林某双死亡的损害后果承担25%的赔偿责任，据此判决：

一、厦门大学某某医院于判决生效之日起十日内赔偿林某宝、吴某敏、吴某华272827.29元；

二、驳回林某宝、吴某敏、吴某华的其他诉讼请求。

二审法院经审理后认为，本案存在两份鉴定意见，但不能简单按照先后顺序判断采纳哪份鉴定意见，一审裁判理由欠妥。

在本案医疗纠纷发生后，吴某敏和某某医院先后共同委托西南政法大学司法鉴定中心、复旦大学上海医学院司法鉴定中心就本案的医疗过错问题进行鉴定，该两个鉴定机构均具有相应的鉴定资质，所作鉴定意见可以作为本案的证据。两份鉴定意见均肯定某某医院在行二尖瓣置换术前未进行冠状动脉造影检查不违反诊疗常规，对此予以确认。

复旦大学上海医学院司法鉴定中心进一步认为，某某医院未考虑患者有高血压病史，如行冠状动脉造影有利于探查冠心病等其他病症，某某医院未考虑患者患有冠心病，术中心肌保护不如意，术中发现冠心病，虽积极行搭桥手术但未能达到预期手术效果，因此具有一定过错。对以上分析认定，鉴定人周某琴、吴某华出庭进行了详细的解释。

根据《中华人民共和国侵权责任法》第五十七条规定，医务人员在诊疗活动中是否尽到与当时的医疗水平相应的诊疗义务是判断、衡量医务人员是否应承担责任的因素。诊疗规范是医疗机构、医务人员从事医疗行为的基本准则和要求，但并非认定医疗机构、医务人员是否具有医疗过错的直接和全部依据。复旦大学上海医学院司法鉴定中心鉴定认为，某某医院没有全面考虑林某双的年龄和患有高血压的实际情况，未作进一步检查造成林某双冠心病漏诊，存在轻微过错，与林某双的病例情况相符，且相关分析、论证具有相当的说服力，可予以采纳。一审法院根据复旦大学上海医学院司法鉴定中心的鉴定意见，综合判定某某医院对本案医疗损害承担 25% 的赔偿责任并支付 30000 元精神损害抚慰金，属合理裁判，应予维持，遂判决：

驳回上诉，维持原判。

【法官后语】

本案虽是维持案件，但裁判思路并不相同。本案的典型意义在于存在着两份不同的鉴定意见，均系当事人协商一致所委托，且均形成于诉前，而诉讼中当事人各执一词，分别支持有利于自己的鉴定意见，并拒绝在诉讼中进行司法鉴定。在这种情况下，如何甄别和采信既有的鉴定意见，就成为本案需要考虑的首要问题。

一审法院认为两次鉴定存在先后顺序，故在双方当事人存在争议的情况下，应以第二次医疗损害鉴定的结论作为本案审理的依据。这种思路是值得商榷的。如果认为法院应当采纳后一份鉴定意见作为裁判依据，意味着在是否存在医疗过错及因果关系这些客观问题上，裁判依据却可能因委托鉴定的先后顺序而发生变化，这种思路不仅缺乏法律依据，而且游离于客观事实，显然不妥。

事实上，在不同的鉴定意见中，存在着与客观事实相符的正确的鉴定意见，法院要做的工作就是运用法律思维分析和甄别这些意见，将可以适用的那份鉴定意见准确筛选出来，这个判断显然不是按照时间先后顺序来定这么简单。

具体到本案中，甄别的关键即在于不违反诊疗规范是否意味着没有医疗过错。某某医院上诉中反复提到复旦大学上海医学院司法鉴定中心的鉴定意见一方面确认其诊疗过程符合诊疗规范，另一方面又认为其存在过错，逻辑前后矛盾，不应采纳。

笔者认为，诊疗规范是医疗机构、医务人员从事医疗行为的基本准则和要求，但并非认定医疗机构、医务人员是否具有医疗过错的直接和全部依据。对比《侵权责任法》第五十七条的规定与《医疗事故处理条例》第二条的规定可知，现行《侵权责任法》已经改变了狭义诊疗过错的立场，医务人员在诊疗活动中是否尽到与当时的医疗水平相应的诊疗义务成为判断、衡量医务人员是否承担责任的标准。事实上，诊疗规范主要是解决常规问题，医疗活动面对病症和患者个体，极其复杂，成型的诊疗规范不能囊括现实中所发生的所有情况，仅以成型的诊疗规范来确定医务人员的注意义务是不够的。《侵权责任法》第五十七条表明，医疗注意义务已经从卫生管理法律法规、诊疗护理规范和医疗机构自己制定的诊疗规章制度扩展到更抽象的与进步中的医疗水平相适应的医疗技术、伦理及组织性注意义务。在个案中，应当考量医务人员在进行诊疗活动时，其技术、知识、注意程度和态度是否符合同一时期医务人员在同一情况下所应遵循的标准，并且，基于医疗是“健康所系、性命相托”，医务人员所应掌握的知识和技术应当是与时俱进的，并应当向发达地区的医疗实践看齐。

结合本案分析，冠心病的诊断以冠状动脉造影为金标准，某某医院在手术前未对患者行冠状动脉造影，出现了冠心病漏诊直至手术中才发现的情况，最终患者不治死亡。考虑到患者年龄为46岁，没有冠心病高危因素，没有心肌缺血的冠心病临床表现，且术前心电图正常，故术前未行冠状动脉造影符合诊疗规范。西南政法大学司法鉴定中心也主要是基于以上判断认为医院不存在过错。然而，复旦大学上海医学院司法鉴定中心在承认其符合诊疗规范的基础上更近一步，认为虽然根据检查结果，并非一定需要术前冠脉造影，但某某医院未全面考虑林某双的年龄和患有高血压的实际情况，如行冠状动脉造影有利于探查冠心病等其他病症，未作进一步检查造成冠心病漏诊，术中发现冠心病，虽积极行搭桥手术但未能达到预期手术效果，因此具有轻微过错。复旦大学上海医学院司法鉴定中心的鉴定人员在出庭接受质询时介绍称，在上海的三甲医院，在同等情况下对患者进行冠状动脉造影已经是惯例。可见，该鉴定意见的结论主要是基于医院临床处置经验不足而得出，与医院符合诊疗常规并不矛盾。该意见分析充分，且与林某双的病例情况相符，亦符合发达地区的医疗实践水平，最终被二审法院所采纳。

编写人：福建省厦门市中级人民法院　张艳　张南日

17

鉴定结论未明确过错，人民法院可结合案情直接确定医疗机构的赔偿责任

——王某丽诉中国人民解放军某某医院医疗损害责任案

【案件基本信息】

1. 裁判书字号

福建省厦门市中级人民法院（2017）闽02民终3270号民事判决书

2. 案由：医疗损害责任纠纷

3. 当事人

原告（上诉人）：王某丽

被告（被上诉人）：中国人民解放军某某医院（以下简称某某医院）

【基本案情】

2015年3月24日，王某丽以左上前牙咬物不适就诊于某某医院。经检查，+3

腭侧近中有原充填物，充填物边缘有一低密影线，近髓，诊断为 +3 慢性牙髓炎。建议 +3 行根管治疗术（RCT）后桩帽全冠修复。在进行根管治疗过程中，根管挫折断针约 1mm 于王某丽牙床髓腔内。当日，王某丽预交医疗费 90 元，治疗结束后未进行结算，某某医院出具的预交金凭据提示“医保患者务必当天结算打印发票，否则按自费处理”。2015 年 4 月 3 日，王某丽至某某医院要求取出左上前牙断针，但未能取出。2015 年 4 月 17 日，王某丽以要求做假牙为主诉就诊于厦门市口腔医院，厦门市口腔医院诊断为 +23 牙体缺损，+2 慢性根尖周炎，建议拔除 +2 修复体后评估是否可保留，牙体会诊 +3 是否可治疗后保留。当日，王某丽支出医疗费 29.54 元。2015 年 5 月 20 日，王某丽因根管断针（器械分离）继续至厦门市口腔医院接受治疗，支出医疗费 512.89 元（484.89 元 +28 元）。至今，根管断针仍留存于王某丽 +3 牙根部。

本案审理过程中，经某某医院申请，本院委托福建正泰司法鉴定中心就某某医院对王某丽的诊疗行为是否存在过错，如存在过错，该过错与王某丽损害后果之间是否存在因果关系及参与度进行鉴定。福建正泰司法鉴定中心出具法医临床司法鉴定意见书（正泰司鉴〔2016〕临鉴字第 865 号），分析认为：器械分离是根管治疗中可能出现的一个并发症，在临床上的发生率 10% 以下。根管预备发生器械分离的原因：1. 根管解剖的复杂性，如弯曲、细小、钙化的根管，尤其是根尖部；2. 现有器械设计上的局限性；3. 不当的操作技术。因此，在进行根管预备操作时应该仔细、谨慎以预防器械分离的发生。王某丽 2015 年 3 月 24 日以“左上前牙咬物不适 4 天”为主诉就诊于某某医院门诊部牙科，经检查后，诊断为 +3 慢性牙髓炎，建议行根管治疗术（RCT）后桩帽全冠修复，上述医疗行为符合诊疗规范。王某丽在进行 +3 根管预备时发生器械分离，如查证王某丽所陈述的诊治医生在进行根管预备时存在一边操作一边与旁边他人聊天，则认为某某医院对王某丽的诊疗行为存在医疗过错；该医疗过错与王某丽的钢针折断并留置根管内的损害后果之间存在因果关系，为主要因素，参与度拟为 60% ~80%。如果查证没有王某丽所陈述的诊治医生在进行根管预备时存在一边操作一边与旁边人聊天的情形，则认为某某医院对王某丽的诊疗行为不存在医疗过错。某某医院为此向福建正泰司法鉴定中心缴纳鉴定费 9300 元。

王某丽 2014 年 12 月至 2015 年 2 月每月收入为 3580 元。

【案件焦点】

案涉医疗机构某某医院在本案诊疗过程中是否存在过错以及是否应承担损害赔偿责任。

【法院裁判要旨】

福建省厦门市思明区人民法院经审理认为：根据鉴定意见书的分析，某某医院对王某丽的诊断以及所采取的诊疗措施符合诊疗规范，在进行根管治疗术的过程中导致断针留存于王某丽牙床中不排除系因医生在治疗过程中与他人聊天导致的操作不当造成的。本案双方当事人均无法就王某丽就诊当天是否存在医生与他人聊天的情形提供证据或反驳证据。因王某丽系在某某医院接受治疗，所处场所并非其所能控制，且要求其在接受治疗中仍注意证据留存明显超出对一般人的合理要求。鉴于王某丽在接受治疗的过程中出现了发生概率低于10%的器械针头留存于根管的后果，某某医院未能提供证据证明该后果系由于王某丽根管本身的复杂性或者器械自身设计的局限性造成的，亦无法提供王某丽就诊当天治疗情况的其他证据，根据公平原则和诚实信用原则，综合考虑当事人的举证能力，认定某某医院应对器械针头掉落在王某丽牙床的后果承担50%的责任。王某丽的损失为：医疗费632.43元、误工费7160元、交通费500元，共计8292.43元。某某医院应承担50%的赔偿责任即4146.22元，还应承担精神损害抚慰金2000元。

福建省厦门市思明区人民法院依照《中华人民共和国民法通则》第一百一十九条，《中华人民共和国侵权责任法》第十六条、第五十四条，《最高人民法院关于审理人身损害赔偿案件适用法律若干问题的解释》第十七条、第十八条、第十九条、第二十条，《最高人民法院关于确定民事侵权精神损害赔偿责任若干问题的解释》第十条，《最高人民法院关于民事诉讼证据的若干规定》第七条，《中华人民共和国民事诉讼法》第六十四条第一款之规定，作出如下判决：

一、某某医院于本判决生效之日起十日内赔偿王某丽医疗费、误工费、交通费、精神损害抚慰金共计6146.22元；

二、驳回王某丽的其他诉讼请求。

王某丽不服一审判决，提出上诉。福建省厦门市中级人民法院经审理认为：鉴定意见并未明确王某丽在某某医院诊疗期间发生器械分离的具体原因，依据该鉴定意见可认定本案器械分离的原因可能为根管解剖的复杂性、现有器械设计上的局限性、不当的操作技术及主治医生存在与他人聊天的情形。根据鉴定意见书中载明的王某丽病史，某某医院在王某丽就诊时系通过检查及 X－ray 检查结果，诊断其为+3 慢性牙髓炎并行根管治疗手术。王某丽作为患者在某某医院接受治疗，某某医院作为医疗机构对患者是否存在复杂性症状、器械设计上的局限性应具有相应的注意义务。某某医院没有提供充分证据证明主治医生在行根管治疗手术前，依据王某丽的相关检查结论，对可能存在的复杂情形及器械局限性进行风险评估，且就相关风险向王某丽告知。结合鉴定意见无法排除某某医院诊治医生在对王某丽进行根管预备时是否存在一边操作一边与他人聊天的情形，及王某丽系在某某医院接受根管治疗时发生器械分离致使针头掉落在牙床中的事实，本院认定某某医院在对王某丽行根管治疗时没有尽到充分的注意义务，因其临床治疗行为导致针头掉落在王某丽牙床中，涉案诊疗行为存在过错，且该过错与王某丽的损害后果存在因果关系。某某医院应就其医疗行为所导致的后果承担赔偿责任。王某丽因讼争事故造成的经济损失为 8292.43 元，某某医院应赔偿王某丽经济损失 8292.43 元及精神损害抚慰金 2000 元。

福建省厦门市中级人民法院依照《中华人民共和国侵权责任法》第五十四条，《中华人民共和国民事诉讼法》第六十四条第一款、第一百七十条第一款第一项、第二项规定之规定，作出如下判决：

一、撤销厦门市思明区人民法院（2015）思民初字第 13675 号民事判决第二项；

二、变更厦门市思明区人民法院（2015）思民初字第 13675 号民事判决第一项为：某某医院于本判决生效之日起十日内赔偿王某丽医疗费、误工费、交通费、精神损害抚慰金共计 10292. 43 元；

三、驳回王某丽的其他上诉请求及其一审的其他诉讼请求。

【法官后语】

医疗侵权责任是以过错责任原则为主要归责原则。《侵权责任法》第五十四条规定，患者在诊疗活动中受到损害，医疗机构及其医务人员有过错的，由医疗机构承担赔偿责任。医务人员存在过错与否，判断的标准是其是否达到了应当达到的注意程度。如果达到了应当达到的注意程度就没有过错，反之则有过错。应当达到的注意程度，或者是法律、操作规程等所明确要求的，或者是作为一个诚信善意之人的行为所要求的。医务人员在从事诊疗活动时，应该给予高度的谨慎和注意，以避免给他人造成不应有的危险获损害的责任。医疗活动注意义务包括一般注意义务和特殊注意义务。一般注意义务是指医务人员在医疗服务过程中对患者的生命与健康利益的高度责任心，对患者人格尊重，对医疗服务工作的敬业、忠诚和技能追求上的精益求精。特殊注意义务，是指在具体医疗服务过程中，医务人员对每一环节的医疗行为所具有的危险性加以注意的具体要求。

由于医疗纠纷案件具有高度的专业性，关于医疗机构是否存在过错，在目前关于医疗损害赔偿案件的审判实践中，往往通过医疗鉴定来判决医疗行为是否存在过错。因此，在很大程度上，鉴定结论决定了案件的结果。本案中，患者在医疗机构就诊时，造成针头掉落在牙床中的事实。其损害后果是客观存在的。根据福建正泰司法鉴定中心出具的法医临床司法鉴定意见书，器械分离是根管治疗中可能出现的一个并发症，在临床上的发生率10%以下。根管预备发生器械分离的原因：1. 根管解剖的复杂性，如弯曲、细小、钙化的根管，尤其是根尖部；2. 现有器械设计上的局限性；3. 不当的操作技术。因此，在进行根管预备操作时应该仔细、谨慎以预防器械分离的发生。王某丽2015年3月24日以“左上前牙咬物不适4天”为主诉就诊于一七四医院门诊部牙科，经检查后，诊断为+3慢性牙髓炎，建议行根管治疗术（RCT）后桩帽全冠修复，上述医疗行为符合诊疗规范。王某丽在进行+3根管预备时发生器械分离，如查证王某丽所陈述的诊治医生在进行根管预备时存在一边操作一边与旁边他人聊天，则认为某某医院对王某丽的诊疗行为存在医疗过错；该医疗过错与王某丽的钢针折断并留置根管内的损害后果之间存在因果关系，为主要因素，参与度拟为60%~80%。如果查证没有王某丽所陈述的诊治医生在进行根管预备时存在一边操作一边与旁边人聊天，则认为某某医院对王某丽的诊疗行为不存在医疗过错。该鉴定结论是以假设的情形陈述各种可能，实际并未明确医疗机构存在何种的过错。

在鉴定机构未明确医疗机构的具体过错情形下，人民法院在审判中可结合具体的诊疗行为及患者所受的损害来判断医疗机构存在的过错。本案患者因行根管治疗术（RCT），在进行+3根管预备时发生器械分离，致使针头留存在患者牙床中。鉴定意见已明确器械分离是根管治疗中可能出现的一个并发症，在临床上的发生率

10%以下，故医疗机构在行根管治疗时应给予高度的谨慎和注意，以避免该并发症的发生。患者行根管治疗手术前，已对患者进行了相关检查，医疗机构在进行治疗前，应依据检查结论对患者可能存在的复杂情形进行风险评估，且就相关风险向患者告知。本案中医疗机构均没有提交上述情形的证据。鉴于患者在医疗机构就诊时处于相对的弱势地位，不可能对整个就诊过程进行录音录像。本案中诊治医生是否存在一边操作一边聊天的情形，不宜由患者来承担举证责任。因此，结合针头因断裂留存在患者牙床中的事实，可推定医疗机构存在过错，应对患者所遭受的损害承担赔偿责任。

编写人：福建省厦门市中级人民法院　袁爱芬

三、教育机构责任

18

未成年人侵权由监护人担责

——刁某芬诉陈某等教育机构责任案

【案件基本信息】

1. 裁判书字号

吉林省长春市朝阳区人民法院（2017）吉0104民初3183号民事判决书

2. 案由：教育机构责任纠纷

3. 当事人

原告：刁某芬

被告：陈某、陈某军、吕某香、长春市九十中学

【基本案情】

刁某芬在九十中学从事保洁工作，陈某系九十中学学生。2017年3月8日，九十中学教学楼内的监控录像显示，在教学楼和学校后院操场相通的进出口处，安装有门帘，当日10时58分56秒，刁某芬走到进出口处，10时59分00秒走到门帘处，10时59分02秒门帘外有一名同学掀开门帘往教学楼内走，与此同时刁某芬倒地。经被告确认，从门帘外进入教学楼内的第一名同学为陈某。监控录像中，未见地面有水痕。刁某芬于当日入吉林大学中日联谊医院住院治疗，住院14天，出院诊断为："左侧额叶脑挫裂伤、外伤性蛛网膜下腔出血"。

【案件焦点】

1. 陈某侵权事实是否存在；2. 长春市九十中学是否存在管理过错；3. 陈某等被告责任分担。

【法院裁判要旨】

吉林省长春市朝阳区人民法院经审理认为：根据监控录像显示，陈某掀开门帘的同时刁某芬倒地，应确认陈某掀开门帘的动作与刁某芬倒地受伤的后果之间存在因果关系。关于赔偿责任问题，本院认为，门帘安装在进出口的位置，依据常识，在通过门帘时，无论进出均需负有一定的谨慎注意义务，以防止出入人员发生碰撞。事故发生时，陈某已属于限制民事行为能力人，具有一定的辨别和认知能力，其在通过门帘时致使刁某芬倒地，未尽到注意义务，具有过失，应承担一定的民事责任。而刁某芬在通过门帘之前，亦没有尽到足够的谨慎注意义务，自身存在疏忽，应自付一定的民事责任。综合本案的具体情况，本院酌定陈某承担60%的赔偿责任，刁某芬承担40%的责任。因陈某为限制民事行为能力人，其应承担的侵权责任由其监护人陈某军、吕某香承担。关于九十中学应否承担赔偿责任的问题，事发当日为3月，天气寒冷，九十中学出于保暖考虑设置具有合理高度可视窗口的门帘，该行为并无不妥。从监控录像中，无法看出地面有水痕，对于陈某及其法定代理人陈某军、吕某香提出“地面有水痕”的主张，本院不予采信，九十中学提供的场地、设施未见安全隐患，其对于刁某芬受伤的后果并无过错，故九十中学不应承担赔偿责任。刁某芬由于该事故产生的各项经济损失共计71598.17元，由陈某军、吕某香承担42958.90元（71598.17元×60%）。

综上，依照《中华人民共和国侵权责任法》第六条、第十六条、第三十二条的规定，判决如下：

一、被告陈某军、吕某香于本判决书生效后十日内赔偿原告刁某芬各项经济损失共计42958.90元；

二、驳回原告刁某芬的其他诉讼请求。

【法官后语】

法律设立监护制度的目的，主要是保护未成年人和不能处理自己事务的精神病人的合法权益，同时也是为了维护社会经济秩序和生活秩序。当未成年人的权益受到侵害时，由于其自身认知和辨识能力有限，难以很好地进行自我保护以及为自身寻求权利救济，这时监护人可以作为他们的法定代理人替他们主张权利，维护他们的合法利益。而当未成年人侵害他人权益时，由于其往往没有赔偿能力，如果仅仅让未成年人自己来承担相应的责任，受害人往往难以得到赔偿，故而由监护人承担侵权责任，可以有效保障受害人的合法权益，这体现了公平正义的原则，也更好地维护了社会秩序。本案中，陈某致刁某芬受到损害，其作为年满14周岁的未成年人，已经具有一定的认知和辨别能力，其致刁某芬受伤的行为具有过失，应当追究其责任。同时，也因为其为限制民事行为能力人，且没有自己独立的财产，其侵权行为所造成的赔偿责任，应当由其父母（即陈某军、吕某香）承担。

监护人责任，是指无民事行为能力人和限制民事行为能力人造成他人损害时，其监护人承担的民事责任。我国侵权责任法规定的监护人责任是无过错责任，主要呈现以下三个特点：1. 监护人未尽监护义务并非监护人责任的成立要件，监护人尽到监护责任的，可以减轻其侵权责任，而不是免除其责任；2. 对于无民事行为能力人、限制民事行为能力人，并不根据其年龄或认知能力或是否具有责任能力加以区分，统一由监护人承担其行为所造成的损害赔偿责任；3. 责任主体与行为主体相分离。在无民事行为能力人和限制民事行为能力人致人损害的场合，行为人为该无民事行为能力人或限制民事行为能力人，但是责任主体则是监护人，无民事行为能力人和限制民事行为能力人并不承担连带责任。此处存在一种特殊的情形，有财产的无民事行为能力人、限制民事行为能力人造成他人损害的，从本人财产中支付赔偿费用。不足部分，由监护人赔偿，这种情况之下监护人承担的是补充责任。

将监护人责任规定为无过错责任，其原因在于：首先，从行为人的认知能力来看，无民事行为能力人和限制民事行为能力人缺乏相应认识和判断行为的法律后果的能力；其次，从对受害人赔偿的角度来看，无民事行为能力人和限制民事行为能力人并无相应的赔偿能力，如由其承担责任往往使受害人难以得到赔偿；最后，监护人对无民事行为能力人和限制民事行为能力人负有法定的监督、教育等义务，其与被监护人之间存在最密切的联系，只有监护人才最有可能通过日常教育和采取具体措施避免和减少对第三人的侵害。

综上，无民事行为能力人、限制民事行为能力人致他人损害，其监护人应承担民事责任。监护人在此种情况下的民事责任，是由法律直接规定的，不考虑监护人对被监护人平时教育、管教是否尽责，也不考虑无民事行为能力人、限制民事行为能力人本人的年龄、智力和判断能力。将监护人责任规定为无过错责任，有助于监护人对被监护人进行监督和教育，有助于受害人的利益得到补偿，有助于社会秩序的稳定和公平正义的实现。

编写人：吉林省长春市朝阳区人民法院　李清香

19

学生携带管制刀具进入校园捅伤同学，学校未尽到教育管理职责的，应当承担相应责任

——徐某诉河南省罗山县周党高级中学教育机构责任案

【案件基本信息】

1. 裁判书字号

河南省信阳市罗山县人民法院（2016）豫1521民初1970号民事判决书

2. 案由：教育机构责任纠纷

3. 当事人

原告：徐某

被告：河南省罗山县周党高级中学（以下简称周党高中）

【基本案情】

2015年11月15日20时48分许，鲁某勋因夜自习上课说话和纪律委员周某智发生争吵。第二节夜自习下课后，周某智、原告徐某请罗某好就此事对鲁某勋进行劝解。交谈过程中，鲁某勋和周某智再次发生争吵并引起厮打，在厮打过程中，鲁某勋持刀将原告徐某右肺下叶捅破。原告徐某受伤后，即被送往罗山县人民医院住院治疗，实际住院22天，花费医疗费15253.7元。原告徐某住院期间，被告周党高中垫付了住院押金10000元，鲁某勋垫付了住院押金3000元。本案争议的打架

事件在刑事诉讼过程中，鲁某勋与原告徐某达成刑事和解协议，鲁某勋一次性补偿原告徐某各项经济损失70000元。庭审中，原告徐某明确表示不追究鲁某勋的民事赔偿责任。事件发生时，被告周党高中未投保地方性校园安全责任保险。原告徐某及其父母经常居住地为城镇，其父亲徐某某在罗山县周党镇街道从事门窗安装工作。

【案件焦点】

学生携带管制刀具进入校园捅伤同学，学校未尽到教育管理职责的，应当如何承担责任。

【法院裁判要旨】

河南省信阳市罗山县人民法院经审理认为：行为人因过错侵害他人民事权益，应当承担侵权责任。限制民事行为能力人在学校学习、生活期间受到人身损害，学校未尽到教育、管理职责的，应当承担责任。侵害他人人身权益，造成他人严重精神损害的，被侵权人可以请求精神损害赔偿。本案中，限制民事行为能力人鲁某勋在学校持刀将原告徐某捅伤，侵害了原告徐某的人身权益，应当承担侵权赔偿责任。被告周党高中未及时发现并制止鲁某勋携带管制刀具进入校园，在事件发生时未能迅速采取有效措施，防止事件扩大，未尽到安全管理义务，对于原告徐某的合理损失应承担一定的民事赔偿责任。原告徐某放弃对鲁某勋主张民事赔偿，系其真实意思表示，且不违反法律规定，本院予以认可。鲁某勋已受到刑事处分，在刑事谅解中已补偿给原告徐某各项经济损失70000元，另支付医疗费3000元。根据被告周党高中的过错程度，本院确定被告周党高中对原告徐某的合理损失承担20%的民事赔偿责任。

河南省信阳市罗山县人民法院依照《中华人民共和国侵权责任法》第六条、第十六条、第二十二条、第三十九条，最高人民法院《关于审理人身损害赔偿案件适用法律若干问题的解释》第七条、第十七条、第十八条、第十九条、第二十一条、第二十三条、第二十四条、第二十五条的规定，判决如下：

一、被告河南省罗山县周党高级中学于本判决生效后五日内赔偿原告徐某医疗费、护理费、营养费、住院伙食补助费、残疾赔偿金、精神损害抚慰金等各项损失共计17102.22元（已扣除前期垫付的10000元）；

二、驳回原告徐某的其他诉讼请求。

宣判后，双方当事人未上诉，检察机关未抗诉，一审判决已生效。

【法官后语】

学校的安全保障义务是指学校除了履行教育的职责以外，还应尽合理注意的义务，在发现学生正在遭受或者可能即将遭受来自学校、第三人的侵权行为时，应采取相应合理、合法方式预防侵害行为的发生，避免学生遭受人身和财产损失的义务。所谓教育机构责任，是指无民事行为能力人和限制民事行为能力人在幼儿园、学校等教育机构学习、生活期间，因教育机构未尽到相应的教育管理职责，导致其遭受人身伤害或者致他人损害时，教育机构所应承担的赔偿责任。

《侵权责任法》第三十八条至第四十条规定了校园伤害事故适用过错责任原则或过错推定责任原则。发生校园伤害事故后，学校具有过错则承担民事赔偿责任，否则不承担损害赔偿的责任。过错责任原则在侵权行为法中是适用最为广泛和普遍的准则，该原则要求学校在学生伤害事故中违反安全保障义务，且违反义务导致了损害结果的发生，即具有因果关系，学校应承担相应的责任。

根据《侵权责任法》的规定，教育机构责任的构成要件除损害结果、因果关系等要素外，还要具备教育机构未尽到教育管理职责的情形，也即存在过错才承担相应的责任。因此，如何判断教育机构是否尽到了教育管理职责，是处理此类纠纷的重点和难点问题。原则上，应当以法律的规定为依据确定教育机构负有的教育、管理职责。如果没有法律依据，则应当以善良管理人的标准来确定其教育、管理职责(即注意义务)。教育机构没有尽到教育、管理职责就应当认定其具有过错。

教育机构承担事故责任必须具有主观上的过错，主观上无过错，则不应承担责任。确定过错必须要对教育机构是否尽到了必要的注意义务进行考量。一要判断教育机构是否有基于法律法规或有关部门颁布的管理规章、操作规程等规定抑或教育机构与家长签订的合同而产生的一般性注意义务，如《教育法》《未成年人保护法》《学生伤害事故处理办法》等法律法规规定的教育机构对其学生的注意义务；二要判断教育机构有无基于法律法规或有关部门颁布的管理规章、操作规程等规定抑或教育机构与家长签订的合同要求而付出一定的努力，尽到了对学生人身健康安全的、合理的、谨慎的注意，如幼儿园、各种培训学校等私立性教育机构与其学生约定的某种注意义务，如果幼儿园、培训学校等私立性教育机构违反了其与学生之间约定的某种注意义务，那么幼儿园、培训学校等私立性教育机构就必须承担相应的法律责任；三要判断教育机构对损害结果的可预见性和可避免性能否尽相当注意义务的条件。

《学生伤害事故处理办法》第九条规定的学校责任事故的主要情形包括12种，其中第10种情况为“学校教师或者其他工作人员在负有组织、管理未成年学生的职责期间，发现学生行为具有危险性，但未进行必要的管理、告诫或者制止的”。具体到本案中来，鲁某勋作为限制行为能力人，其将管制刀具带入校园，作为教育机构的学校，应对学生做好相关的安全教育管理工作，学校应当预见到学生携带管制刀具进入校园可能会对他人的人身安全造成威胁，学校却未及时发现并制止鲁某勋携带管制刀具进入校园，学校未尽到安全保障义务和相当的注意义务，未能预防侵害行为的发生，主观上存在过错，应对其过错承担相应的民事责任。

校园安全形势越来越严重，校园安全问题已成为影响教育百年大计乃至社会稳定的一大隐患，影响社会稳定和教育长期目标的重大问题，学校的安全保障义务问题不可忽视。如何减少悲剧的发生、学校如何承担起安全保障义务、发生校园伤害事故后，学校是否承担责任、承担何种责任和比例存在一系列的问题。特提出如下建议：

1. 应该提高相关法条的法律效力，涉及学生的人身安全方面用法律的形式予以规定。例如，《学生伤害事故处理办法》只是教育部出台的一项部门规章，其法律效力较低，在司法实践中容易与其他法律在适用方面造成一定困难，因此，有必要对涉及学生人身安全方面的规定提高其法律效力，改由最高立法机关制定和发布，必要时，可以制定专门的校园安全法律，明确规定学校的责任范围、归责原则、适用范围、赔偿等问题；

2. 将学校购买相关保险的制度纳入法律规定，强制学校建立责任保险制度，一方面可以有效地减少学校承担赔偿责任的风险，另一方面可以最快速、及时地补偿或赔偿被侵害学生，更好实现双赢和案结事了、降低社会风险、减少社会矛盾的效果；

3. 建立学生伤害专项补偿金制度。在学校确实无力承担赔偿金的情况下，可由学生伤害的专项补偿金先行垫付或适当予以补偿。专项补偿金由地方各级政府或学校主管部门统一收取，统一由专门机构进行管理，应结合各地实际收入和学生生活成本对交纳、补偿比例予以确认。专项补偿金应专款专用，对适用标准和对象明确规范，将收取的费用和使用情况进行公示，接受社会各界监督。

编写人：河南省信阳市罗山县人民法院　孔晶晶

20

未成年人因伤主张私立学校学费及补课费等赔偿是否应获支持

——苏某某诉北京合联胜等教育机构责任案

【案件基本信息】

1. 裁判书字号

北京市第二中级人民法院（2017）京 02 民终 4384 号民事判决书

2. 案由：教育机构责任纠纷

3. 当事人

原告（上诉人）：苏某某

被告（上诉人）：北京合联胜教育咨询有限责任公司（以下简称合联胜）、北京合联胜教育咨询有限责任公司经济开发区分公司（以下简称合联胜分公司）、北京电子科技职业学院（以下简称电子科技学院）

【基本案情】

2015 年 4 月 27 日傍晚 17 时 30 份左右，在合联胜分公司租用的电子科技学院的体育馆内，苏某某在进行击剑训练时摔倒，右臂摔伤。后经北京积水潭医院诊断为右尺桡骨骨折（下端），北京积水潭医院出具诊断证明书，医嘱建议生活不能自理两个月（2015 年 4 月 27 日开始）。后因协商未果，故主张合联胜及其分公司、电子科技学院连带赔偿以下损失：在此期间，产生医疗费 2009.9 元、护理费 17724 元、营养费 5000 元、交通费 1120 元、教育费 51205 元，以上合计 77058.9 元。此外，由于苏某某年幼，在治疗期间饱受折磨，且治疗后行为受限，主张精神损失抚慰金80000元，经鉴定构成十级伤残并主张残疾赔偿金。

【案件焦点】

1. 如何确定合联胜及其分公司的责任；2. 未成年人因伤所支出的教育费5万余元应否支持。

【法院裁判要旨】

北京市大兴区人民法院经审理认为：无民事行为能力人在幼儿园、学校或者其他教育机构学习、生活期间受到人身损害的，幼儿园、学校或者其他教育机构应当承担责任，但能够证明尽到教育、管理职责的，不承担责任。本案中，击剑训练作为体育运动本身就存在一定的危险性，而苏某某在事发时尚属无民事行为能力人，故作为具有管理保护责任的合联胜分公司应对学员负有更多注意及保护的义务。从通过事发当日的监控视频中可以看出，在苏某某进行训练时，并未有教练人员带领并进行指导，合联胜分公司的教练人员未充分履行职责，故合联胜分公司应对苏某某在事故中受到的损害承担全部责任。合联胜分公司系合联胜公司的分公司，系合联胜公司的分支机构，不具有独立法人资格，其民事责任由合联胜公司承担，故苏某某要求合联胜及其分公司共同承担赔偿责任的诉讼请求，于法有据，予以支持。电子科技学院并非负责苏某某的教育机构，故苏某某要求电子科技学院共同承担赔偿责任，于法无据，不予支持。

依照相关法律规定判决赔偿医疗费扣除医保报销后部分确定为1228.7元。护理费为苏某某法定代理人因护理苏某某而减少的工资收入；苏某某已提供其母吕×的误工证明及劳动合同等证据材料；关于期限，由法院依据医嘱确定护理期限为两个月，确定护理费为6000元。对苏某某主张的其他护理费用，未有相应误工费用证明，不予支持。酌定交通费520元、营养费2000元。

因苏某某已构成十级伤残，其伤残赔偿指数确定为10%，经计算残疾赔偿金为105718元。苏某某要求合联胜公司及其分公司赔偿80000元精神损害抚慰金的诉讼请求过高，酌情支持10000元。

对苏某某主张的鉴定费，有票据予以证明，予以支持，对检查费，系鉴定费的一部分，亦有票据支持，并入鉴定费中一并予以支持，确定为3213.85元。对苏某某主张的教育费，于法无据，不予支持。北京市大兴区人民法院依照《中华人民共和国侵权责任法》第十六条、第二十二条、第三十八条，《最高人民法院关于审理人身损害赔偿案件适用法律若干问题的解释》第十九条、第二十一条、第二十二条、第二十四条、第二十五条之规定，判决如下：

一、北京合联胜教育咨询有限责任公司经济开发区分公司及北京合联胜教育咨询有限责任公司共同给付苏某某医疗费1228.7元、护理费6000元、交通费520元、营养费2000元、精神损害抚慰金10000元、鉴定检查费3213.85元、残疾赔偿金105718元（均于判决生效后七日内给付）；

二、驳回苏某某的其他诉讼请求。如果未按判决指定的期间履行给付金钱义务，应当依照《中华人民共和国民事诉讼法》第二百五十三条之规定，加倍支付迟延履行期间的债务利息。

苏某某、合联胜及其分公司均不服一审判决，提出上诉。北京市第二中级人民法院认为：公民、法人合法的民事权益受法律保护。苏某某向合联胜分公司交纳了学习击剑的培训费，并在合联胜公司依合同有权使用的体育馆内进行击剑训练，苏某某所学课程的设置及教练人员的安排均由合联胜公司负责，故合联胜公司系苏某某学习击剑课程的教育机构。苏某某在击剑课上摔倒受伤，受伤时不满十周岁，属无民事行为能力人。根据《中华人民共和国侵权责任法》第三十八条之规定："无民事行为能力人在幼儿园、学校或者其他教育机构学习、生活期间受到人身损害的，幼儿园、学校或者其他教育机构应当承担责任，但能够证明尽到教育、管理职责的，不承担责任。"本案中，苏某某在做击剑辅助协调性练习中摔倒受伤，虽然有教练员在场，但教练员距离训练的学员站位较远，不能及时对学员不正确、不熟练的姿势动作加以纠正和指导，亦不能对训练中的学员可能出现的运动损伤进行及时的保护，故合联胜公司未尽到教育管理职责，理应承担赔偿责任。现合联胜公司及其分公司上诉坚持称苏某某系练习普通动作时自行摔倒，教练员已经尽到相应职责，公司不应承担责任，与事实不符，故对其此项上诉主张不予采信。应当指出，合联胜分公司系合联胜公司的分支机构，其不具备法人资格，故本案承担赔偿责任的主体应为合联胜公司。一审法院认定合联胜分公司承担赔偿责任欠妥，本院予以改判。（依据《中华人民共和国公司法》第十四条规定，"分公司不具有法人资格，其民事责任由公司承担"。）

电子科技学院与合联胜公司签订了体育场馆的《委托运营管理合同》，电子科技学院不是本案中苏某某学习击剑训练的教育培训机构，故一审法院驳回苏某某要求电子科技学院承担赔偿责任的请求是正确的。

关于赔偿范围，一审法院根据苏某某及其法定代理人的诉讼请求及相关证据，除医疗费的认定有误外，依法判定及酌定的鉴定检查费、残疾赔偿金、护理费、交通费、营养费及精神损害抚慰金数额适当，应予维持。苏某某及其法定代理人认为一审法院酌定的交通费、营养费及精神损害抚慰金数额偏低，应予增加，理由并不充分，不予支持。关于护理费，一审法院根据苏某某的伤情及实际情况，确定的护理人数、天数及确定的护理费数额适当，现苏某某主张其父带薪休假6天的护理费，法律依据不足，不予支持。关于苏某某所主张的教育费51205元，因不属法定的赔偿项目，故一审法院对此不予支持并无不当。苏某某及其法定代理人坚持此项上诉请求，法律依据不足，不予支持。鉴于一审法院在苏某某医疗费数额的认定上存在错误，经核算应为2009.90元，对此予以纠正。依照《中华人民共和国民事诉讼法》第一百七十条第一款第二项规定，判决如下：

一、撤销北京市大兴区人民法院（2015）大民初字第17132号民事判决第二项；

二、变更北京市大兴区人民法院（2015）大民初字第17132号民事判决第一项为：北京合联胜教育咨询有限责任公司赔偿苏某某医疗费2009.90元、护理费6000元、交通费520元、营养费2000元、精神损害抚慰金10000元、鉴定检查费3213.85元、残疾赔偿金105718元（于判决生效后七日内给付）；

三、驳回苏某某的其他诉讼请求。如果未按本判决指定的期间履行给付金钱义务，应当依照《中华人民共和国民事诉讼法》第二百五十三条之规定，加倍支付迟延履行期间的债务利息。

【法官后语】

目前，社会上的教育培训机构多如牛毛，良莠不齐，家长为了不让孩子输在起跑线上，培养孩子各种特长和爱好，也不惜花重金。但培训机构的师资、经营主体、场地设施安全，尤其是在运动中出现的一些伤害事故如何处理，家长往往忽略。在签订合同时家长重点关注课时、时长和费用，对于合同权利和义务，如何退费，关注不够。家长给孩子报班时应谨慎考虑，签订合同时要考虑周全，未雨绸缪，若有特别约定应一并写入合同或备注，索要发票，注意留存证据。本案双方之间只有一张缴费收据，也不是正规发票。

一、教育培训机构的责任承担

本案中，苏某某在击剑课上受伤时不满十岁（民法总则实施前），属无民事行为能力人。根据《侵权责任法》第三十八条规定，教育机构是过错推定，证明自己没有过错的举证责任在教育机构，若不能举证证明自己尽到了教育和管理责任，就推定其有过错并承担民事责任。训练时动作的复杂程度、课程设置是否合理、教练有无资格证、对学员的保护是否有效及时、指导是否到位，都是考量教育机构是否存在过错的因素。

受到场地的限制，学员的准备活动在剑道场进行，加大了运动损害风险，又加之教练的保护没有到位，致使学员受伤，一审法院确定合联胜承担全部责任是正确的。另外分公司不具备法人资格，不应承担民事责任，这也是改判的一方面原因。一审中，苏某某支出的医疗费核算出现错误，二审予以纠正。

二、苏某某下列赔偿项目能否支持存在争议

1. 私立学校学费

本案特殊在苏某某就读的小学是私立学校，而非公办校，若公办学校不存在学费损失。苏某某就读的私立学校半学年缴费13600元。半学年按四个月计算，苏某某因伤两个月未到校上课，其中的6800元，是否应予支持?

一种观点认为，此费用作为间接损失应予支持，本案当事人就读学校的性质属私立学校，收费较高，因伤两月没有上学，学校虽然不退学费，但是对交付费用的一方而言属于损失，6800元的学费应予支持。

另一种观点认为，私立学校收取学费，有关学费的退还与否，学生家长与学校应有协议，如果学费按规定不退还，说明此支出的费用不属损失，不应赔偿。由于家长并未提供相应收退费协议，故其主张学费损失，证据不足，不予支持。

2. 两月未到校上课，聘请家教发生补课费34800元

苏某某因伤两个月未到校上课，自行聘请家教补课，语、数、英等课程共计34800元，补课费能否支持。目前在审判实践中，也存在争议。有观点认为，既然实际发生，应该支持。有观点认为，补课费不是法定赔偿项目，标准不好掌握，不

予支持。

未成年人因伤不能到校上课，为了怕课业落下，有的家长会请家教补习，由此产生补课费。成年人因伤不能工作存在误工损失，而未成年人因伤恐怕耽误的只有学业。家长请家教心情可以理解，但也要视情况而定。比如，年级的高低、课程的难易程度、身体受伤部位、伤情的严重程度等。本案中，苏某某上小学三年级，受伤是右手腕部，虽是骨折，相对伤势较轻，补习四门功课，两个月费用高达34800元，虽是实际损失，但如此补习是否会加重赔偿义务人的负担。另外，补课费不是法定赔偿项目，视本案具体情况，补课实属不必，即便酌定，自由裁量的数额不好确定。考虑一审法院没有支持，故慎重起见，本案对此项费用没有支持。

3. 右手腕受伤致吉他班学习无法继续，缴纳的吉他学费9600元，能否支持。

因伤导致的其他兴趣班无法继续，可依据此前报班时的合同主张相应课时的退费，而不能仅以缴费收据，主张相应赔偿，对此，二审法院没有支持。

综上，本案对苏某某的部分上诉请求予以支持，对教育机构的上诉主张不予支持，最终改判处理。

编写人：北京市第二中级人民法院　艾明

21

校园欺凌中正当防卫的认定及责任划分

——郝某诉安阳县吕村镇西常山小学、中国人寿财险安阳县支公司等教育机构责任案

【案件基本信息】

1. 裁判书字号

河南省安阳市中级人民法院（2017）豫05民终376号民事判决书

2. 案由：教育机构责任纠纷

3. 当事人

原告（被上诉人）：郝某

被告（上诉人）：中国人寿财产保险股份有限公司安阳县支公司（以下简称中国人寿财险安阳县支公司）

被告：张某、耿某、张某甲、安阳县吕村镇西常山小学（以下简称西常山小学）

【基本案情】

郝某与张某均为西常山小学六年级同班学生。2014 年 12 月 29 日上午课间操期间，郝某蹬了张某一脚，被老师看见瞪了两眼。做完操后，郝某和另一学生把张某拖倒在地，拉着张某的胳膊在操场上拖着走；张某挣脱，之后郝某又将张某摁倒在地，并坐在张某身上；张某躺在地上来回晃动反抗过程中使郝某跌倒导致头部着地；郝某起来后又朝张某胸口踩了两脚后捂着头回教室上课。后郝某发现头部血肿，继而眼部肿胀，先后到吕村镇卫生院、安阳县中医院、郑州大学第一附属医院、北京同仁医院、中国中医科学院眼科医院进行治疗。2015 年 2 月 11 日被郑州大学第一附属医院出院诊断为：双眼眶尖综合征、双眼眶内血肿、双眼角膜上皮缺损、双下睑倒睫、血友病乙。法院审理过程中，经当事人申请，司法鉴定科学技术研究所司法鉴定中心对郝某伤残程度及外伤与目前受害结果的因果关系、参与度进行鉴定，鉴定意见为：郝某头部等处因故受伤后遗一眼低视力 1 级，相当于道路交通事故十级伤残（外伤的参与度拟为 45%～55%）。另查明，西常山小学在中国人寿财险安阳县支公司为每一位在校学生投保有校（园）方责任保险，每人赔偿限额为 300000 元。保险合同约定：精神损害保险公司不负责赔偿。该事故发生在保险期间内。

【案件焦点】

未成年人在学校遭受校园欺凌，反抗时至致侵权人受伤能否认定为正当防卫，对于侵权人因此遭受的损失是否承担赔偿责任；个人体质状况对损害后果的影响是否属于侵权责任法意义上的过错，侵权人的赔偿责任是否因此而减轻。

【法院裁判要旨】

河南省安阳县人民法院经审理认为：公民享有身体健康权。根据《侵权责任法》第三十九条的规定，限制民事行为能力人在学校或者其他教育机构学习、生活期间受到人身损害，学校或者其他教育机构未尽到教育、管理职责的，应当承担责任。原告郝某系限制民事行为能力人，在被告西常山小学学习期间受到人身损害，西常山小学虽然要求学生在课间休息时间不得嬉戏打闹，但在出现学生嬉戏打闹甚至发生打架的情况下，未能及时进行必要的告诫和制止，最终导致原告郝某身体受到伤害，西常山小学应当承担一定责任，因西常山小学在被告中国人寿财险安阳县支公司为每一位在校学生（包含原告郝某在内）投保有校（园）方责任保险，故被告中国人寿财险安阳县支公司应在保险限额内承担赔偿责任；原告要求西常山小学和中国人寿财险安阳县支公司承担赔偿责任的主张，符合法律规定，本院予以支持；被告中国人寿财险安阳县支公司辩称原告伤情系原告追打别人造成应该由原告自身承担的意见，本院不予采纳；但郝某作为年满10周岁的小学高年级学生，应当懂得并遵守校规校纪，然而其在课间休息时间主动向同学挑衅最终导致自己受伤，对此后果其应承担主要责任。原告要求被告张某及其监护人张某甲、耿某承担赔偿责任的诉讼请求，无事实和法律依据，不予支持。被告中国人寿财险安阳县支公司辩称原告的诉讼请求已超诉讼时效的意见，法院认为，根据《最高人民法院关于贯彻执行〈中华人民共和国民法通则〉若干问题的意见》第一百六十八条的规定，人身损害赔偿的诉讼时效期间，伤害明显的，从受伤害之日起算；伤害当时未曾发现，后经检查确诊并能证明是由侵害引起的，从伤势确诊之日起算。本案中，郝某受伤当日尚能正常上课，病情在后来逐渐加重，又经多次住院治疗，其诉讼时效期间不应从受伤害之日起算，且原告曾于2015年8月12日向法院提起诉讼，撤诉后又于2016年3月9日提起本案诉讼，故其诉讼请求并未超诉讼时效，被告中国人寿财险安阳县支公司的此项辩解理由不予采纳。关于原告的各项损失评价如下：医疗费67652.2元，有原告提供的医疗费票据予以证实，本院依法予以确认；住院伙食补助费、营养费，基于原告实际住院天数和国家机关一般工作人员出差伙食补助标准，本院依法确认住院伙食补助费为30元/天×85天=2550元、营养费为10元/天×85天=850元；护理费，原告住院85天，原告受伤前一年居民服务、修理和其他服务业为30482元/年，本院依法确认护理费为30482元/年÷365天×85天×1人=7097.5元；残疾赔偿金21706元、精神损害抚慰金5000元，主张合理，本院依法予以确认；鉴定费9050元，有原告提供的鉴定费票据予以证实，本院依法予以确认；原告鉴定时支付的交通费1528元、住宿费259元，有相关票据为证，本院予以确认；关于原告主张治疗时支付的交通费，本院酌情支持4000元；关于原告主张的后续治疗费，尚未实际发生，待实际发生后再另行主张；关于原告主张治疗时的住宿费，法律规定受害人确有必要到外地治疗，因客观原因不能住院，受害人本人及其陪护人员实际发生的住宿费和伙食费，其合理部分应予赔偿。原告未提交相关证据证明因客观原因不能住院而实际发生的住宿费，故本院不予支持。被告中国人寿财险安阳县支公司赔偿原告（医疗费67652.2元+住院伙食补助费2550元+营养费850元+护理费7097.5元+残疾赔偿金21706元+交通费5528元+住宿费259元+鉴定费9030元）×45%=51603元；被告西常山小学赔偿原告精神损害抚慰金5000元×45%=2250元。

河南省安阳县人民法院依照《中华人民共和国民法通则》第九十八条、第一百一十九条、第一百三十三条，《中华人民共和国侵权责任法》第十六条、第二十二条、第三十二条、第四十条，《最高人民法院关于审理人身损害赔偿案件适用法律若干问题的解释》第七条、第十七条、第十八条、第十九条、第二十一条、第二十二条、第二十三条、第二十四条、第二十五条，《中华人民共和国保险法》第十四条，《中华人民共和国民事诉讼法》第六十四条、第一百四十二条之规定，判决如下：

一、被告中国人寿财产保险股份有限公司安阳县支公司于本判决生效后十日内在校（园）方责任保险限额范围内赔偿原告郝某医疗费、住院伙食补助费、营养费、护理费、残疾赔偿金、交通费、鉴定费共计人民币51603元；

二、被告安阳县吕村镇西常山小学于本判决生效后十日内赔偿原告郝某精神损害抚慰金共计人民币2250元；

三、驳回原告郝某的其他诉讼请求。

人寿财险安阳县支公司以一审法院应当在受害人自身体质原因对损害后果的参与度基础上进行责任的划分为由提起上诉。

河南省安阳市中级人民法院审理后认为，虽然郝某的个人体质对损害结果的产生具有一定影响，但该因素客观存在，郝某对损害结果的发生和扩大没有过错，该因素不属于法律意义上减轻侵权人责任的情形。一审法院根据侵权发生的具体过程和案件情况，确定郝某承担主要责任，判令承保校园责任险的保险公司承担45%的赔偿责任并无不当。住宿费系受伤治疗过程中的必要费用，鉴定费系确定受伤程度所产生的必要费用，一审法院判令保险公司承担上述费用亦无不当。

河南省安阳市中级人民法院依照《中华人民共和国民事诉讼法》第一百七十条第一款第一项规定，判决如下：

驳回上诉，维持原判。

【法官后语】

一、校园欺凌案件中正当防卫的认定及其特殊性

（一）民法上的正当防卫

民法上的正当防卫，是指当公共利益、他人或本人的人身或其他利益受到不法侵害时，行为人实施的防卫行为。正当防卫是私力救济的一种，是各国民事立法赋予公民个人的一项重要的私力救济的权利，也是各国法律普遍认可为侵权责任的抗辩事由之一，对于保护个人、集体、国家的合法权益有着积极的作用。正当防卫应当符合以下五个条件：1. 必须是针对实际存在的、正在进行的不法侵害。正当防卫所针对的不法侵害必须是客观存在而非主观想象或推测的，正当防卫所针对的不法侵害必须是正在进行的，也就是说，侵害已经开始，正在进行，但尚未结束。2. 防卫必须是针对非法的、非进行防卫不能排除的侵害行为实施的，也就是说，防卫必须是不得已的，如果有条件、有能力通过其他合法途径予以制止，则不得实施防卫行为。3. 必须针对不法侵害者本人实施。正在防卫的目的在于排除和制止不法侵害，故只能针对实施不法侵害行为的行为人即加害人本人实施，而不能针对第三人。4. 具有保护合法权益的目的性，这是正当防卫的主观要件，也是正当防卫作为侵权责任抗辩事由的根据和正当防卫存在的基础。5. 不得超过必要的限度。必要限度是为了制止不法侵害所必须具有的、足以有效制止侵权行为的应有强度。

（二）与刑法上正当防卫的比较

刑法主要注重的是“以暴制暴”来恢复被违法犯罪行为破坏的社会秩序，民法更注重的是通过私法自治为主要价值和手段来调解社会关系、促进人与人之间的和谐相处。民法所调整的是民事法律关系，刑法调整范围则近乎涵盖所有的法律关系，是各法律关系被破坏的最后救济手段。具体到正当防卫的认定，应当从以下四方面进行比较。

第一，从防卫意图上，刑法与民法并无本质区别，存在的只是认识范围的差

异，民法中的不法侵害仍在民事侵权范围，而刑法中的不法侵害已经超越了民事侵权所能包容的限度；第二，从防卫起因上比较，即“侵害紧迫性”上分析，刑法中的正当防卫是国家鼓励公民对违法犯罪做斗争，有着一定的公法色彩，可以认为是国家授权公民在合理范围内对具有紧迫性犯罪行为进行制止的“权力”，故一般暴力性、破坏性的行为及可认定为具有“侵害紧迫性”，民法上的正当防卫属于平等者之间的防卫行为，其紧迫性应当定位为，侵害行为较为突然，如不立即采取防卫行为对其进行制止，则公力救济也无法予以有效补救；第三，对于防卫客体及防卫时间上，并无不同，均为国家、公共利益、本人和他人的合法权益，防卫时间也都应为正在进行的不法侵害；第四，民法上正当防卫的限度应当是“有效、安全地制止不法侵害的范围内”，在此范围内防卫行为所产生的损害代价应当由不法侵害人承担。

（三）张某的行为性质的认定

本案事发于学校课间操期间，地点在学校操场，在侵权人郝某蹬了张某一脚后，老师并未给予足够重视和制止。课间操做完后，郝某和另一学生把张某拖倒在地，拉着张某的胳膊在操场上拖行，张某挣脱，之后郝某又将张某摁倒在地，并坐在张某身上。此时对于张某来说，不法侵害是客观存在并正在进行，周围没有老师，张某无法通过其他方法获得帮助，张某躺在地上来回晃动反抗过程是自然而不得已的，其反抗针对的正是直接侵权人郝某，其行为符合正当防卫的构成。郝某跌倒头部着地，虽然最后导致郝某头部血肿后遗一眼低视力 1 级，构成十级伤残。张某事发时为六年级的学生，对行为后果的认知和预判能力有限，以一个谨慎人的标准要求张某必须尽到合理的注意义务显失公平，张某对该伤害后果的发生没有过错，故不应当承担赔偿责任。

二、学校在本案中的责任承担

（一）侵权责任的归责原则

侵权责任的归责原则是侵权法的灵魂，也是侵权法司法实践的关键，是指确定侵权人承担侵权损害赔偿责任的一般准则。过错责任原则是我国侵权法的基本归责原则，是以过错作为价值判断标准，判断行为人对其造成的损害应否承担损害赔偿责任的归责原则。我国《侵权责任法》第三十九条规定，限制民事行为能力人在学校或其他教育机构学习、生活期间受到人身损害，学校或教育机构未尽教育、管理职责的，应当承担责任。从上述立法上可以看出，对于限制行为能力人在学校或其他教育机构学习、生活期间受到人身损害的情形，教育机构承担的是过错责任。

（二）学校是否应当承担相应责任

教育部《学生伤害事故处理办法》中学校及其他教育机构未尽教育、管理等法定情形中的情形有学校教师及其工作人员在负有组织、管理未成年人的职责期间，发现学生的行为具有危险性，但未进行必要的管理、告诫和职责的。本案事发于学校课间操期间，地点在学校操场，在侵权人郝某蹬了张某一脚后，老师并未给予足够重视和制止，以致课间操做完后，发生了郝某和另一学生把张某拖倒在地，拉着张某的胳膊在操场上拖行的更为恶劣的校园欺凌行为。而在课间操做完后，操场周围亦没有巡查的老师，足以认定学校在此次侵权时间中未尽到管理职责，而其该行为与被害人受到人身损害之间存在因果关系，故学校应当承担相应的赔偿责任。

三、个人体质差异是否影响学校责任的承担，损伤参与度与“蛋壳脑袋”规则能否并行值得思考

当侵权行为通常不会导致损害或严重损害，但因受害人特殊体质而造成损害或严重损害时，将产生侵权人面临人身损害赔偿责任分担的两难命题。若令侵权人赔偿全部损失似过于严苛，但若仅令其赔偿部分损失似又对受害人不公。受害人的特殊体质具有什么法律意义，对侵权责任构成会产生什么影响，我国法律没有明确规定。通过考察判例，有的法院运用原因力理论，将损害后果在侵权人和特殊体质受害人之间进行分摊，鲜有不赔或全赔的情形，处理方式比较中庸。但考察域外的立法及判例，绝大多数国家和地区所持立场为侵权人应当就受害人特殊体质而扩大的损失负责，不能以特殊体质与侵权行为竞合为由而减轻侵权人的赔偿责任，也就是我们所说的“蛋壳脑袋”规则，即当受害人的特殊体质与侵权行为直接结合引发损害，侵权行为将产生更剧烈的异常损害时，“蛋壳脑袋”规则不考虑特殊体质在损害形成中的作用，由侵权人对全部损害承担赔偿责任。

最高人民法院于2014年1月26日发布了第24号指导案例。在该案中，被告王阳引发交通事故撞伤原告，造成原告九级残疾。经鉴定，交通事故对伤残结果的损伤参与度为75%，原告骨质疏松体质因素占25%，一审法院据此判决被告承担75%的赔偿责任；二审法院改判认为，受害人特殊体质对损害的发生确有影响，但这并非过错，亦非法律上原因，不适用过错相抵规则，侵权人应赔偿全部损失，即此案中受害人的特殊体质不影响责任承担，该判例也适用了“蛋壳脑袋”规则。

本案即参考了最高人民法院法院第24号案件的裁判规则。首先，学校老师在课间操期间发现学生存在校园欺凌行为时，未进行必要的告诫和制止，以致冲突暴力程度升级，最终导致郝某受伤，学校存在疏于管理的过失行为；其次，学校疏于管理的行为与郝某的损害结果构成侵权法上的因果关系；最后，原因力理论旨在解决多因一果情形下，对各原因负责的人的法律责任问题，因此原因力中的原因系法律意义的原因，受害人特殊体质属于自然科学上的原因，但其特殊体质并不属于过错，不存在归责性，没有承担责任的基础，故不应当成为法律上的原因，运用该理由减轻学校应当承担的责任不符合法律逻辑。

综上，张某的行为系正当防卫行为，在道德上也无可非难，不应当负侵权责任。郝某在课间休息时间主动向同学挑衅最终导致自己受伤，对此后果其应承担主要责任，但个人体质因素客观存在，郝某对损害结果的发生和扩大没有过错，该因素不属于法律意义上减轻侵权人责任的情形，郝某无须因此而自负责任。西常山小学存在疏于管理的过错，由于其投保有校园责任险，故判令承保校园责任险的保险公司承担45%的赔偿责任。

郝某虽然在本案中系受害人，但起因却是其无端对张某的欺凌行为，其行为属于典型的校园欺凌，也正是我们现阶段整个社会高度关注且一致竭力禁止的行为，法院没有判令张某承担责任，符合《侵权责任法》的相关规定，也是我们现阶段遏制校园欺凌事件中应当大力提倡的，我们就应当通过判决的示范作用引导未成年人通过正确的方法应对校园欺凌。

编写人：河南省安阳市中级人民法院　张歆梅　朱继科

22

校园伤害事故中的过错认定及各方当事人所应承担的责任比例问题

——许某国诉中国人民财产保险股份有限公司安阳市分公司等教育机构责任案

【案件基本信息】

1. 裁判书字号

河南省安阳市殷都区人民法院（2016）豫0505民初1384号民事判决书

2. 案由：教育机构责任

3. 当事人

原告：许某国

被告：中国人民财产保险股份有限公司安阳市分公司（以下简称人民财产保险公司安阳市分公司）、安阳县柏庄镇长青屯小学（以下简称长青屯小学）、秦某、秦某岗、陈某珍

【基本案情】

2015年10月16日上午8时左右，因上级领导来学校检查，被告长青屯小学组织学生去操场捡垃圾。在出教室的过程中被告秦某伸脚将原告绊倒，使原告牙齿磕到桌子上，导致原告右上门牙当场脱落。事情发生后学校老师因急于去进行演出未对原告伤情进行任何处理，直到下午才带原告去辛店集牙科门诊就医。原告认为，本次事故发生在校园内，学校对于安排学生参加集体活动没有尽到合理的安全注意义务，学校老师在事故发生后怠于履行相关义务，使原告没有得到及时治疗，存在主要过错。学校在人民财产保险公司安阳市分公司投保校（园）方责任险，每次事故责任限额为450万元，每人责任限额为30万元。事故发生后第二天，原告父母

带原告去安阳市第六人民医院看病，被告秦某及其父母也来原告家中进行探望，对于秦某的行为导致原告牙齿脱落表示认可，但对原告的损失却没有提出任何解决方案，原告也未得到学校和保险公司的任何赔偿。

被告人民财产保险公司安阳市分公司辩称：1. 原告的损害是由侵权人造成的，应当由侵权人承担责任。2. 没有证据证明学校在原告受伤事件中存在过错，根据侵权责任法规定和保险合同约定，不应当由我公司承担赔偿责任，即使承担也应该是补充责任。3. 诉讼费、鉴定费不应当由我公司承担。

被告长青屯小学辩称：1. 原告所述不属实，伤害事故发生后被告学校履行了救助义务，大约上午10点和原告一起到辛店牙科诊所进行治疗，也没有造成原告损失扩大。2. 学校安排学生参加集体活动管理到位，已尽到合理的安全注意义务，学校不存在过错，另原告和被告秦某在发生事故时均满10周岁，有一定的危险预见性，应注意而未注意到自身安全应承担责任。3. 学校投保了校方责任险，即使承担赔偿责任也应当承担补充赔偿责任，应由被告保险公司在责任限额内赔偿，鉴定费、诉讼费不属于保险公司免责范围，鉴定费属于原告直接损失应予赔偿。

被告秦某、秦某岗、陈某珍共同辩称：1. 原告所述事实与实际情况不符，原告与被告秦某没有发生身体接触，原告受伤与被告秦某无关，被告秦某不应当承担赔偿责任，被告秦某岗、陈某珍也未对事实认可。2. 原告与被告秦某均为未成年人，在校期间学校对未成年学生负有监护义务，原告受伤根本原因是基于前往操场参加学校组织的劳动，学校老师讲到鼓励多劳动受表扬有奖励，因此学校未尽到教育管理职责，原告的合理损失应由学校承担赔偿责任。

河南省安阳市殷都区人民法院经审理查明：2016年10月16日被告长青屯小学组织学生参加集体活动打扫卫生时，原告许某在出教室的过程中与秦某发生肢体接触后跌倒磕到课桌上，导致一颗上门牙脱落。事后原告到安阳市第六人民医院就诊花费医疗费217元。经安阳珠泉法医临床司法鉴定所评估，原告许某更换牙齿的后续治疗费用（包含临时活动义齿修复费用和固定义齿修复费用）约为2万元，原告支付司法鉴定费600元。被告安阳县柏庄镇长青屯小学在被告人民财产保险公司安阳市分公司投保校（园）方责任险，每次事故每人责任限额30万元。被告秦某的父母为秦某岗和陈某珍。

关于原告是否因秦某伸腿绊倒而受伤，原、被告均未提供其他证据予以证明。

被告安阳县柏庄镇长青屯小学的委托代理人陈述，因当时的集体活动中学校对班主任另有其他任务安排，事发后班主任和家长取得联系并让任课教师在学校看管原告等待家长到来；经事后了解有同学反映原告受伤系与秦某发生肢体接触后跌倒。原告外祖父刘某出庭作证时称，接到教师电话赶到学校时发现原告门牙已经脱落，经其询问原告，原告自己陈述是由于秦某伸腿将其绊倒所致。

【案件焦点】

校园伤害事故中的过错认定及各方当事人所应承担的责任比例问题。

【法院裁判要旨】

河南省安阳市殷都区人民法院审理后认为：限制民事行为能力人在学校或者其他教育机构学习、生活期间受到人身损害，学校或者其他教育机构未尽到教育、管理职责的，应当承担责任。本案中，原、被告对原告跌倒受伤导致上门牙脱落的事实无异议，争议焦点为在原告许某国跌倒受伤事故中学校是否尽到相应的教育管理职责和原告受伤是否因被告秦某绊倒所致、被告秦某应否承担相应的赔偿责任。

1. 关于学校是否尽到相应的教育和管理职责问题。原告诉称被告长青屯小学没有尽到教育管理职责，被告秦某在答辩中也陈述称学校组织学生前往操场劳动，学校老师讲到鼓励多劳动，积极参加劳动会受表扬有奖励；被告长青屯小学也自认原告受伤后并未立即送原告前往医院就诊，而是因为学校对班主任另有任务安排，班主任和家长取得联系后让任课教师看管原告并等待家长到来。综合分析原、被告的陈述，学校在组织学生参加集体劳动时应当进行相应的安全教育并采取相应管理措施，本案中被告长青屯小学未提供证据证明其在组织学生进行集体活动前进行了足够的安全教育并在活动过程中采取了相应管理措施，因此可以认定被告长青屯小学在事件中未尽到足够的教育和管理职责，其应对原告许某的合理损失承担相应的赔偿责任。但因原告和被告秦某均为限制民事行为能力人，对自己的某些行为应具有相应的预测和判断能力，进出教室应注意安全是其日常学习和活动中应尽到的安全注意义务，且学校已经进行了日常的安全教育，本案中的时间超出了学校的日常注意义务，不应由被告长青屯小学承担原告的全部损失，结合学校在事件中的过错程度，法院依法酌定学校对原告合理损失承担40%的赔偿责任。因被告长青屯小学在被告人民财产保险公司安阳市分公司投保校（园）方责任险，故依法应由被告长青屯小学承担的责任由被告人民财产保险公司安阳市分公司依据保险合同约定予以赔偿。

2. 关于原告受伤是否因被告秦某绊倒所致、被告秦某应否承担相应的赔偿责任问题。原、被告所举证据及学校在事件发生后对其他学生所做的调查，可以证明原告是因与被告秦某发生肢体接触后跌倒受伤，但尚不能证明原告受伤是因被告秦某有意加害所致或对原告受伤事实存在过错。原告外祖父与原告有利害关系，且其事发当时并不在现场，而是事后听原告自己陈述系被告秦某将原告绊倒致使原告受伤，单独根据原告外祖父刘某的证言不能认定原告系被被告绊倒受伤的事实。被告长青屯小学在法庭向其调查原告受伤经过时表示，经事后了解根据学生反映原告受伤与被告秦某有关，原告是在与秦某发生肢体接触后跌倒。结合刘某证言及原告自己书写的事件经过，综合分析后可以认定原告系与被告秦某发生肢体接触后跌倒受伤。但原、被告所举证据均不能证明被告秦某系有意加害或对原告受伤存在过错，实际上本案中原告的受伤系学校组织集体活动过程中未尽到足够的安全教育职责，导致两名未成年人之间因不慎而发生的意外事故，学校方面具有一定过错，原告和被告秦某对事件发生均有过错。基于原告是与被告发生肢体接触后受伤的事实，根据公平原则，法院酌定在学校方面承担40%的责任后，原告的剩余合理损失由原告和被告秦某各承担30%的责任。根据原、被告所提供的证据，结合原告伤情和评估意见，法院确认原告许某的合理损失如为：1. 医疗费217元；2. 后续治疗费20000元；3. 交通费酌定为200元；4. 鉴定费600元；以上合计21017元。由被告人民财产保险公司安阳市分公司对鉴定费以外的各项损失承担40%的责任，即赔偿原告许某8166.8元，鉴定费600元由被告安阳县柏庄镇长青屯小学承担40%的赔偿责任即240元；由被告秦某岗陈某珍共同承担30%的责任，即共同赔偿原告许某6305.1元；由原告许某自己负担30%的责任。

河南省安阳市殷都区人民法院依照《中华人民共和国民法通则》第一百三十二条，《中华人民共和国侵权责任法》第二十六条、第三十二条、第三十九条，《中华人民共和国保险法》第六十五条之规定，判决如下：

一、被告中国人民财产保险股份有限公司安阳市分公司赔偿原告许某国各项损失共计8166.8元；

二、被告安阳县柏庄镇长青屯小学赔偿原告许某国鉴定费240元；

三、被告秦某岗、陈某珍共同赔偿原告许某国各项损失共计6305.1元；

四、驳回原告许某国的其他诉讼请求。

【法官后语】

因被告长青屯小学在保险公司投保有校（园）方责任险，被告秦某系限制民事行为能力人，故对应由学校承担的责任根据保险合同约定由保险公司承担，对应由秦某承担的责任由其父母共同承担没有争议。关于本案中各方当事人所因承担的责任比例问题是本案争议所在。

笔者认为各方当事人所应承担的责任比例应从以下三个方面考虑：

第一，需要明确学校承担的并非监护责任，在校园伤害事故中学校承担的系过错责任。监护责任系法定责任，既是权利也是义务，是基于亲权而归属于未成年人的法定监护人的。学校承担监护责任必须有法律依据，但是现有的《教育法》《教师法》《未成年人保护法》及《侵权责任法》等只规定了学校的教育、管理和保护责任，并没有规定学校对未成年学生负有监护责任，因此，适用监护制度的相关规定来确定学校在校园伤害事故中的责任无法律依据。家长和学校之间也没有形成委托监护关系，因为委托合同的成立必须以当事人双方意思表示一致为前提，即必须在当事人双方之间自愿达成一致意见，一般情况下，学校是不可能、也不愿意与家长达成这种意思表示一致的。从法理分析，未成年人与学校之间是一种教育管理关系，学校对未成年学生不承担监护责任，只承担教育管理责任。本案中之所以在认定学校没有尽到足够教育管理职责的情形下，而酌情确定学校对原告合理损失承担40%的赔偿责任，就是根据学校在原告受伤事件中所具有的过错程度确定的。

第二，关于校园伤害事故中的法律适用问题。《侵权责任法》是关于校园伤害事故中确定各方当事人责任的基本法。该法共用了三个条文对校园伤害事故的责任承担问题进行了规定，将校园伤害事故区分为因校园外因素造成的未成年人（包括无民事行为能力人和限制民事行为能力人）遭受损害的校园伤害事故（《侵权责任法》第四十条）和没有校外因素的校园伤害事故即未成年人在学校学习生活期间因学校设施、其他学生或者教师、工作人员等的侵权行为而遭受损害的校园伤害事故。没有校外因素的校园伤害事故又分为无民事行为能力人遭受损害的校园伤害事故（《侵权责任法》第三十八条）和限制民事行为能力人遭受损害的校园伤害事故

（《侵权责任法》第三十九条）。在法律适用方面本案应主要依照《侵权责任法》第三十九条之规定来确定各方当事人的责任比例。

第三，关于本案中各方当事人的责任承担比例。本案系没有校外因素介入的限制民事行为能力人之间，因不慎而发生意外导致原告遭受损害的校园伤害事故，造成事故的因素有教师未进行相应的安全教育疏导、被告秦某与原告的肢体接触行为即致害行为等因素。对原告受伤事故中的因素进行综合分析，因原告和被告秦某均为未成年人，作为代表学校履行教育管理职责的教师，其所担负的教育管理责任相对较重，故根据学校的过错程度确定其承担40%的责任较为公平合理，需要明确的是学校方面所承担的40%的责任属于过错责任范畴。本案中现有证据虽然可以证明原告系因与被告发生肢体接触后跌倒受伤，但不能证明被告系有意加害或对原告损害存在过错。《侵权责任法》第二十四条规定，“受害人和行为人对损害的发生都没有过错的，可以根据实际情况，由双方分担损失”。该条系关于公平责任的规定，故对原告的合理损失可以适用公平原则，在学校方面承担40%的责任后，剩余合理损失由原告和被告秦某各承担30%的责任。

编写人：河南省安阳市殷都区人民法院　王忠文

23

学校的教育监管职责是否因学生取得职业技能而减弱

——徐某某诉无锡技师学院教育机构责任案

【案件基本信息】

1. 裁判书字号

江苏省无锡市惠山区人民法院（2017）苏0206民初669号民事判决书

2. 案由：教育机构责任纠纷

3. 当事人

原告：徐某某

被告：无锡技师学院（以下简称技师学院）

【基本案情】

徐某某系技师学院数控车床专业学生。2015 年 6 月 9 日，徐某某在学校安排下进行车床实训操作。在徐某某操作车床过程中，右手被卷进车床受伤。其同学将车床强制关闭后，由老师将徐某某送到医院治疗。因伤情严重，徐某某先后共四次住院治疗，共计发生医疗费 194874.99 元。经司法鉴定，其构成七级伤残。徐某某认为其在技师学院就读，操作车床过程中导致手臂卷入机床受伤。学校未尽到教育监管责任，也未进行安全培训，应当承担本次事故的全部责任。故要求判令技师学院支付各项损失合计 396431 元。

技师学院辩称：徐某某具有涉案机床的操作资质，学校已经尽到教育监管责任，故不同意承担赔偿责任。

审理查明：徐某某已于 2015 年 4 月通过职业技能鉴定为数控车工四级，无锡市职业技能鉴定指导中心出具的《职业技能鉴定合格人员名册》中显示徐某某鉴定合格。徐某某操作的车床具有日常维护保养检查记录，在学校《生产实习教学日志》上也记录了 9 月 6 日当日事故发生的情况。

庭审中，徐某某申请一位同学作为其证人。该同学向法庭陈述：其在事故发生现场，事故发生后，坐在徐某某前面的同学把车床关闭，并将徐某某抱到讲台旁边；他们原有两名老师，但发生事故当时，负责操作机床的老师请假，来的是代课老师；当时两名老师并未在车间指导，事故发生后才出现。这类机床之前已经操作过三周，学校也曾有安排操作安全规定的课程。学校允许穿工作服或者校服操作机床，发生事故的原因可能是徐某某校服的袖口被卷进车床。

【案件焦点】

1. 技师学院的教育监管责任是否因为徐某某具有职业技能证书而免除或减轻；2. 技师学院垫付款项金额的认定。

【法院裁判要旨】

江苏省无锡市惠山区人民法院经审理认为：徐某某等学生虽然已经职业技能鉴定为数控车工四级合格，但其作为尚在实习阶段的学生，学校依然负有教育、指导、监督的职责；技师学院在学生操作具有危险性的数控车床过程中，没有指导老师现场指导及监督，应当认为未尽到教育管理职责，故应当承担相应的事故责任，法院认为由技师学院承担70%的赔偿责任为宜。对于徐某某的各项损失认定医疗费、住院伙食补助费、营养费、护理费、伤残赔偿金、精神抚慰金、交通费合计565590.99元，由技师学院负担70%的赔偿责任，即395913.69元。双方对于垫付医疗费193667.58元，技师学院已经提交了相应的证据，故法院予以采信。对于徐某某的亲属在技师学院处领取的其他款项25861.79元，徐某某对其亲属的签字均无异议，但认为款项均系用于住院期间的生活、药品、伙食、包车及住宿，技师学院曾经承诺均由其承担，该部分的票据均已交给技师学院，故不应作为本案中的垫付费用，且其中不是整数的垫付款，显然是对交付票据的结算金额而非垫付款。对此法院认为，徐某某提供的记录本与技师学院提供的收条款项与时间基本对应一致，故对于双方提供证据的真实性，法院均予以确认。徐某某并无相应证据证明技师学院承诺所有垫付款由其另行承担，故其应当承担举证不能的不利后果，但是对于垫付款中明确标注徐某某已经将相应票据交付技师学院的项目及领取款项标注有明确项目且该项目不属于法定赔偿项目范围的，以及显然属于结算后金额而非直接垫付支取的非整数的款项，徐某某的抗辩具有显著的合理性，故应当从垫付款中予以扣除，故技师学院除医疗费外已垫付款项为9000元，即共计垫付202667.58元。故技师学院还需支付徐某某赔偿款193246.11元。

江苏省无锡市惠山区人民法院依照《中华人民共和国侵权责任法》第六条、第十六条、第二十六条、第三十九条之规定，判决如下：

一、技师学院应于本判决生效后10日内向徐某某支付赔偿款193246.11元；

二、驳回徐某某其他部分的诉讼请求。

【法官后语】

要判断学校是否尽到监督、管理的责任，要注意《侵权责任法》第三十八条与第三十九条的区别，其中第三十八条是过错推定责任原则，而第三十九条是过错责任原则。因为第三十八条针对的是无民事行为能力人，第三十九条针对限制民事行为能力人。本案中，徐某某作为技师学院二年级学生，属于限制民事行为能力人，故理应适用第三十九条。根据《侵权责任法》第三十九条规定：“限制民事行为能力人在学校或者其他教育机构学习、生活期间受到人身损害，学校或者其他教育机构未尽到教育、管理职责的，应当承担责任。”即如果该限制民事行为能力人可以证明教育机构存在没有尽到教育、管理责任的情况下，教育机构就需要承担赔偿责任。本案中，徐某某在事发时已经取得数控车工四级证书，确实可以单独进行机床操作。但是取得证书并不意味着学校不需要对学生的学习安全负责到位。徐某某作为一名学生，仍处于学习知识的阶段，不可避免的在学习中存在纰漏。尤其在独立操作具有一定危险性的机床时，学校更加应该负担起监督管理的责任。但是通过徐某某及其证人陈述可知，事发时并无老师在场指导，也并非老师第一时间关闭机器救助徐某某。因此，法院认定技师学院未尽到监督管理责任。但是在进行机床实习之前，徐某某已取得证书并进行了操作安全规范的学习，其理应发现其在操作机床过程中可能会发生的危险，故对于结果的发生存在一定的过错，应当自行承担部分责任。

《民法总则》刚对限制民事行为能力人的最低年龄作出修改，由之前的10岁降为8岁。这也意味着学校对于学生监督管理的责任更加重大，必须保证有一个安全、健康的环境供学生成长。学校一旦发生安全责任事故，消逝的是祖国的花朵。因此，学校必须切实完善安全规章制度，保护学生的合法权益。学生也应注意自身的学习环境，《侵权责任法》第三十九条的规定是为了给大部分学生一个较为开放、自由的环境，但是面对危险的时候仍需要增强警惕意识，健康快乐地成长。

编写人：江苏省无锡市惠山区人民法院　王臻　沈泽全

24

教育机构承担责任的认定标准

——俄某某、三某某诉新疆生产建设兵团第四师七十五团、新疆生产建设兵团第四师七十五团中学教育机构责任案

【案件基本信息】

1. 裁判书字号

新疆生产建设兵团昭苏垦区人民法院（2016）兵0403民初31号民事判决书

2. 案由：教育机构责任纠纷

3. 当事人

原告：俄某某、三某某

被告：新疆生产建设兵团第四师七十五团（以下简称七十五团）、新疆生产建设兵团第四师七十五团中学（以下简称七十五团中学）

【基本案情】

俄某某、三某某系死者吾某的父母。吾某（殁年14岁）系七十五团中学寄宿学生。俄某某、三某某的女儿吾某死亡前几日患有感冒，2016年1月8日，吾某在上晚自习时服下十多粒治鼻炎药丸，之后出现呕吐，吐出部分药丸。晚自习下课后，吾某出现身体不适，走路不稳，在卫生间再次呕吐。次日凌晨7时，宿舍同学叫吾某起床，发现吾某没有反应，身体僵硬，将其送往七十五团医院，后经抢救无效死亡，七十五团医院推断为心脏病猝死。原告俄某某、三某某未对其女吾某进行尸检以确定死亡原因。事发当晚23时许，七十五中学宿管李某检查吾某宿舍时，发现吾某在宿舍走动，督促其上床睡觉，李某与史某芬次日凌晨2点再次检查该宿舍时未发现异常。七十五团中学在事故发生后，给付原告俄某某、三某某丧葬费10000元。

【案件焦点】

1. 七十五团中学是否尽到了教育、管理责任；2. 其在履行职责过程中，是否有过错；3. 对在校住宿的初中生吾某突然猝死，学校如何承担责任。

【法院裁判要旨】

新疆生产建设兵团昭苏垦区人民法院经审理认为：七十五团中学在对未成年学生吾某履行教育、管理、保护职责时存在一定的过错，一是未按《国家学校体育卫生条件试行基本标准》的规定配备卫生专业技术人员，为师生提供必要的医疗服务；二是七十五团中学的宿舍管理人员明知吾某事发前患有感冒并且身体不适难以入睡，没有给予密切的关注、提前采取必要措施，对于吾某死亡存在一定过失。原告俄某某、三某某应该对自己未成年的女儿履行法定的监护职责，应对其女吾某的身体健康状况保持高度的注意，并进行相应的身体检查，但其疏于履行监护职责，对其女的隐蔽性疾病未检查发现，存在重大的监护过失；吾某在死亡时已年满14周岁，系限制民事行为能力人，应具备一定的辨别及控制能力，其身体不适没有及时告知校方，本人亦存在一定过错，吾某经抢救无效死亡的根本原因为其自身突发某种疾病。故法院认为原告俄某某、三某某及吾某自身对其死亡应负主要责任；另外，被告七十五团中学对在校学习的未成年学生未尽到教育、管理职责，具有多方过错或过失，对吾某猝死，亦应依法承担民事责任，但七十五团的过错不是导致吾某死亡的直接原因，即使该校医疗机构及人员合法健全、老师关心到位，也不能绝对避免吾某死亡的发生，故被告七十五团中学应负次要责任。七十五团中学系事业法人，能够独立对外承担责任，原告俄某某、三某某要求被告七十五团与七十五团中学承担连带责任，于法无据，本院不予支持。七十五团中学已给付原告俄某某、三某某10000元丧葬费，应予折抵。综上，依照《中华人民共和国民法通则》第十六条、第十八条，《中华人民共和国侵权责任法》第六条、第十六条、第十八条、第二十二条、第二十六条、第三十九条，《最高人民法院关于审理人身损害赔偿案件适用法律若干问题的解释》第七条、第十七条第三款、第二十七条、第二十九条，《最高人民法院关于确定民事侵权精神损害赔偿责任若干问题的解释》第十条之规定，判决如下：

一、被告新疆生产建设兵团第四师七十五团中学于本判决生效之日起十日内赔偿原告俄某某、三某某死亡赔偿金55720元（13930元/年×20年×20%）、丧葬费

4966.8元（49668元/年÷2×20%）、交通费100元（500元×20%）、误工费300元（1500元×20%）、精神损害抚慰金10000元，合计71086.8元；被告新疆生产建设兵团第四师七十五团中学已经给付10000元应予折抵；

二、驳回原告俄某某、三某某的其他诉讼请求。

【法官后语】

本案是我院辖区教育机构承担责任的首例典型案例。《最高人民法院关于审理人身损害赔偿案件适用法律若干问题的解释》第七条规定："对未成年人依法负有教育、管理、保护义务的学校、幼儿园或者其他教育机构，未尽职责范围内的相关义务致使未成年人遭受人身损害，或者未成年人致他人人身损害的，应当承担与其过错相应的赔偿责任。"《侵权责任法》第三十九条规定："限制民事行为能力人在学校或者其他教育机构学习、生活期间受到人身损害，学校或者其他教育机构未尽到教育、管理职责的，应当承担责任。"评判学校对未成年人是否尽到了教育、管理、保护职责，其在履行职责的过程中是否有过错，应以法律、行政法规和部门规章明确规定学校对未成年人应当履行的义务为教育、管理职责的范围和依据。履行了相关义务，可评定学校尽到了教育、管理职责，没有过错；未履行相关义务，可认定学校有过错或过失，未尽到教育、管理职责。

根据相关规定，结合本案的事实，被告七十五团中学在对未成年学生吾某履行教育、管理、保护职责时存在以下过错或过失：1.《国家学校体育卫生条件试行基本标准》规定："寄宿制学校或600名学生以上的非寄宿制学校应配备卫生专业技术人员。卫生专业技术人员应持有卫生专业执业资格证书。"而本案事故发生时，七十五团中学未配备卫生专业人员，为师生提供必要的医疗服务；2.七十五团中学明知吾某事发前患有感冒并且身体不适难以入睡，没有给予密切的关注、提前采取必要措施，对于吾某死亡存在一定过失。

原告俄某某、三某某应该对自己未成年的女儿履行法定的监护职责，应该对其女吾某的身体健康状况保持高度的注意，并进行相应的身体检查，但其疏于履行监护职责，对其女的隐蔽性疾病未检查发现，存在重大的监护过失；吾某在死亡时已年满14周岁，系限制民事行为能力人，应具备一定的辨别及控制能力，其身体不适没有及时告知校方，存在一定过错，吾某经抢救无效死亡的根本原因为其自身突发某种疾病。故原告俄某某、三某某及吾某自身对其死亡应负主要责任；另外，被告七十五团中学对在校学习的未成年学生负有法定的教育、管理、保护职责，但由于其未尽到教育、管理职责，具有多方过错或过失，对吾某猝死，亦应依法承担民事责任，但七十五团的过错不是导致吾某死亡的直接原因，即使该校医疗机构及人员合法健全、老师关心到位，也不能绝对避免吾某死亡的发生，故被告七十五团中学应负次要责任。本院酌情确定被告七十五团中学承担责任比例为20%。

关于吾某死亡损失的认定。其死亡赔偿金应按20年计算，至于适用标准，原告俄某某、三某某及其女吾某经常居住在昭苏县察汗乌苏乡达勒特村，原告俄某某、三某某主张适用受诉法院地标准赔偿，适用兵团连队居民的赔偿计算标准，符合法律规定，本院予以支持；其丧葬费按受诉法院所在地上一年度职工平均工资标准，以六个月总额计算；关于精神损害抚慰金，原告俄某某、三某某主张40000元过高，应根据过错程度、本地平均生活水平等因素确定

本案宣判后，教育机构“喊冤”，七十五团中学认为发生猝死主要原因是学生自身有缺陷，并且其在事发后积极配合相关部门调查，履行了相应的赔付义务。但本案受害人系未成年人，在猝死前有身体不适的征兆，如果学校能够及时给予更多的关心，也许可以避免悲剧的发生。具体到本地教育实际情况来看，学校管理后勤人员有限，的确不可能保证老师能够对每一个学生给予像父母一样的关怀，基于此，法院判定学校承担20%的责任。学校作为教育机构，今后可以考虑通过向社会购买保险的形式，以减轻自身经济赔偿的负担。

编写人：新疆生产建设兵团昭苏垦区人民法院　隋涛

四、违反安全保障义务责任

25

KTV 特殊娱乐场所安全保障义务“合理限度”的认定

——许某杳等人诉音乐之声违反安全保障义务责任案

【案件基本信息】

1. 裁判书字号

福建省厦门市中级人民法院（2017）闽 02 民终 3757 号民事判决书

2. 案由：违反安全保障义务责任纠纷

3. 当事人

原告（被上诉人）：许某杳、张某娥、宦某燕、许某成

被告（上诉人）：厦门市湖里区音乐之声娱乐中心（以下简称湖里音乐之声）、陈某忠

被告：厦门市湖里区音乐之声娱乐中心新阳分店（以下简称音乐之声新阳分店）

【基本案情】

2015 年 8 月 16 日 4 时 27 分，黎某在音乐之声新阳分店大厅内，因朋友即该 KTV 陪酒小姐冉某某的服务小费给付纠纷，先与许某碧发生口角，许某碧上前挑衅，被朋友章某埕等人拉住。27 分 46 秒，黎某不顾旁人的拉劝，随即持弹簧刀上前与许某汪对峙，欲持刀捅许某汪时被推倒，许某碧与许某惠亦上前参与斗殴。互殴期间，黎某使用弹簧刀捅刺许某碧左胸部，划伤许某碧左大腿、左脚趾等处，自

己右手食指也被划伤。28分零6秒，黎某打斗至大厅上网区，KTV工作人员保安人员冲出来分开打斗双方。后许某碧自行走回中央圆柱沙发坐在沙发上后慢慢滑下地板。28分28秒，黎某被KTV工作人员推进电梯离开。许某碧经送医院抢救无效死亡。

2015年8月16日，黎某到海沧公安分局新阳派出所投案。许某杳、张某娥、宜某燕、许某成在厦门市人民检察院向厦门中院提起公诉指控黎某犯故意伤害罪一案中提起附带民事诉讼，请求判决黎某赔偿经济损失共计1033381元，其中死亡赔偿金792000元，丧葬费30366元、被抚养人生活费205515元、办理丧葬事宜支出的交通费5000元。2016年4月25日，厦门市中级人民法院作出（2016）闽02刑初13号《刑事附带民事判决书》，认定黎某应赔偿许某杳、张某娥、宜某燕、许某成1028179.5元，其中死亡赔偿金792500元、被抚养人生活费205515元、丧葬费30364.5元。判决：1.黎某犯故意伤害罪，判处无期徒刑，剥夺政治权利终身；2.黎某应于本判决生效之日起三十日内赔偿附带民事诉讼原告人许某杳、张某娥、宜某燕、许某成造成的各项经济损失共计1028179.5元。该判决发生法律效力后，许某杳、张某娥、宜某燕、许某成向厦门市中级人民法院申请强制执行。2016年11月30日，厦门市中级人民法院作出（2016）闽02执691号之一《执行裁定书》，载明查无被执行人黎某名下有可供执行财产，裁定终结本次执行程序。

另查明，许某杳、张某娥系许某碧之父母，宜某燕系许某碧之妻子，许某成系许某碧与宜某燕的婚生子。

【案件焦点】

音乐之声新阳分店对于被害人许某碧受侵害是否已尽到应有的安全保障义务。

【法院裁判要旨】

福建省厦门市海沧区人民法院经审理认为：本案系违反安全保障义务责任纠纷。关于音乐之声新阳分店是否尽到安全义务的问题。根据《最高人民法院关于审理人身损害赔偿案件适用法律若干问题的解释》第六条第一款“从事住宿、餐饮、娱乐等经营活动或者其他社会活动的自然人、法人、其他组织，未尽合理限度范围内的安全保障义务致使他人遭受人身损害，赔偿权利人请求其承担相应赔偿责任的，人民法院应予支持”和《中华人民共和国侵权责任法》第三十七条第一款

"宾馆、商场、银行、车站、娱乐场所等公共场所的管理人或者群众性活动的组织者，未尽到安全保障义务，造成他人损害的，应当承担侵权责任"的规定可见，安全保障义务人是否承担责任的关键在于其是否尽到了安全保障义务，即安全保障义务人是否存在过错，应当适用过错责任原则。赔偿权利人请求损害赔偿时，应当基于其所受损害的事实，提出赔偿义务人负有符合社会一般价值判断所认同的安全保障义务，即要承担安全保障义务人具有过错的举证责任。本案争议的焦点是，音乐之声新阳分店是否尽到了合理限度内的安全保障义务。首先，如何理解"合理限度范围内"的安全保障义务。总体上讲，该安全保障义务的"合理限度范围"，应当根据与安全保障义务人所从事的营业或者其他社会活动相适应的安全保障义务的必要性和可能性，结合案件具体情况予以认定。对该合理限度的界定既事关安全保障义务人的责任成立，又事关其责任范围的确定。本案中，KTV 作为娱乐场所，在该场所内的消费者较易醉酒，而人在醉酒后的行为更难以控制，因此，KTV 作为娱乐场所应当比普通的宾馆、饭店等设置更为严密的安全保障机制并承担相对更为苛严的安全保障义务。而本案中，许某碧受伤是因黎某使用刀具将其刺伤，且事故发生地点就在音乐之声新阳分店经营的娱乐场所内。虽然音乐之声新阳分店的安保人员在打架发生后不到一分钟就分开斗殴双方，但在许某碧等人与黎某双方刚发生争吵时没有采取有效措施制止和预防事态的进一步扩大，没有尽到安全保障义务，应承担一定范围内的补充赔偿责任，本院认为应以 20% 为宜。本案许某杳、张某娥、宦某燕、许某成的损失额为 1028179.5 元，湖里音乐之声应当赔偿 205635.9 元。

关于承担补充赔偿责任主体问题。首先，《中华人民共和国个人独资企业法》第十四条第三款规定，分支机构的民事责任由设立该分支机构的个人独资企业承担。湖里音乐之声是个人独资企业，音乐之声新阳分店是湖里音乐之声的分支机构，其民事责任应由湖里音乐之声承担。其次，依据《中华人民共和国个人独资企业法》第三十一条规定，个人独资企业财产不足以清偿债务的，投资人应当以其个人的其他财产予以清偿。许某杳、张某娥、宦某燕、许某成提供的现有证据不能证实湖里音乐之声的企业财产不足以清偿债务，故要求投资人陈某忠承担补充赔偿责任，证据不足，本院不予支持。

依照《中华人民共和国侵权责任法》第二条、第六条、第三十七条，《最高人民法院关于审理人身损害赔偿案件适用法律若干问题的解释》第六条，《中华人民共和国民事诉讼法》第六十四条第一款之规定，判决如下：

一、厦门市湖里区音乐之声娱乐中心应于本判决生效之日起十日内支付许某杳、张某娥、宧某燕、许某成205635．9元；

二、驳回许某杳、张某娥、宧某燕、许某成的其余诉讼请求。

一审宣判后，被告湖里音乐之声不服，向福建省厦门市中级人民法院提起上诉：请求撤销一审判决，改判驳回许某杳、张某娥、宧某燕、许某成的全部诉讼请求。

二审法院认为，本案系违反安全保障义务责任纠纷。根据《中华人民共和国侵权责任法》第三十七条规定，宾馆、商场、银行、车站、娱乐场所等公共场所的管理人或者群众性活动的组织者，未尽到安全保障义务，造成他人损害的，应当承担侵权责任；因第三人的行为造成他人损害的，由第三人承担侵权责任；管理人或者组织者未尽到安全保障义务的，承担相应的补充责任。本案侵权人黎某因琐事与许某碧发生口角冲突后，未能冷静处理，用刀捅伤许某碧并导致其死亡，应承担相应的侵权责任。作为本案事发地的音乐之声新阳分店，在正常营业时间停止后，没有尽快清退现场人员，且对冉某某等人在营业场所内陪酒及吵架的异常情况没有及时发现和处理，在黎某和许某碧因误会引发口角后也未能予以有效劝阻，故一审判决由湖里音乐之声对许某杳等人因亲属死亡造成的经济损失承担20%的补充赔偿责任，属合理范围的裁量，应予维持。湖里音乐之声针对一审认定事实相关细节所提出的异议，不足以影响本案的责任认定，同时，湖里音乐之声主张其已尽到安全保障义务，也与前述事实不符，故二审法院对其主张不予采纳。

福建省厦门市中级人民法院于2017年10月30日作出（2017）闽02民终3757号民事判决书，驳回上诉，维持原判。

【法官后语】

安全保障义务行为的研究的关键问题之一是如何认定其行为的“合理限度”。《最高人民法院关于审理人身损害赔偿案件适用法律若干问题的解释》第六条直接点明了安全保障义务的“合理限度”；《侵权责任法》第三十七条第一次以立法的方式将安全保障义务作出条文性规定，虽未具体指明“合理限度”的内容，但深究文意，其中的安全保障义务也包含了“合理限度”的内容，因无限度不构成法律上的义务，负有安全保障义务的行为主体，其义务的合理限度直接关系到负有义务的行为人是否承担民事责任。

本案的争议焦点在于，KTV 作为特殊的娱乐场所，其负担的安全保障义务“合理限度”如何界定？KTV 是否已尽到“合理限度范围内”的安全保障义务？

笔者认为，安全保障义务应当“因行业而异”，如宾馆、商场、银行、娱乐场所等，它们各自承担的安全保障义务内容、客体不同，故对“合理限度”的把握应采取“区别性原则”。KTV 作为娱乐场所，内部消费者比较容易醉酒，加大了酒后发生冲突的概率。基于 KTV 本身性质及高收益、高风险的特点，相较于普通宾馆、饭店等营业场所，KTV 应承担更为严苛的安全保障义务。

作为娱乐场所的 KTV，其安全保障义务主要包括预防风险、排除风险和救助义务。KTV 履行安全保障义务的行为是否在合理限度内，应审查如下三方面：第一，管理是否谨慎周到。管理范围分为硬件和软件两方面。硬件方面，KTV 应当保证场所内所有的设施、设备，符合国家标准，不存在危害相对人人身和财产安全的隐患。软件方面，KTV 应在场所内安排适合的安全保障人员，对可疑人员进行必要的盘问，消除场所内部的不安全因素，为进入场所的人员创造一个安全的环境。同时有效防止第三人对场所内部人员的侵害，以及场所内部已经存在的不安全因素，应尽快排除。根据《娱乐场所管理条例》第二十二条规定，任何人不得非法携带枪支、弹药、管制器具或者携带爆炸性、易燃性、毒害性、放射性、腐蚀性等危险物品和传染病病原体进入娱乐场所。本案中，音乐之声 KTV 未设置相应的安检设施，未能及时发现黎某携带弹簧刀具进入 KTV 内，为后续侵权行为埋下了伏笔，音乐之声 KTV 在创造安全的娱乐环境方面存在一定过失。第二，制止侵害是否果敢。KTV 内部消费者受到外来第三人侵害时，KTV 应负有阻却违法行为、果敢制止犯罪侵害和尽力控制危险程度的义务，制止无效的应该及时报告公安机关。第三，实施救助是否及时。当发生第三人侵权行为时，相关工作人员除对侵害行为进行及时的制止外，应迅速采取报警、积极救助等措施，以防损害的进一步扩大。本案中，音乐之声 KTV 作为安全保障义务人，在其经营场所内具有他人不可比拟的危险控制能力，最可能了解整个场所的实际情况，并且最可能及时预防损害的发生或者减轻损害造成的后果。许某碧等人与黎某双方在音乐之声大厅内这一显而易见的环境下发生争吵，音乐之声 KTV 即应立即采取措施分离制止，然而音乐之声 KTV 保安人员直至双方从争吵演化升级成打架斗殴才出面制止，其未及时、尽力履行控制危险的安全保障义务，存在一定过失。

除上述三方面审查KTV是否在“合理限度范围内”履行安全保障义务外，KTV是否尽到安全保障义务，还应当参照行业标准。主要看KTV在保护原告人身安全方面是否尽到了同行KTV在保护顾客方面所尽到的注意程度，是否遵守了同行KTV在从事娱乐活动时所遵守的惯例。如果本案被告在保护原告方面已经尽到了其他KTV在同样或者类似情况下尽到的注意，那么本案被告不应当就第三人实施的犯罪行为对原告承担侵权责任。

编写人：福建省厦门市海沧区人民法院　黄建和　林烨

26

安全保障义务在未成年人参与高风险运动培训过程中的合理限度

——李某荟诉骑域国际马术俱乐部（北京）有限公司违反安全保障义务责任案

【案件基本信息】

1. 裁判书字号

北京市朝阳区人民法院（2016）京0105民初31860号民事判决书

2. 案由：违反安全保障义务责任纠纷

3. 当事人

原告：李某荟

被告：骑域国际马术俱乐部（北京）有限公司

【基本案情】

骑域国际马术俱乐部（北京）有限公司系从事马术学习的培训机构，李某荟系其会员。2015 年 6 月 14 日，9 岁的李某荟在骑域国际马术俱乐部（北京）有限公司提供的马场进行训练时自马上摔落受伤，摔落前系独立骑乘状态，摔落在地后，骑域国际马术俱乐部（北京）有限公司管理人员上前进行了处置。后李某荟被送往医院进行了急诊治疗，伤情经诊断为胫骨干骨折，此次受伤造成李某荟医疗费、护理费、营养费等损失，李某荟认为骑域国际马术俱乐部（北京）有限公司未尽到安全注意的义务导致事故发生，因此应负全部责任。

骑域国际马术俱乐部（北京）有限公司认为事发时李某荟 9 岁符合从事马术学习的年龄，且之前已经有过 6 次骑乘学习，事发前骑域国际马术俱乐部（北京）有限公司的教练已对骑乘注意事项、要领进行了讲解并给李某荟穿戴了符合要求的护具，事发时马匹训练有素，李某荟落地后马匹立刻停下来未出现拖拽情形，此外马术学习本身具有一定危险性且学习方式应当为骑手独立骑乘，教练只能进行指导不能替代，因此骑域国际马术俱乐部（北京）有限公司在此次事故发生过程中没有过错，不应当承担责任。

【案件焦点】

骑域国际马术俱乐部（北京）有限公司在李某荟参与马术活动过程中是否提供了合理限度的安全保障义务。

【法院裁判要旨】

北京市朝阳区人民法院经审理认为：从事公共服务活动的法人或单位，有义务在合理限度范围内保障顾客或消费者免受侵害或危险。马术运动具有较高危险性，骑域国际马术俱乐部（北京）有限公司作为马术活动场所的管理人或组织者应尽可能的提供安全、优良的活动环境及专业的防护设备或人员予以保护、帮助。本案中，原告年龄幼小，本身参与该项运动的经验不足，理应得到更多的保护，骑域国际马术俱乐部（北京）有限公司所称骑术学习需要给予学员一定的发挥空间，具有一定的合理性，但未进行必要跟随并不恰当，事实上，骑域国际马术俱乐部（北京）有限公司未派员跟随保护、帮助也系造成李某荟摔落受伤的客观原因之一，故应当承担与其未尽合理限度内的安全保障义务相对应的民事责任。李某荟称其受伤系马匹大小不适、牵绳过长、脚蹬过长导致，缺乏足够证据支持，亦未提供充分证据证明骑域国际马术俱乐部（北京）有限公司存在明显过错，对此不予采信。另外，马术运动本身存在一定程度的危险性，李某荟自愿参加马术运动具有自甘冒险的性质。综合以上情形，本院酌定骑域国际马术俱乐部（北京）有限公司对李某荟因伤产生的损失承担50%的赔偿责任。

北京市朝阳区人民法院依照《中华人民共和国侵权责任法》第三十七条、《中华人民共和国民法通则》第一百一十九条之规定，作出如下判决：

一、被告骑域国际马术俱乐部（北京）有限公司于本判决生效后七日内赔偿原告李某荟医疗费2565.18元，护理费1200元、交通费400元、营养费600元；

二、驳回原告李某荟的其他诉讼请求。

【法官后语】

随着社会经济及体育产业的发展，体育运动内容更加丰富，未成年人不再局限于传统的跑步、踢毽等体育项目，而更多地参与到危险性更高、竞技性更强的活动之中，如骑马、滑冰、棒球等，随之而来的是由于参与者自身或是场馆、赛事组织者原因等导致的侵权行为的发生。虽然《最高人民法院关于审理人身损害赔偿案件适用法律若干问题的解释》第六条及《侵权责任法》第三十七条虽均明确规定了安全保障义务，但对于合理限度未进行明确说明，司法实践中过多的依赖于法官的自由裁量，从而导致判决结果的不统一，影响了司法权威。

笔者认为在涉及未成年人尤其是无民事行为能力的儿童参与较高风险的体育运动造成损害时，兼顾四个方面对相关义务人的安全保障义务限度进行明确，既能有效的保障受害未成年人救济权的形式，亦能为义务人合法权益提供有力保障，使其能够大胆开展活动促进经济发展。

第一，“儿童最大利益”。未成年人在判断力和社会经验上存在不足，不具备足够的自我保护能力，因此只有对未成年人安全义务的保障标准高于一般成年人，才能更好地保护他们的合法权益。

第二，行业特点。在判断义务人是否充分尽到了安全保障义务时，应当依据法律、法规及规章的明确、具体规定，在法律规定未明确或空白的领域要兼顾行业习惯标准，参考行业的一般经营者能够达到的标准。

第三，期待可能。义务人最可能了解其控制范围内场所的实际情况、遇见可能发生的危险和损害，并最可能采取必要措施防止或减轻损害的发生，但不能苛求义务人超出法律所期待的一般人所具有的谨慎和勤勉。

第四，获益情况。收益与风险相一致是安全保障义务设置的法理依据之一，义务人获益越高，其相应承担的安全保障义务范围就应当越大，反之越小。故应当将义务人是否获益、获益大小作为判断安全保障义务合理限度的考量因素。

本案原告李某荟系9岁的儿童，虽然之前进行过马术学习，但经验尚不足以具备自我保护的能力，虽然被告骑域国际马术俱乐部（北京）有限公司辩称骑术学习需要给予学员一定的发挥空间符合行业的要求，但结合原告李某荟年龄特点，被告骑域国际马术俱乐部（北京）有限公司并未给予足够必要的保护和帮助，在此情形下法院认定其未尽到合理限度内的安全保障义务。综合考虑被告骑域国际马术俱乐部（北京）有限公司积极履行其他相应的义务、马术学习的危险性特点，在兼顾保障原告李某荟救济权及维护被告骑域国际马术俱乐部（北京）有限公司合法权益的基础上，判处双方各承担50%的责任。

编写人：北京市朝阳区人民法院 宋学亮 李国龙

27

体验商品摔伤后的责任承担

——孙某奇诉迪卡侬（北京）体育用品有限公司滨河路分公司等违反安全保障义务责任案

【案件基本信息】

1. 裁判书字号

北京市密云区人民法院（2017）京0118民初10303号民事判决书

2. 案由：违反安全保障义务责任纠纷

3. 当事人

原告：孙某奇

被告：迪卡侬（北京）体育用品有限公司（以下简称迪卡侬公司）、迪卡侬

（北京）体育用品有限公司滨河路分公司（以下简称迪卡侬滨河路公司）

【基本案情】

迪卡侬滨河路分公司系迪卡侬公司设立的分公司，其在密云区滨河路178号万象汇商场地下一层销售体育用品。该公司销售体育用品采用顾客自选方式。为方便顾客选购体育用品，迪卡侬滨河路分公司设置了产品试用场地，顾客可以试用产品。在乒乓球相关体育用品销售区域，迪卡侬滨河路分公司安放了乒乓球台案供顾客试用。2017年10月11日晚8时30分许，原告穿着布鞋，在体育用品超市内试用乒乓球，在接打第一球时即致右脚受伤。当晚，原告在迪卡侬滨河路分公司工作人员陪同下至密云区医院治疗，其伤情经密云区医院诊断为“考虑：右足第Ⅰ跖骨撕脱骨折，右胫骨远端撕脱骨折”。原告支付了医疗费982.55元。为证明其误工损失，原告提交了诊断证明、北京锦鸿时光土木工程建筑有限公司劳动聘用合同及扣发工资证明。诊断证明显示，原告最后一次至医院复查时间为2017年10月25日，医生建议休息“贰周”；其扣发工资证明载明，原告“自2017年10月12日起因非工伤休假1个月，扣除11月份全额工资”。就其主张的交通费损失及护理费损失，原告自称除事发当天为打车外，其他复查时均为自有车辆，护理为其姐姐护理，原告就此陈述未进一步举证。庭审中，原告自述，其在接打乒乓球时，“左脚向左移一小步，右脚向左脚前面伸，左脚滑了一下”，右脚当时崴伤；迪卡侬滨河路分公司认可对于试用乒乓球的顾客穿着鞋子没有具体要求，没有看到原告受伤的过程。庭审中，二被告认为原告提交的部分医疗费票据、处方单等记载的名字为“孙某奇”，不能认定该部分医疗费系原告本人因伤治疗所支付的医疗费用。

经现场勘验：迪卡侬滨河路分公司经营的体育用品超市地面颜色为灰色，依据鞋底的材质不同，地面光滑感受不同。在乒乓球试用区域，安放有乒乓球台案，顾客可以随意试用；该区域内，没有张贴警示或提示标识；在试用乒乓球期间，没有销售人员上前进行说明和提醒。

【案件焦点】

被告是否违反了安全保障义务及原告自身是否应承担一定的责任。

【法院裁判要旨】

北京市密云区人民法院经审理认为：就原告在试用乒乓球时导致脚踝部受伤的事实，双方均予认可，本院对此予以确认。依据当事人陈述及现场勘验情况，迪卡侬滨河路分公司在乒乓球试用区域未张贴任何提示标识，在顾客试用产品前及试用过程中，亦均无人员提醒或者看护；虽然迪卡侬滨河路分公司的销售模式为顾客自选产品方式，但其作为专业的体育用品经销商，应当具有较一般经营者更加专业的责任意识、风险意识，应最大限度地保障在其区域内运动、休闲娱乐人员的安全；依据本案所查明的情况，可以认定迪卡侬滨河路分公司未能尽到完全的安全保障义务，在危险预防、消除方面存在疏忽，具有过错，应当在其责任范围内对原告的合理经济损失承担赔偿责任。原告作为具有完全民事行为能力的成年人，对在运动过程中应当穿着运动鞋、运动存在的风险应有一定的认知，依据其陈述受伤的过程，可以认定导致其右脚部受伤的主要原因系其自身过错所致。综合上述分析，本院对迪卡侬滨河路分公司应承担的责任比例予以酌定。对于原告要求赔偿的医疗费、营养费、护理费、误工费、交通费合理部分，本院按照迪卡侬滨河路分公司应承担的责任比例予以支持；对原告要求赔偿的过高部分，本院不予支持。二被告虽对部分医疗费票据上的名字提出异议，但结合整个案件事实，可以认定该部分医疗费票据系原告受伤产生，故对二被告的异议，本院不予采信。迪卡侬滨河路分公司作为迪卡侬公司依法设立并领取营业执照的分支机构可以作为民事诉讼的当事人，应承担与其民事行为能力相适应的民事责任，迪卡侬公司自认其对迪卡侬滨河路分公司的债务承担连带责任，不违反法律规定，本院予以确认。

密云区人民法院依据《中华人民共和国侵权责任法》第六条第一款、第十六条、第三十七条第一款，《最高人民法院关于审理人身损害赔偿案件适用法律若干问题的解释》第十九条、第二十条、第二十一条、第二十二条、第二十四条之规定，判决如下：

一、被告迪卡侬（北京）体育用品有限公司滨河路分公司赔偿原告孙某奇医疗费、营养费、护理费、误工费、交通费等共计 1845.8 元（限本判决生效后七日内执行），被告迪卡侬（北京）体育用品有限公司对上述赔偿承担连带清偿责任；

二、驳回原告孙某奇的其他诉讼请求。

【法官后语】

本案的争议焦点在于判定被告是否尽到了安全保障义务及原告是否要承担一定的责任。安全保障义务是人类社会不断应对安全风险需求的产物，是基于分配正义理论发展而来的，该制度在我国立法中的确立有效地回应了我国经济社会高速发展对人身财产安全保护的迫切法律需求。我国《侵权责任法》第三十七条规定：宾馆、商场、银行、车站、娱乐场所等公共场所的管理人或者群众性活动的组织者，未尽到安全保障义务，造成他人损害的，应当承担侵权责任。因第三人的行为造成他人损害的，由第三人承担侵权责任；管理人或者组织者未尽到安全保障义务的，承担相应的补充责任。《最高人民法院关于审理人身损害赔偿案件适用法律若干问题的解释》第六条规定：从事住宿、餐饮、娱乐等经营活动或者其他社会活动的自然人、法人、其他组织，未尽合理限度范围内的安全保障义务致使他人遭受人身伤害，赔偿权利人请求其承担相应赔偿责任的，人民法院应予支持。因第三人侵权导致损害结果发生的，由实施侵权行为的第三人承担赔偿责任。安全保障义务人有过错的，应当在其能够防止或者制止损害的范围内承担相应的补充赔偿责任。可以说安全保障义务是一种侵权责任法层面的法定义务，违反安全保障义务导致他人损害的，应当适用过错责任原则。通常情况下，需要结合法定注意义务和审慎管理人的标准来判断安全保障义务人是否违反了安全保障义务，即以行为人是否尽到了同类交易情形下通行的注意义务作为衡量的尺度，如果法律、法规对于安全保障的内容有直接规定的，应当严格按照法律、法规的明确规定作出判断；如果法律法规没有规定确定的标准，是否履行了安全保障义务的判断标准，要高于侵权行为法上的一般人的注意标准，即以交易上一般观念，认为具有相当知识经验的人，对于一定事件的所用注意作为标准，客观地加以认定。在审判实践中，主要可以从以下几个方面考量。

1. 经营者应在场所设计布置上符合保护公众安全的要求，如宾馆、饭店须设置消防通道，银行应配备保安人员的，应严格按照这些标准执行。如果没有这方面规定的，则应按社会普遍公认的安全保护方式进行设置。

2. 警告义务。由于公共场所经营的一些项目本身即具有危险性（如登山、攀岩），有些设施本身具有危险性（如电梯），经营者应向消费者作出真实的说明和明确的警示，并说明正确的使用方法和防止危险发生的方法。

3. 保护与制止义务。当意外发生时，场所经营者应立即采取措施保护公众，并制止损害的进一步扩大。

4. 救济义务。当意外发生后，场所经营者应采取措施对受到损害的公众予以救济（如将伤者送往医院），避免损失因救济不及时而扩大。

本案较一般的违反安全保障义务纠纷案有其特殊性，首先，被告有其特殊性，即被告作为体育用品超市，除具备了公共场所均具有的公共性、管理性、服务性等一般特征外，又具有显著的特殊性，其销售模式系为顾客自选产品方式，且其地面颜色为灰色，依据鞋底的材质不同，地面光滑感受不同；在乒乓球试用区域，安放有乒乓球台案，顾客可以随意试用。其次，原告系在试用乒乓球的过程中受伤，乒乓球作为一种竞技项目，试用者自身的注意义务也较一般人的注意义务要高。考虑到被告作为专业的体育用品经销商，应当具有较一般经营者更加专业的责任意识、风险意识，应最大限度地保障在其区域内运动、休闲娱乐人员的安全。最后，因其在乒乓球试用区域内，没有张贴警示或提示标识，且在试用乒乓球期间，没有销售人员上前进行说明和提醒，说明其违反警告义务，在危险预防、消除方面存在疏忽，具有过错，应当承担一定的责任。当然，原告作为完全民事行为能力人，应当对乒乓球的竞技性和风险性有一定的认知，在运动过程中应当穿着运动鞋，可其却穿着布鞋，存在过错，且依据其陈述受伤的过程，可以认定导致其右脚部受伤的主要原因系其自身过错所致。根据《侵权责任法》第二十六条规定，可以减轻被告的责任。最后认定原告承担70%的责任，被告承担30%的责任。

编写人：北京市密云区人民法院　李慧英

28

超市对延伸服务承担安全保障义务

——廖某友诉厦门永辉民生超市有限公司等违反安全保障义务责任案

【案件基本信息】

1. 裁判书字号

福建省厦门市集美区人民法院（2016）闽0211民初449号民事判决书

2. 案由：违反安全保障义务责任纠纷

3. 当事人

原告：廖某友

被告：厦门永辉民生超市有限公司（以下简称厦门永辉超市）、厦门永辉民生超市有限公司集美万达广场店（以下简称厦门永辉超市万达店）、厦门集美万达广场商业物业管理有限公司（以下简称集美万达物管公司）

【基本案情】

2015年7月19日，廖某友与家人至永辉超市万达店消费购物后，欲前往集美万达广场地下一层乘坐永辉超市的免费大巴离开时，原告踩到永辉超市出口处附近堆放的几根较粗的白色塑料长管后跌倒受伤，随即拨打120就医，经医院检查结果为“左胫腓骨下段双骨折并踝关节脱位。左侧胫、腓骨下段粉碎性骨折并踝关节脱位，左侧距骨前上缘、足舟骨、外侧楔状骨骨折”。之后原告先后在厦门市第二医院住院治疗34天。出院医嘱：建议18个月后视骨折愈合情况酌情决定是否取出其余内固定，费用约8000元。由被告永辉超市万达店申请，经本院委托福建正泰司法鉴定中心对廖某友的伤残等级、误工期、出院后护理期、医疗费的用药合理性进行鉴定。2016年4月26日，福建正泰司法鉴定中心出具正泰司鉴〔2016〕临鉴字第234号鉴定意见书，鉴定意见为：1. 被鉴定人廖某友因本次外伤所致损伤及后遗症，构成道路交通事故十级伤残。2. 被鉴定人廖某友本次外伤所致损伤，结合其临床治疗及恢复情况，综合评定误工期160日、出院后护理期为60日。3. 被鉴定人廖某友2015年7月19日至2015年8月14日、2015年11月2日至2015年11月10日两次在厦门市第二医院住院期间的医疗费用均属于合理的医疗费用。

另查明，廖某友在事故发生前已连续在厦门居住超过一年。廖某友育有一女文某（2007年11月9日出生）、一子文某伟（2014年4月17日出生）。

再查明，2013年1月28日，案外人厦门集美万达广场有限公司（甲方）与永辉超市股份有限公司（乙方）签订一份租赁合同，约定甲方将万达商业广场一层部分、负一层部分和负二层部分、负四层部分出租给乙方使用。乙方自行负责租赁场所的经营，并承担相应风险及相关责任。廖某友事发区域系永辉超市万达店专门停放永辉巴士、永辉顾客休息和等候巴士的区域，永辉超市系事故发生区域的实际专属使用人、管理人。

【案件焦点】

1. 事发地点是否属于永辉超市万达店的管理区域；提供的免费巴士服务，是否有义务保障消费者的人身安全。2. 原告自身对本案事故发生是否存在过错；如何认定原、被告双方应承担的责任份额。3. 原告廖某友的医疗费、残疾赔偿金、误工费、交通费等损失如何认定。

【法院裁判要旨】

福建省厦门市集美区人民法院经审理认为：公共场所的管理人，未尽到安全保障义务，造成他人损害的，应当承担侵权责任。本案永辉超市万达店作为事故发生区域的管理者，应为来超市的每个消费者提供一个安全的场所，保障他们的人身安全。永辉超市万达店提供的免费巴士服务是为消费者提供的延伸服务，同样应保障消费者的人身安全。但永辉超市万达店疏于管理，未及时发现并清理放置于通向免费巴士站的超市出口处附近的长管，显然作为公共场所的管理者未尽到合理限度范围的安全保障义务，明显存在过错。廖某友作为一名成年人，在行路过程中，未注意路面障碍，及时避让，自身亦存在过错。综合考量事故发生原因等因素，本院认定永辉超市万达店对廖某友所受损害承担60%的民事赔偿责任。因永辉超市万达店不具有法人资格，其民事责任由厦门永辉超市承担。原告廖某友、被告永辉超市万达店均确认永辉超市系事故发生区域的实际专属使用人、管理人，与被告集美万达物管公司无关，原告主张集美万达物管公司承担赔偿责任于法无据，予以驳回。

根据原告的举证及被告的质证意见，法院最后认定此次事故给廖某友造成的损失如下：医疗费42153.51元、残疾赔偿金114872.6元（残疾赔偿金79250元+被抚养人生活费35622.6元=114872.6元）、误工费18080元、交通费340元、住院伙食补助费3400元、护理费4700元、鉴定费1200元、后续治疗费8000元、营养费4215元，合计196961元，以及精神损害抚慰金3000元。上述损失中精神损害抚慰金3000元，由永辉超市万达店与厦门永辉超市直接赔偿给廖某友；经济损失196961元，由永辉超市万达店与厦门永辉超市承担60%的赔偿责任，即永辉超市万达店与厦门永辉超市应赔偿廖某友经济损失118176.6元（196961元×60%=118176.6元）。被告厦门永辉超市经本院合法传唤，无正当理由拒不到庭参加诉讼，本院在查明事实后，依法可径行判决。

福建省厦门市集美区人民法院根据《中华人民共和国侵权责任法》第六条第一款、第十五条第一款第六项、第十六条、第二十二条、第二十六条、第三十七条第一款，《中华人民共和国公司法》第十四条第一款，《最高人民法院关于审理人身损害赔偿案件适用法律若干问题的解释》第六条第一款、第十七条第一款及第二款、第十八条第一款、第十九条、第二十一条至第二十五条，《最高人民法院关于确定民事侵权精神损害赔偿责任若干问题的解释》第十条第一款、第十一条，《中华人民共和国民事诉讼法》第六十四条第一款、第一百四十四条之规定，判决：

一、被告厦门永辉民生超市有限公司与被告厦门永辉民生超市有限公司集美万达广场店应于本判决生效之日起十日内共同赔偿原告廖某友各项经济损失共计118176.6元；

二、被告厦门永辉民生超市有限公司与被告厦门永辉民生超市有限公司集美万达广场店应于本判决生效之日起十日内共同赔偿原告廖某友精神损害抚慰金3000元；

三、驳回原告廖某友的其他诉讼请求。

【法官后语】

一、安全保障义务的适用范围

我国在《劳动法》《铁路法》《道路交通安全法》《娱乐场所消防安全管理办法》等法律法规和行政规章中对安全保障义务作了各种规定，但概念和定义不统一，导致在司法实践中的判决相差较大。于2004年实施的《最高人民法院关于审理人身损害赔偿案件适用法律若干问题的解释》第六条对安全保障义务作了统一解释，而2009年12月26日颁布的《侵权责任法》最终以法律的形式对公共场所的管理人或者群众性活动的组织者违反安全保障义务所产生的责任作出规定。

《侵权责任法》第三十七条规定："宾馆、商场、银行、车站、娱乐场所等公共场所的管理人或者群众性活动的组织者，未尽到安全保障义务，造成他人损害的，应当承担侵权责任。因第三人的行为造成他人损害的，由第三人承担侵权责任；管理人或者组织者未尽到安全保障义务的，承担相应的补充责任。"根据该规定，安全保障义务是指公共场所的管理人或群众性活动的组织者，对进入其管理的场所或参与其活动的人负有的保障其人身安全的义务。《最高人民法院关于审理人身损害赔偿案件适用法律若干问题的解释》第六条第一款规定："从事住宿、餐饮、娱乐等经营活动或者其他社会活动的自然人、法人、其他组织，未尽合理限度范围内的安全保障义务致使他人遭受人身损害，赔偿权利人请求其承担相应赔偿责任的，人民法院应予支持。"由此可以看出，安全保障义务所保护的范围仅为人身权益，而非财产权益。

安全保障义务所适用的空间范围，原则上应当限于其经营或者提供服务的场所，侵权责任法将场所限制在宾馆、商场、银行、车站、娱乐场所等公共场所，但实践中不进行适当延伸将不利于保护被侵权人的权益，从而违背了侵权责任法的立法初衷。本案即为这种情况，被告辩称事发地点是通往万达百货和万达美淘城的必经之路，不属于厦门永辉超市万达店所有，也不属于厦门永辉超市万达店的管理范围。"经营场所应包括场所内部空间、经营的延伸空间和延伸的服务项目、服务设施所在空间"。经营场所内部空间，指所有发挥经营功能的经营者所有、使用或管理的场地。经营者对场所安全的责任是基于其营利性和社会责任，如果经营、服务活动扩展到营业场所以外，其应当承担责任的范围亦同时扩大，在其经营扩展空间内的消费者，就是场所安全的保护对象，如果发生损害，经营者理应承担责任。实际中很多商家在经营上提供一系列的延伸服务项目，在此，不因有免费或消费者自愿行为而免除经营者责任。具体到本案中，厦门永辉超市系公共场所，其在提供服务时需有必要的安全设施和配套服务，以保证其提供的服务符合保障人身、财产安全的要求。通向免费巴士站的超市出口处附近应认定为超市的附属地带，作为向公众提供经营性服务的场所的组成部分而承担安全保障义务。延伸的免费巴士服务作为厦门永辉超市吸引消费者的策略，本身就属于其经营活动的内容之一。根据权利与义务相对应的原则，厦门永辉超市将服务延伸到何种范围，其承担场所安全责任的边界也对应扩展。此外，关于场所安全保障的时间范围界定，经营者所负场所安全保障义务的时间，应是其全部营业时间。

二、安全保障义务的判断标准

《侵权责任法》第三十七条是对安全保障义务的原则性规定，以说明未尽到安全保障义务、造成他人损害的，应当承担侵权责任。对于安全保障义务的判断标准，该条并未明确。这就对司法实践中认定安全保障义务人是否存在过错制造了难题。根据《最高人民法院关于审理人身损害赔偿案件适用法律若干问题的解释》第六条第一款规定，安全保障义务人因未尽合理限度内的保护义务而致使他人人身损害的，应承担相应赔偿责任。也即如果已经尽到了合理限度范围内的安全保障义务，则不再承担赔偿责任。故可以说责任人是否尽到“合理限度内的安全保障义务”作为责任承担的判断标准。“合理限度可从以下三个角度衡量把握：安全保障义务人的保障行为是否符合法定要求，即凡是法律、法规、规章及其他规范性文件对当事人行为规范有明确规定的，义务人应严格遵照有关规定行事；安全保障义务人的保障行为是否达到了同类经营活动或者社会活动的从业者现阶段所应当达到的通常程度；安全保障义务的履行是否达到作为一个理性、审慎、善良的人所应达到的合理注意程度。没有法定标准及行业做法可予借鉴的，也可凭法官的内心道德，并遵循一定社会发展阶段所公认的公平正义价值观来衡量”。在确定义务人是否尽到了安全保障义务时，可以从安全保障义务的性质、侵权行为的性质和力度、安全保障义务人的保护能力以及发生侵权行为前后所采取的防范、制止侵权行为的措施等方面综合判断。本案中作为实际管理人的厦门永辉超市应当对消费者尽到安全保障义务，除维护、管理好公共设施，保证自己提供的产品和服务符合安全要求外，还应承担合理的保护义务，一切进入其所控制的活动场所的人都是安全保障义务的保护对象。其应当向消费者就各种可能出现的伤害和意外情况等危险因素作出明显的警示或说明、告知。如果警示是缺乏力度的，就不能认定经营人或社会活动的组织者尽了合理限度范围内的安全保障义务。厦门永辉超市没有及时排查出口附近的安全隐患，亦未设置安全警示或由工作人员进行劝导，导致原告踩到长管受到损害，故应认为超市管理人没有尽到安全保障义务，依法应当承担侵权责任。

三、安全保障义务的责任认定

《最高人民法院关于审理人身损害赔偿案件适用法律若干问题的解释》第六条规定，从事住宿、餐饮、娱乐等经营活动或者其他社会活动的自然人、法人、其他组织，未尽合理限度范围内的安全保障义务致使他人遭受人身损害，赔偿权利人请求其承担相应赔偿责任的，人民法院应予支持。同时《侵权责任法》第二十六条规定，被侵权人对损害的发生也有过错的，可以减轻侵权人的责任。由此可以看出，安全保障义务不是无限的，经营者违反安全保障义务所承担的是相应的责任，而不是一般意义上的全部责任。违反安全保障义务致他人损害的，应当适用过错责任原则。对于举证责任，应由受害人一方来承担安全保障义务人具有过错的举证责任，除非法律、法规有明确规定，否则不能适用过错推定的严格责任。具有疏于安全保障义务的过错可以使其赔偿责任成立，但其所应承担的责任范围要看不作为行为与受害人损害结果之间具有何种相当因果关系。安全保障义务人应当就其不作为行为导致损害后果加重的比例承担相应的责任。对安全保障义务的违反系一种消极的不作为，该行为所遭受的否定评价应当保持在一个合理的限度内，不能使其因责任承担而遭受严重的损失。在安全保障义务人的安全保障措施瑕疵和受害人过错程度的认定上，应根据案件的实际情况，综合各方面的情况公平确认。对安全保障措施的瑕疵，应从住宿、餐饮、娱乐特定行业有无规定、普通人是否能注意并防范、特定鉴定机构出具的鉴定报告等方面进行综合考虑。如果因经营场所摆放的物品略有不当，一般人不会因此而受到伤害，可认定为轻微瑕疵；如果因经营场所摆放的物品不当，一般人需尽谨慎注意义务才可以避免，可认定为一般瑕疵；如果经营场所摆放的物品严重不当，一般人即使小心谨慎仍不可避免损害的发生，可认定为重大瑕疵。对受害人过错程度的认定标准是：如果受害人自己不小心，注意防范不够，可认定其有轻微过错；如果受害人有明显过错，可认定其有一般过错；如果受害人在经营场所内有超出一般人的正常行为，或有明显违法违规行为，可认定为其有明显重大过错。具体到本案中，被告厦门永辉超市作为管理人，是否要对原告的损失承担赔偿责任，应视其是否已经尽到了安全保障义务，有没有为消费者提供安全的消费环境。厦门永辉超市在其出口附近堆放几根较粗的白色塑料长管，且在此区域并未设置警示标识提醒过往人员注意，应认定其具有一定的过错，安全保障措施具有一般瑕疵，应对原告的损失承担一定的责任。虽然采取相应措施予以提示，不能杜绝类似事故的发生，但可以在一定程度上降低这类事故发生的概率，故从警示角度分析，厦门永辉超市对原告损伤存在一定过错。此外，原告作为具有完全民事行为能力的成年人，对自身安全负有最大的注意义务，且其应当熟悉商场环境，厦门永辉超市虽负有安全保障义务，但该义务不能降低原告对自身安全应尽的高度注意义务。在发现地上有长管时，普通人都会预见到危险性，但原告对自身安全未尽注意义务而致伤害发生，违反了普通人的注意义务，对自身损害应承担责任。故本案属于混合过错，应当实行过错相抵，由被告承担主要责任，原告承担次要责任。关于原、被告之间的责任比例认定，需综合考虑案件事故发生原因和过错程度等因素，本院认为原告负40%的责任，被告负60%的责任为宜，尊重了客观事实，兼顾了判决的法律效果及社会效果。

编写人：福建省厦门市集美区人民法院　詹雪霞

29

钓鱼活动的参与人是否对其他人的死亡承担责任

——杨某泉等五人诉郭某彬违反安全保障义务责任案

【案件基本信息】

1. 调解书字号

福建省厦门市中级人民法院（2017）闽02民终3373号民事调解书

2. 案由：违反安全保障义务责任纠纷

3. 当事人

原告（上诉人）：杨某泉、陈某莲、张某凤、杨某茜、杨某齐

被告（被上诉人）：郭某彬

【基本案情】

原告杨某泉、陈某莲分别系死者杨某龙的父亲、母亲；张某凤系杨某龙的妻

子，杨某茜、杨某齐是杨某龙的女儿、儿子。2016年9月6日晚，杨某龙、郭某彬、杨某宾（系杨某龙弟弟）在福建省华安县利水村喝酒时，三人相约到厦门市海沧湖捕鱼。2016年9月8日（农历8月初8）下午，郭某彬致电杨某宾、杨某龙、杨某河来海沧湖捕鱼，杨某龙同时约请其老板田某标（亦在事故中死亡）一同前往。杨某宾、杨某龙、田某标从漳州市区出发。杨某龙在漳州市购置了捕鱼所用的渔网，杨某龙与郭某彬约定渔网购置费用双方平均分担。郭某彬从漳州市华安县出发，并受杨某龙指示到杨某龙家里取走了捕鱼用的电机。郭某彬和杨某河先到海沧内湖中骏天峰、厦门市信息化馆附近的下水口，郭某彬拍摄了周围情况的视频信息并发送了地理定位通过微信发送给杨某龙。杨某龙对地点予以确认。约19时，五人全部到达现场后，在湖边找到一艘简易泡沫船。杨某龙、杨某河、田某标、郭某彬上船后，郭某彬被杨某宾叫下船去找卫生间，其余人上船捕鱼。因第三人海沧湾公司从18时25分34秒开始进行水体交换，杨某龙、杨某河、田某标被水流冲至涵闸口处翻船，后三人被从内湖经涵闸口冲至外海。杨某河抓住固定物后逃生，并向厦门市公安局嵩屿派出所报警。嵩屿派出所民警及海警、海事局、曙光救援队、水上救援队到场在岸边和海上搜救后，当日未寻找到杨某龙、田某标。2016年9月10日19时，厦门市公安局海沧分局刑事侦查大队在厦门市海沧区海沧大道东屿村天龙俱乐部码头发现杨某龙尸体。经现场勘查及尸表检验，死因系溺亡。

2016年10月13日，五原告与第三人海沧湾公司达成调解协议，五原告确认第三人在杨某龙溺亡事件中无责，但同意补偿五原告21.5万元，本院对调解协议进行确认，案号是（2016）闽0205民初3395号，该补偿款已经支付完毕。

另查明：

1. 被告郭某彬的委托诉讼代理人在庭前到事发现场录制了一段视频，视频所见：事发现场下水处在厦门市信息化馆附近。下水处的涵洞里尚有简易泡沫船停放。左边距离下水处一段距离即水体交换的涵闸口，亦是内湖与外海连接处。

2. 海沧湾公司每日根据潮汐规律开关闸，进行水体交换。

3. 证人杨某宾到庭陈述称："郭某彬在案发前三天，就是我们在老家喝酒的时候说海沧有个人工湖有很多鱼，我说没空。第二天他打给我哥杨某龙，杨某龙同意了，就商量着去买渔网。……之前我哥在老家也捕过鱼。郭某彬了解我哥喜欢抓鱼，因此才叫来海沧湖一起抓鱼。""郭某彬说他租的泡沫船，40元，事发后他说是他自己在那边找的”。

4. 庭审后，郭某彬出具《说明》，其愿意支付给原告补偿款1万元。

【案件焦点】

1. 郭某彬是否是涉案钓鱼活动的组织者，是否存在过错；2. 其行为与死者的死亡有无因果关系。

【法院裁判要旨】

福建省厦门市海沧区人民法院经审理认为：本案系违反安全保障义务责任纠纷。根据《中华人民共和国侵权责任法》第三十七条第一款的规定：“宾馆、商场、银行、车站、娱乐场所等公共场所的管理人或者群众性活动的组织者，未尽到安全保障义务，造成他人损害的，应当承担侵权责任。”群众性活动的组织者承担侵权赔偿责任，应符合侵权责任的一般构成要件。根据《中华人民共和国侵权责任法》第六条的规定，侵权赔偿责任的构成要件有四个：违法行为、损害事实、因果关系和过错。在这四个构成要件中，杨某龙死亡的损害事实已经发生，无须原告举证。而其他三个要件，应由原告承担举证责任。首先，郭某彬是否存在违法行为。原告以郭某彬作为活动组织者为由要求其承担侵权者责任，则首先应判断郭某彬是否是活动组织者。对于何为活动组织者，应从以下两个方面衡量：一是组织者组织了群体性活动。二是组织者对于组织的活动具有一定的控制力，即组织者应当在活动中负监督、管理等义务。因组织者以自己的意思判断取代了成员个人的意思判断，组织者应当对成员的安全承担保障义务。而本案中，郭某彬致电杨某龙等人的行为并不必然使其成为活动组织者而承担安全保障义务的责任。被告郭某彬陈述称杨某龙是捕鱼爱好者，证人杨某宾亦陈述杨某龙在老家捕过鱼。杨某龙作为有捕鱼经验的完全民事行为能力人对于捕鱼危险性是明知的，其参加捕鱼活动应视为其自愿承担了捕鱼活动伴随的风险。因此，郭某彬不能被认定为活动组织者。其次，郭某彬是否存在过错。安全保障义务的来源有三个：一是法律规定；二是职务上或业务上的要求；三是因行为人先前的行为而产生的义务。违反上述任一条件即存在过错。在本案中需要判断郭某彬是否因其先行为而产生义务，因违反该义务而存在过错。第一，郭某彬对于活动地点的选择没有过错。虽然郭某彬先于杨某龙到达现场，但其拍摄了现场视频给杨某龙，杨某龙认可该地点，双方对于地点的选择形成合意，该地点的确定不是郭某彬安排或指定。第二，活动工具的选择由郭某彬和杨某龙等人共同决定。1. 关于泡沫船。根据公安机关给杨某宾、杨某河和郭某彬所做笔录，三人均未陈述捕鱼所使用的泡沫船是郭某彬租赁。虽然杨某宾在本案作为证人陈述泡沫船是郭某彬租赁的。然而，杨某宾关于泡沫船是否租赁的陈述在接受公安机关询问和在本院作证时存在前后矛盾，考虑其与死者杨某龙的亲属关系，结合其他人的证言，本院认定原告关于泡沫船是郭某彬租赁的事实未提供充分证据，不予认定。杨某河作为亲历事件当事人，其证言可信度高，应采信其所陈述的“泡沫船是共同选择的”。2. 关于捕鱼工具。根据查明的事实。捕鱼所用渔网是由杨某龙购买，费用是郭某彬和杨某龙平均分担的，捕鱼所用的电机亦是由杨某龙提供的。综合本次活动对于地点和工具的选择均是由杨某龙和郭某彬共同决定和分担的，对于活动全程的安全保障不承担比其他参与人更重的义务。郭某彬其主观上不存在过错。最后，涉案活动因果关系的确定。事故发生的根本原因是水体交换、水流加速导致船在涵闸口附近倾翻。根据被告提供的现场视频，下水处与涵闸口存在一段距离，事件参与各方确定在涵闸口附近捕鱼才是危险产生的根本原因。而郭某彬并未上船捕鱼，其不具有指挥捕鱼船行驶方向和路线的条件。综上，郭某彬不是活动的组织者，不存在活动的安全保障义务，其主观上不存在过错；客观上，其行为与损害后果不存在因果关系。原告的诉讼请求，缺乏事实与法律依据，应予以驳回。鉴于郭某彬自愿补偿原告 1 万元补偿款，本院予以准照。

依照《中华人民共和国民法通则》第四条，《中华人民共和国侵权责任法》第六条、第三十七条，《中华人民共和国民事诉讼法》第六十四条第一款之规定，判决如下：

一、被告郭某彬于本判决生效之日起十日内支付原告杨某泉、陈某莲、张某凤、杨某茜、杨某齐补偿款 1 万元；

二、驳回原告杨某泉、陈某莲、张某凤、杨某茜、杨某齐的诉讼请求。

如被告郭某彬未按指定的期间履行给付金钱义务，应当依照《中华人民共和国民事诉讼法》第二百五十三条之规定，加倍支付迟延履行期间的债务利息。

一审判决后，原告杨某泉、陈某莲、张某凤、杨某茜、杨某齐不服，提起上诉。在上诉审理过程中，经法院主持调解，各方当事人于 2017 年 12 月 6 日自愿达成如下协议：

一、郭某彬同意于 2017 年 12 月 10 日前一次性支付给杨某泉、陈某莲、张某凤、杨某茜、杨某齐15000元，以上款项汇入杨某泉、陈某莲、张某凤、杨某茜、杨某齐指定的银行账户；

二、若郭某彬未按上述约定期限足额履行付款义务，则杨某泉、陈某莲、张某凤、杨某茜、杨某齐有权向法院申请执行；

三、以上款项支付完毕后，各方就本案权利义务终结，再无其他任何争议。

【法官后语】

原告根据《侵权责任法》第三十七条的规定，以被告郭某彬是钓鱼活动的组织者为由，要求被告承担违反安全保障义务责任。对于原告的主张，在审理过程中存在两种不同意见。第一种意见认为，原告主张适用的法律依据不正确。首先，被告等人参与的钓鱼活动并不是群众性活动。其次，被告郭某彬不是钓鱼活动的组织者。原告不能以此为依据要求被告郭某彬承担侵权责任。第二种意见认为，原告可以适用上述法律主张权利。即民间活动组织者的安全保障义务可以参照群众性活动组织者的义务。但对于郭某彬是否是钓鱼活动的组织者需要仔细辨别。

一、民间活动应当受到《侵权责任法》第三十七条第一款的规范，活动的发起人、召集人、组织者对于被邀请人、被组织者负有安全保障义务

朋友间相约聚会的活动，包括本案涉及的钓鱼活动越来越普遍，这种民间自发活动虽然在人数上不可与“群众性活动”同日而语，但这种民间自发活动因属于集体活动，存在决策的问题。因此，民间活动也应遵从一定的社会秩序，受到法律的规范调整。依据诚实信用原则，民间活动的组织者的确应当负有一定的保障被邀请人、被组织者安全的义务。

然而本案中，郭某彬不能被认定为钓鱼活动的组织者。对于何为活动组织者，应从以下两个方面衡量：一是组织者组织了群体性活动。二是组织者对于组织的活动具有一定的控制力，即组织者应当在活动中负监督、管理等义务。因组织者以自己的意思判断取代了成员个人的意思判断，组织者应当对成员的安全承担保障义务。根据证人证言，死者杨某龙是钓鱼爱好者，其与郭某彬是相约钓鱼。二人各自承担了钓鱼的准备工作，分别准备了工具、选择了钓鱼地点。郭某彬虽然先到现场，但不能以此作为组织者的身份标准。该地点的选择是双方协商的结果，而不是郭某彬个人决策。

二、实践中不宜对民间活动的组织者应尽的安全保障义务要求过高

民间活动的参加人均为完全行为能力人，其对自己的行为所产生的风险及后果应当有所预见。民间活动在现今社会越来越多，所以在司法实践中不宜对此类活动的组织者苛以过高的注意义务，组织者只要尽到适当的安全保障义务即可。否则，社会交往的成本过高。一般认为因故意或者重大过失未尽到安全保障义务而造成活动参加者损害的，应当依法承担相应的责任。

三、郭某彬对杨某龙之死并未构成侵权责任的构成要件

即使郭某彬不是民间活动组织者，但如果有侵权行为，也需要承担责任。一般侵权责任构成要件有四个：第一，有违法行为；第二，有损害结果；第三，违法行为和损害结果之间有因果关系；第四，行为人有过错。而本案中，郭某彬的行为不构成侵权行为。

事故发生的根本原因是水体交换、水流加速导致船在涵闸口附近倾翻。根据被告提供的现场视频，下水处与涵闸口存在一段距离，事件参与各方确定在涵闸口附近捕鱼才是危险产生的根本原因。而郭某彬并未上船捕鱼，其不具有指挥捕鱼船行驶方向和路线的条件。综上，郭某彬不是活动的组织者，不存在活动的安全保障义务，其主观不存在过错；客观上，其行为与损害后果不存在因果关系。

编写人：福建省厦门市海沧区人民法院　芦絮

30

公共场所管理人责任的司法认定标准

——薛某琴诉中国人民解放军火箭军总医院公共场所管理人责任案

【案件基本信息】

1. 裁判书字号

北京市西城区人民法院（2016）京0102民初28277号民事判决书

2. 案由：公共场所管理人责任纠纷

3. 当事人

原告：薛某琴

被告：中国人民解放军火箭军总医院

【基本案情】

2016年5月16日11时30分左右，薛某琴通过中国人民解放军火箭军总医院开放运行的旋转门离开时，该旋转门与薛某琴身体接触，导致其倒地受伤。薛某琴提交事发现场的监控视频，欲证明其通过旋转门时，右侧身体与旋转门接触，正常情况下该旋转门应停住，但旋转门由于发生机械故障，瞬间猛烈撞击原告，导致原告受伤；且旋转门两侧的推拉门是锁住封闭的，没有进行开放导致原告只能进入旋转门。医院对该视频的真实性认可，认为薛某琴进入旋转门时是强行进入的，且低头行走没有看旋转门的方位，原告是与旋转臂发生碰撞直接倒地，并不是先倒地后碰撞的；旋转门左右的平开门是开放的，可以通过，视频里没有显示是封闭的；视频中显示原告身体下方有安全提示，旋转到黄色区域不能强行进出，证明其尽到了安全提示的义务，并出示旋转门合格证及维护记录，证明其旋转门不存在质量问题。

薛某琴受伤后诊断为“左股骨颈骨折”，行“左全髋关节置换术”，住院治疗共计73天。司法鉴定认定其伤情构成八级伤残。故诉至法院，要求被告赔偿各项损失约20余万元。

【案件焦点】

1. 如何确定公共场所的管理人责任；2. 受害者是否自身存在责任。

【法院裁判要旨】

北京市西城区人民法院经审理认为，中国人民解放军火箭军总医院作为患者就医之公共场所的管理者，对进入该场所的人员具有法定的安全保障义务，特别是对其所能控制的旋转门等场所的配套设施、设备的安全性负有保障义务，该范围应当包括根据实际情况配备适当的人员提供引导和保护的服务以及提供警告、指示、通知、说明等告知和预防风险的服务等。根据监控录像，本案事故发生时旋转门人员流量密集，存在一定的安全隐患，且其未能提供充分有效证据证明其已尽到上述安全保障和危险防范之义务，故其依法应对薛某琴由此造成的合理损失承担相应的赔偿责任。同时，因薛某琴本人系完全民事行为能力人，在公共场所内的活动中对自身安全亦应保有适当的谨慎注意义务。通过监控录像可知，薛某琴在前方通行人员较多的情形下依然强行进入旋转门，故其受伤过程中亦有自身疏失之因素，依法亦应自行负担部分损失。双方对本次事故承担同等责任。

北京市西城区人民法院依照《中华人民共和国侵权责任法》第六条、第十六条、第二十二条、第二十六条、第三十七条第一款及《中华人民共和国民事诉讼法》第六十四条第一款之规定，作出如下判决：

一、本判决生效后十五日内，被告中国人民解放军火箭军总医院赔偿原告薛某琴住院伙食补助费 730 元、营养费 1000 元、交通费 150 元、精神损害抚慰金 1500 元、残疾赔偿金 94503. 75 元、鉴定费 1575 元；

二、驳回原告薛某琴其他诉讼请求。

【法官后语】

我国《侵权责任法》第六条第一款规定：“行为人因过错侵害他人民事权益，应当承担侵权责任。”该条文确定了侵权类案件中最基本的归责原则，即过错责任原则。行为人因为自身的过错导致侵害他人合法民法权益的，应当承担相应的责任。第二十六条规定了过错相抵原则，如果受害者自身有过错的，也应承担相应的责任。

《最高人民法院关于审理人身损害赔偿案件适用法律若干问题的解释》第六条第一款规定：“从事住宿、餐饮、娱乐等经营活动或者其他社会活动的自然人、法人、其他组织，未尽到合理限度范围内的安全保障义务致使他人遭受人身损害，赔偿权利人请求其承担相应赔偿责任的，人民法院应予支持。”关于公共场所管理人的安保责任规定在《侵权责任法》第三十七条第一款，即“宾馆、商场、银行、车站、娱乐场所等公共场所的管理人或者群众性活动的组织者，未尽到安全保障义务，造成他人损害的，应当承担侵权责任”。医院作为提供医疗服务的机构，对其所管理或拥有的办公场所内，也应当具有安全保障义务，如果未尽到相应的安全防护措施造成他人伤害的，也应当承担侵权责任。

随着我国城市化建设的推进以及人民群众法治意识的提升，人民大众对公共场所的安全保障义务需求递增，同样的，公共场所未尽到安全保障义务而侵害他人权益的案件也迅猛增长。在公共场所的安全保障责任纠纷案件审理中，主要的疑难点在于对公共场所的安全保障义务界限的认定。虽然上述法律作了规定，但是条文相对简陋，在实际适用时，需要法官依据一般的社会认知、大众的可接受度、裁判规范的一般标准以及法官的个人经验等多方面的因素来界定。

本案中，中国人民解放军火箭军总医院作为医疗机构，其应当为患者就医时的人身安全提供安全保障义务。薛某琴作为患者就医时，在医院所管理的场所即旋转门处受伤，医院作为该旋转门的所有人和管理人，是否尽到了安全保障义务是本案的焦点问题。本案审理中，通过对事发现场监控录像的调取，可以发现事故发生时，通过此旋转门的人流较大，医院应根据实际情况，配备适当的工作人员来引导人员依序通过，同时也应在旋转门旁作出明确的指示、通知和说明等告知服务，而医院未采取上述相应的措施，未能尽到适度的安全保障义务，导致患者薛某琴受伤，应承担相应的侵权责任。薛某琴作为完全民事行为能力人，其对自身的安全也应负有一定的谨慎注意义务，其通过旋转门时，人员较多，但其强行穿越，显然与伤害存在一定的因果关系，理应承担相应的责任。

编写人：北京市西城区人民法院　马小龙

31

购物者出门摔伤后的责任承担

——陶某荣诉北京东方家家商贸有限公司违反安全保障义务责任案

【案件基本信息】

1. 裁判书字号

北京市密云区人民法院（2017）京0118民初5784号民事判决书

2. 案由：违反安全保障义务责任纠纷

3. 当事人

原告：陶某荣

被告：北京东方家家商贸有限公司

【基本案情】

2017 年 3 月 1 日上午，原告到被告经营管理的位于密云区百世城商业街 4 号的东方家家超市购物，购物后摔倒在该超市门口处。原告受伤后，即至密云区中医院就诊。其伤情经密云区中医院诊断为“右肩软组织损伤，右上臂软组织损伤”。此后原告连续性复查，后其伤经密云区医院确诊为“右肩袖损伤”，就医产生医疗费（包括挂号费）合计 2875. 92 元。依据原告提交的诊断证明显示，其最后一次诊疗时间在 2017 年 5 月 22 日，医生建议休息一周。在上述诊疗期间，原告又至北京张某云中医骨伤诊所治疗，产生医疗费 460 元。原、被告对原告摔伤的原因产生争议。原告称，系超市北门门帘底部损坏布线交织在一起将其绊倒后致其摔倒在超市门口，造成右肩部受伤；被告则否认原告系在其超市摔倒。原告为证明其受伤原因，提交了 5 张事发当天的现场照片并申请证人李某春出庭作证，其中有 2 张照片显示门帘底部有部分较长的碎线，有 3 张照片显示原告坐在被告超市门口的地面上；证人李某春的证言显示他只看到了事发当天原告在超市门口坐在地上的情况。被告对原告提交的证据及证人证言均不认可，并认为原告的伤与其无关，就其主张，被告未向本院提交相关证据。依据本院调取的派出所出警视频显示，被告超市没有记录事发过程的视频资料。

【案件焦点】

被告是否违反了安全保障义务及原告自身是否应承担一定的责任。

【法院裁判要旨】

北京市密云区人民法院经审理认为：本案双方对原告受伤的原因有争议，被告亦持答辩意见不同意原告的主张，对此本院分析认为：首先，依据原告摔倒的地点、报警时间及记录、原告事发后即就诊以及就诊的连续性，可以确认原告的伤系在被告经营、管理的超市购物后在出门的过程中摔倒造成的，且原告摔倒与其伤情以及诊疗行为之间存在因果关系。其次，关于原告受伤的具体原因，从原告提交的现场照片显示，事发时，超市北门出口处的门帘底部确有部分较长碎线，有一定的安全隐患，可以认定被告在危险预防、消除方面存在疏忽，未能提供更加合理的安全保障措施，存在与原告受伤之间具有因果关系的可能性，故对于原告受伤，被告应在其过错范围内负有一定责任；原告作为具有完全民事行为能力的成年人，在出入公共场合时，对自身安全亦有注意义务，应小心谨慎，保护自身安全。故综上，本院依照案件的具体情况确定被告在此次事件中的责任比例份额为40%。

就具体的损失赔偿数额，原告主张的医疗费用，本院依据医疗机构出具的可以相互印证的票据予以确定；原告主张的护理费，综合原告的伤情、医生的诊疗建议及原告提供的证据予以酌定；原告主张的误工费，综合原告提供的证据及医生的诊疗建议予以酌定；原告主张的交通费，本院依据原告的伤情及就医的次数酌情予以确定。

北京市密云区人民法院依据《中华人民共和国侵权责任法》第六条第一款、第十六条、第三十七条第一款，《最高人民法院关于审理人身损害赔偿案件适用法律若干问题的解释》第十九条、第二十条、第二十一条、第二十二条之规定，判决如下：

一、北京东方家家商贸有限公司赔偿原告陶某荣医疗费、护理费、误工费、交通费等共计6777.6元（限本判决生效之日起七日内给付）；

二、驳回原告陶某荣的其他诉讼请求。

【法官后语】

安全保障义务是人类社会不断应对安全风险需求的产物，是基于分配正义理论发展而来的，该制度在我国立法中的确立有效地回应了我国经济社会高速发展对人身财产安全保护的迫切法律需求。然而我国侵权责任法中关于安全保障义务的规定相对较为原则，而现实生活中涉及安全保障义务的案件呈现出越来越复杂的表征，司法实践中的新问题不断凸显。本案即反映了如何在审判实践中确认安全保障义务的问题。

《侵权责任法》第三十七条规定，宾馆、商场、银行、车站、娱乐场所等公共场所的管理人或者群众性活动组织者，未尽到安全保障义务，造成他人损害的，应当承担侵权责任。因第三人的行为造成他人损害的，由第三人承担侵权责任；管理人或者组织者未尽到安全保障义务的，承担相应的补充责任。《最高人民法院关于审理人身损害赔偿案件适用法律若干问题的解释》第六条第一款规定，从事住宿、餐饮、娱乐等经营活动或者其他社会活动的自然人、法人、其他组织，未尽合理限度范围内的安全保障义务致使他人遭受人身伤害，赔偿权利人请求其承担相应赔偿责任的，人民法院应予支持。因第三人侵权导致损害发生的，由实施侵权行为的第三人承担赔偿责任。安全保障义务人有过错的，应当在其能够防止或者制止损害的范围内承担相应的补充赔偿责任。关于如何认定安全保障义务人未尽到安全保障义务，相关法律未作出明确规定，那么在司法实践中如何准确把握立法精神，合理判定安全保障义务人的责任，应从以下几个方面考量。

1. 经营者应在场所设计布置上符合保护公众安全的要求，如宾馆饭店须设置消防通道，银行应配备保安人员的，应严格按照这些标准执行。如果没有这方面规定的，则应按社会普遍公认的安全保护方式进行设置。

2. 警告义务。由于公共场所经营的一些项目本身即具有危险性（如登山、攀岩），有些设施本身具有危险性（如电梯），经营者应向消费者作出真实的说明和明确的警示，并说明正确的使用方法和防止危险发生的方法。

3. 保护与制止义务。当意外发生时，场所经营者应立即采取措施保护公众，并制止损害的进一步扩大。

4. 救济义务。当意外发生后，场所经营者应采取措施对受到损害的公众予以救济（如将伤者送往医院），避免损失因救济不及时而扩大。

就本案而言，陶某荣虽然没有直接的证据证明其摔倒系东方家家超市所致，但综合其摔倒的时间、地点及东方家家超市门帘底部有破损等情形，可以确认陶某荣摔倒受伤与东方家家超市存在未尽到安全保障义务的高度盖然性，其明知门帘底部有破损，未及时予以修复或更换，东方家家超市在场所设计布置上存在疏忽，未按社会普遍公认的安全保护方式进行设置，故东方家家超市存在一定过错，应当承担责任。但陶某荣作为完全民事行为能力人未对自身的安全尽到较高的注意义务，存在过错，根据《侵权责任法》第十六条规定，可以减轻东方家家超市的责任。

编写人：北京市密云区人民法院　李慧英

32

旅游经营者的安全保障义务

——李某国诉北京同盛国际旅行社有限公司违反安全保障义务责任案

【案件基本信息】

1. 裁判书字号

北京市丰台区人民法院（2017）京0106民初4104号民事裁判书

2. 案由：违反安全保障义务责任纠纷

3. 当事人

原告：李某国

被告：北京同盛假期国际旅行社有限公司（以下简称同盛旅行社）

【基本案情】

2016年7月，李某国一家与朋友相约到泰国旅游，李某国之友程某汗代表同行人员与同盛旅行社订立团队出境旅游合同，约定2016年7月27日出发，共7天，成人旅游费每人4555元，买一送一。2016年7月29日，该旅游团参加普吉岛快艇项目，李某国在乘坐快艇时于船头拍照，被浪击打，腰部受伤。当天，李某国被送往普吉岛使命医院治疗，脊柱CT检查结果为L1受压骨折，后行T12－L2后路内固定术，住院13天，在普吉岛使命医院产生的医疗费由经营快艇的船家为李某国支付。2016年8月10日，李某国与妻子崔某乘坐飞机回国，李某国的机票费用由经营快艇的船家支付，崔某的机票费用3000元由其自付。案件审理过程中，李某国申请伤残等级、误工期、护理期鉴定。经法院委托，北京天平司法鉴定中心出具法医学鉴定意见书，评定李某国L1压缩骨折术后属伤残十级，伤后误工期180日、护理期90日为宜。李某国支付鉴定费3150元、翻译费1100元。

【案件焦点】

如何确定旅游经营者是否尽到了安全保障义务。

【法院裁判要旨】

北京市丰台区人民法院经审理认为：旅游经营者未尽到安全保障义务，造成旅游者人身损害、财产损失，旅游者请求旅游经营者承担责任的，人民法院应予支持。同盛旅行社作为一家专业从事旅游服务的机构，应当知道快艇项目具有一定程度的危险性，在组织游客参加快艇项目时，应对游客的人身尽到更高程度的安全保障义务。同盛旅行社主张对李某国进行过提醒，但未举证证明其提示的内容是否充分，且快艇在船头设置了座位，游客可以选择到船头就座，在没有采取其他安全措施的情况下，仅有常规提示并不能有效保障游客安全，因此，本院认定同盛旅行社未对李某国尽到足够安全保障义务，应当对李某国的损失进行赔偿。

就李某国的各项诉讼请求，关于交通费，崔某因在普吉岛护理李某国而产生的回国机票费用，属于李某国的必要支出，双方在庭审中确认崔某的机票费用为3000元，本院予以支持；关于误工费，李某国未能证明其收入情况，本院根据免税工资额和李某国的误工期酌定为14000元；关于残疾赔偿金，按照上一年度北京市城镇居民人均可支配收入标准计算20年，李某国主张114450元未超过标准，本院予以支持；关于营养费，李某国主张的数额合理，本院予以支持；关于医疗费，李某国未提交医疗费票据，本院不予支持；关于后续治疗费，因尚未发生，在本案中不予处理，可待发生后另行主张；关于旅游费，李某国和崔某因本次事故未完成旅游行程，确实存在经济损失，因双方均未能对旅游费的项目及明细进行举证，本院酌定李某国和崔某五日的旅游费损失为3254元；关于护理费，根据一般护理标准和李某国的护理期酌定为9000元。上述费用，由同盛旅行社对李某国进行赔偿。

北京市丰台区人民法院依照《中华人民共和国侵权责任法》第三十七条第一款、第十六条，《最高人民法院关于审理旅游纠纷案件适用法律若干问题的规定》第七条之规定，作出如下判决：

一、北京同盛假期国际旅行社有限公司于本判决生效后七日内赔偿李某国交通费3000元、误工费14000元、残疾赔偿金114450元、营养费3000元、旅游费3254元、护理费9000元；

二、驳回李某国的其他诉讼请求。

【法官后语】

本案的争议焦点主要是，旅游经营者同盛旅行社是否对游客尽到了足够的安全保障义务，是否存在不作为的过失。

根据《侵权责任法》第三十七条规定，宾馆、商场、银行、车站、娱乐场所等公共场所的管理人或者群体性活动的组织者，未尽到安全保障义务，造成他人损害的，应当承担侵权责任。《侵权责任法》第三十七条的规定正是借鉴交易安全义务理论，对公共场所的管理人和群众性活动的组织者规定的法定作为义务，对所有进入其场所和活动的人员都负有安全保障义务，如果管理人没有履行好安全保障义务致人发生损害的，应构成不作为的侵权，承担侵权责任。

本案中同盛旅行社作为旅游活动的组织者，对游客具有安全保障义务。对游客游玩过程中可能存在的各种风险性应当充分告知，充分作为，减少游客受损失的可能性。结合本案案情看，一方面，同盛旅行社依据与游客之间签署的旅游合同，有避免游客旅游中免受损害的作为义务，同时也具有充分提示、告知当事人乘坐快艇、船头拍照高度危险性的作为能力。本案中，同盛旅行社导游作为经常性从事旅游活动并具有专业指导能力的理性人，应对游客快艇船头拍摄行为的危险性有客观理性的判断，通常情况下，在快艇高速运行且船头没有安全措施的情况下，游客于船头拍照危险发生的概率性非常大。但此处，导游并未尽到更高程度的安全保障义务，仅作简单提醒，未做安全保障措施，并不能够保障游客的安全，最终导致了损害结果的发生，根据《侵权责任法》第三十七条第一款规定以及《最高人民法院关于审理旅游纠纷案件适用法律若干问题的规定》第七条之规定应当承担侵权责任。

是否违背安全保障义务，构成不作为，是判断本案是否构成侵权责任的关键。本案能够认定旅行社主观上存在过失，主要的突破口在于旅行社不能充分举证自己尽到了提醒义务，一般情况下，经营组织者如果能够充分举证说明自己尽到安全保障义务，那么便不能认定为不作为。本案的另一个突破口是船头设置座位，也具有极高的危险性。故此案在主观过失认定上可以较为准确的把握。但在司法实践中，依据客观标准说对主观过失进行判断主观裁量性较大，为法官判案带来了一定的难度。

结合侵权责任法的相关理论，除了上述客观标准说以外，以法律经济学汉德公式的原理可进行更为客观公正的全面分析。假设游客船头拍照发生事故的概率为 P，旅游公司采取安全预防措施的成本为 B，损害事故的损害程度为 L，若 B < LP，依据汉德公式，则可以说明旅游公司存在过失行为，构成侵权。这里的 P 可由旅游公司提供此景点近 5 年无安全措施乘船发生事故的概率，L 为本案当事人的实际损失，B 为旅游公司提供安全保障措施的成本。法官在此类案件中，也可尝试借助汉德公式更为快捷判断案件走向。此种判案方式相较于客观标准说，更有借鉴性和指导性。

编写人：北京市丰台区人民法院　易小香

33

过失相抵能否在受害人特殊体质案件中予以适用

——蔺某军、李某春诉天津市滨海新区鑫源水世界游泳中心公共场所管理人责任案

【案件基本信息】

1. 裁判书字号

天津市滨海新区人民法院（2017）津 0116 民初 40563 号民事判决书

2. 案由：公共场所管理人责任纠纷

3. 当事人

原告：蔺某军、李某春

被告：天津市滨海新区鑫源水世界游泳中心（以下简称鑫源游泳中心）

【基本案情】

2017 年 1 月 26 日下午 14 时 45 分许，蔺某锐与其亲属前往鑫源游泳中心游泳，并于 14 时 54 分许从该泳池深水区池边跳入泳池，蔺某锐游至该游泳池水深约 1.7 米处发生溺水，后其亲属发现求救呼喊并和其他游泳者以及该泳池工作人员于 14 时 58 分许将蔺某锐拉出水面，并在泳池边进行施救，15 时 04 分许持有游泳救生员

资格证书的崔某武等人赶至现场继续进行抢救，其他人拨打120急救电话等，蔺某锐于15时13分许被救护人员放入担架送往天津医科大学总医院滨海医院进行抢救。后因抢救无效，该医院于当日16时25分宣布蔺某锐死亡。事发后，政府部门会同双方当事人就经济赔偿事宜进行调解，但未能达成一致意见。

蔺某锐系天津市城镇居民，死亡时年满29周岁，蔺某军、李某春分别系蔺某锐的父亲、母亲。蔺某锐系高中学历，鑫源游泳中心于2015年4月14日注册取得营业执照，营业执照记载经营范围为游泳服务等，并于2015年7月5日对外经营。事发时泳池面积为800平方米（16米×50米），并配备了若干入水扶梯，深水区到浅水区的水深为2米至1.4米。事发时，鑫源游泳中心并未向有关行政部门申请备案，也没用取得相关行政主管部门核发的《高危险性体育项目经营许可证》。

本案呈诉前，蔺某军、李某春曾向公安机关提出书面申请对蔺某锐死亡原因进行鉴定，因双方意见不一，公安机关并未进行相应的鉴定。本案呈诉后，蔺某军、李某春申请法院对蔺某锐的死亡原因进行鉴定，依法指定天津市津实司法鉴定中心进行鉴定，该所出具《司法鉴定意见书》，鉴定意见为蔺某锐符合生前溺水死亡，同时记载蔺某锐生前患有冠状动脉硬化症，管腔狭窄Ⅰ～Ⅱ级。该鉴定意见书作出后，鑫源游泳中心就蔺某锐特殊体质等提出质询问题，天津市津实司法鉴定中心作出《答复函》，主要意见为蔺某锐患有自身疾病运动较静止状态更容易发生心肌缺血、梗死，在剧烈运动情况下可能发现心前剧痛、憋闷等情况。

【案件焦点】

过失相抵能否在受害人特殊体质案件中予以适用。

【法院裁判要旨】

天津市滨海新区人民法院经审理认为：蔺某锐在鑫源游泳中心经营管理的游泳场所溺水死亡，根据《中华人民共和国侵权责任法》第三十七条第一款的规定，公共场所的管理人或者群众性活动的组织者，未尽到安全保障义务，造成他人损害的，应当承担侵权责任。

鑫源游泳中心作为游泳场所的经营管理主体，应当履行安全保障义务。根据《第一批高危险性体育项目目录公告》以及《全民健身条例》的规定，游泳属高危险性体育项目，鑫源游泳中心未按规定取得《经营高危险性体育项目许可证》，经营游泳服务应属违法。蔺某锐在接受鑫源游泳中心的游泳服务时发生溺水，鑫源游泳中心当时没有巡视员、救生员在岗，深水测试等安全保障制度措施未落实到位，在蔺某锐发生溺水的第一时间没有进行及时有效的施救措施，对蔺某锐溺水死亡的后果，鑫源游泳中心负有主要过错。

蔺某锐作为健全的民事行为能力人，其应当知悉自身的身体状况并意识到游泳存在的风险。因蔺某锐患有冠状动脉硬化症，管腔狭窄Ⅰ～Ⅱ级，根据鉴定机构的答复函，该病症可能不适合剧烈运动。本次事件发生在冬季，蔺某锐热身时间不足，从深水区域入水，未选择相对安全的扶梯入水，更易导致危险发生。因此，蔺某锐存在疏忽大意，未对潜在危险尽注意义务，存在一定的过错。因鑫源游泳中心、蔺某锐均存在过错，在双方过失相抵的情况下，确认蔺某锐、鑫源游泳中心的过错比例为3:7。

鑫源游泳中心主张蔺某锐因自身原因导致溺水，应负主要责任，鑫源游泳中心安全保障不到位应负次要责任。该主张依据不足，不予采纳。蔺某军、李某春主张的死亡赔偿金、丧葬费等各项经济损失经认定共计780684元，由鑫源游泳中心赔偿70%，计为546478.8元。

天津市滨海新区人民法院依照《中华人民共和国侵权责任法》第六条、第十六条、第二十二条、第二十六条、第三十七条第一款之规定，判决如下：

一、鑫源游泳中心于本判决生效后十日内赔偿蔺某军、李某春各项经济损失共计546478.8元；

二、驳回蔺某军、李某春的其他诉讼请求。

【法官后语】

《侵权责任法》目前尚无针对受害人特殊体质案件作出规定。最高人民法院于2014年发布的指导案例24号明确指出，交通事故案件受害人没有过错，其体质状况对损害后果的影响不属于可以减轻侵权人责任的法定情形。当侵权行为造成侵权后果，但被侵权人存在特殊体质，如果让侵权人赔偿全部损失似乎过于严苛，但若令其赔偿部分损失似乎又对受害人不公，由此产生两难境地，造成了该指导案例公布后，仍然存在较大争议。

受害人特殊体质，来源于英美法系的“蛋壳头盖骨”规则。根据该规则，受害人的特殊体质不会影响因果关系，侵权人应当承担全部赔偿责任，不能因受害人的特殊体质而减少或免除责任，是为了保护弱者的利益。过失相抵，是在受害人对于损害的发生或者损害结果的扩大具有过错时，可以减免侵权人责任的一种制度，是为了保障侵权责任法上的责任自负原则，实现公平正义。从上面分析可知，两者在适用、目的上是存在一定冲突的。

对于本案讨论的焦点问题，核心问题其实在于如何看待受害人的特殊体质，这其实是围绕着平衡加害人利益与受害人利益展开的。结合法律、司法解释及最高人民法院指导案例24号来讲，笔者认为，过失相抵能够在受害人特殊体质案件中予以适用。理由为：第一，根据侵权责任中过失相抵理论，适用于所有的侵权损害赔偿，这是法律之公平精神与自己责任原则的要求。第二，最高人民法院指导案例24号裁判理由讲述到受害人对损害发生或扩大没有过错，不存在减轻或者免除加害人赔偿责任的法定情形，这一点至关重要。第三，如果否定受害人特殊体质的客观作用，势必增加社会主体的注意义务，影响交易成本和效率。

如何让过失相抵能够在受害人特殊体质案件中予以适用，根据上述分析，应当有以下两个方面：第一，对于对自身特殊体质有注意义务的个人，在从事活动中没有采取合理、安全、谨慎注意义务，对损害发生或扩大具有过错的情况下，就损害后果或扩大的损害后果，适用过失相抵。第二，正如上述最高人民法院指导案例所述，对于对损害结果缺乏注意义务的特殊体质个人，对损害发生或扩大没有过错，不应适用过失相抵。

本案中，受害人存在不适合剧烈运动的特殊体质，在其游泳过程中，没有足够热身及选择安全入水方式，其自身特殊体质加上其行为没有采取合理、安全、谨慎注意义务，在侵权人未尽到安全保障义务的前提下，最终法院将双方过失相抵，平衡了双方当事人的权益。判决作出后，双方均未上诉，鑫源游泳中心也主动履行了判决确定的赔偿义务。

编写人：天津市滨海新区人民法院　张艳辉

34

农村儿童溺水，村民小组、村委会的责任认定

——黄某昌、韩某沌诉陆丰市南塘镇竹坑村村民委员会公共场所管理人责任案

【案件基本信息】

1. 裁判书字号

广东省汕尾市中级人民法院（2017）粤15民终120号民事判决书

2. 案由：公共场所管理人责任纠纷

3. 当事人

原告（被上诉人）：黄某昌、韩某沌

被告（上诉人）：陆丰市南塘镇竹坑村村民委员会（以下简称竹坑村委会）

【基本案情】

2015年8月22日下午2时许，黄某昌、韩某沌的儿子黄某某（男，2005年9月13日出生）与同村其他孩子共6人，一起到池塘进行游泳玩水。该池塘属陆丰市南塘镇竹坑村民委员会竹坑村民小组（以下简称竹坑村民小组）所有。游泳过程中，黄某某不慎溺水，经抢救无效死亡。2015年9月1日，黄某昌、韩某沌以竹坑村委会在其管理使用的池塘周围没有配置安全设施和警示标志，未尽到管理责任和安全保障义务为由提起诉讼，请求：1. 竹坑村委员会向其支付死亡赔偿金238205.5元（按照汕尾市上一年度农村居民人均收入乘以二十年计算）、丧葬费9680元、交通费4700元、精神抚慰金150000元，共计402585.5元；2. 诉讼费由竹坑村委会承担。一审法院“驳回原告黄某昌、韩某沌的诉讼请求”。黄某昌、韩某沌不服判决而提起上诉，汕尾市中级人民法院将本案发回重审。重审时，一审法院依法追加竹坑村民小组作为第三人参加诉讼。

【案件焦点】

1. 涉案损害后果与竹坑村委会履行村务职责有无法律上的因果关系的问题；2. 竹坑村委会应负民事法律责任如何认定的问题。

【法院裁判要旨】

广东省陆丰市人民法院经审理认为：本案事故发生时，黄某某虽属无民事行为能力人，但即将满10周岁，其对在池塘上玩耍、游泳应有一定的认知，但其并未尽到安全注意义务。而黄某昌和韩某沌作为父母，对黄某某也未尽到教育引导和管理监护义务。因此，黄某昌、韩某沌和黄某某对本案事故应承担主要责任。此外，竹坑村民小组作为池塘的管理者和权属所有者，明知池塘可能带来的危险性，却未设置防护栏或采取其他防护措施，最终导致黄某某溺水死亡的严重后果。因此，竹坑村民小组对本案损害后果应承担次要责任。竹坑村委会作为竹坑村民小组上级领导机构，应对池塘的安全责任起到督促和监督作用，但竹坑村委会未尽责任，故造成事故的发生，应负有一定的连带责任。综合双方在本案事故中的过错程度及对损害后果所引起的原因大小，酌情确定竹坑村民小组对本案事故承担40%的责任，黄某昌、韩某沌承担60%的责任。具体赔偿项目评析如下：

关于丧葬费。根据《最高人民法院关于审理人身损害赔偿案件适用法律若干问题的解释》第二十七条的规定，丧葬费按照《广东省2015年度交通事故人身损害赔偿计算标准》的一般地区职工平均工资标准，计算六个月为32395元（64790元÷12个月×6个月）。

关于死亡赔偿金。根据《最高人民法院关于审理人身损害赔偿案件适用法律若干问题的解释》第二十九条的规定，黄某某死亡时不满10周岁，生前为农村居民，死亡赔偿金应参照《广东省2015年度交通事故人身损害赔偿计算标准》的农村居民人均可支配收入标准12245.6元/年，按二十年计算为244912元（12245.6元×20年）。

关于交通费。在诉讼中，黄某昌、韩某沌未能提供交通费票据证明实际的交通费用支出，且事故发生时是在当地，故依法不予支持。

关于精神损害抚慰金。因黄某某的溺水死亡，客观上给作为其父母的黄某昌和韩某沌造成极大的精神创伤，故黄某昌、韩某沌主张精神损害抚慰金150000元过高，可适当给予补偿50000元。

综上所述，竹坑村民小组应向黄某昌、韩某沌支付各项赔偿金共计130922.8元［（32395元+244912元+50000元）×40%］。

广东省陆丰市人民法院依照《中华人民共和国民法通则》第一百一十九条和《最高人民法院关于审理人身损害赔偿案件适用法律若干问题的解释》第一条、第十八条、第二十七条、第二十九条之规定，判决如下：

一、第三人陆丰市南塘镇竹坑村委会竹坑村民小组应在本判决生效之日起十五日内向原告黄某昌、韩某沌支付40%的赔偿款130922.8元；

二、被告陆丰市南塘镇竹坑村委会对该赔偿款项负有连带清偿责任；

三、驳回原告黄某昌、韩某沌的其他诉讼请求。

竹坑村委会不服一审判决，提起上诉。广东省汕尾市中级人民法院经审理认为：本案案由应为公共场所管理人责任纠纷。一审重审判决对本案焦点认定存在错误，现将事由分析如下：

关于涉案损害后果与竹坑村委会履行村务职责有无法律上的因果关系的问题。首先，竹坑村委会与竹坑村民小组都是村民自治组织，各自享有独立的民事权利主体资格。而我国现行法律并无明确规定上下级管理关系是承担民事法律责任的必然依据，一审重审判决仅以二者关系认定竹坑村委会应对竹坑村民小组所负侵权之债承担连带赔偿责任，明显缺乏法律依据，应予以纠正。其次，竹坑村委会虽不是涉案水塘的所有人和直接管理人，但根据《中华人民共和国村民委员会组织法》第二条第二款关于村民委员会办理本村的公共事务和公益事业，调解民间纠纷，协助维护社会治安等的有关规定，竹坑村委会不仅对分设若干村民小组负有统筹管理公共事务的职责，而且负有维护全体村民合法权益的职责。至于竹坑村委会与竹坑村民小组之间在村务公共管理、公益事业等中的职责区分、有无混同、代行管理等情形，因组织自治性、管辖地域重合性，一般村民是无法识别和分辨的，作为村务管理者的上述当事人彼此推诿管理职责，但又未能充分举证证实二者权责确有不同的事实。最后，涉案水塘因无人管理而荒废多年，儿童不幸溺水的重大事故足以证实涉案水塘对公共安全产生极大的危险性，现作为村务管理责任方的竹坑村委会、竹坑村民小组应自行承担举证不能的诉讼后果。显然，竹坑村委会在履行全村范围内的公共事务和公益事业的职责中不够谨慎而有懈怠、松散之情节。因此，涉案损害后果与竹坑村委会履行村务职责有法律上的因果关系。

关于竹坑村委会应负民事法律责任如何认定的问题。本案中，竹坑村民小组承担直接的侵权赔偿责任，黄某昌、韩某沌主张竹坑村委会对此应承担连带赔偿责任，竹坑村委会则以其并非涉案水塘所有人或管理人为由辩驳。根据我国现行法律及司法解释的相关规定，一方对另一方当事人所负合同之债抑或侵权之债等承担连带责任必须有明确的法律依据。如前所述，竹坑村委会与竹坑村民小组都是各自享有独立的民事权利主体，既然本案当事人对原审第三人竹坑村民小组作为承担涉案损害赔偿的直接责任人均已服判，因此，竹坑村委会之所以承担民事法律责任是基于村务管理权责不明，即不应承担连带赔偿责任。根据《中华人民共和国侵权责任法》第三十七条第二款关于"因第三人的行为造成他人损害的，由第三人承担侵权责任；管理人或者组织者未尽到安全保障义务的，承担相应的补充责任"的规定，综合本案实际情况，酌定竹坑村委会在竹坑村民小组不能清偿损害赔偿款130922.8元的80%范围内承担补充赔偿责任。

广东省汕尾市中级人民法院依照《中华人民共和国侵权责任法》第三十七条第二款、《中华人民共和国民事诉讼法》第一百七十条第一款第二项之规定，判决如下：

一、维持广东省陆丰市人民法院（2016）粤1581民初246号民事判决第一项、第三项；

二、变更广东省陆丰市人民法院（2016）粤1581民初246号民事判决第二项为：上诉人陆丰市南塘镇竹坑村委会在原审第三人陆丰市南塘镇竹坑村委会竹坑村民小组不能清偿损害赔偿款130922.8元的80%范围内承担补充赔偿责任；

三、驳回上诉人陆丰市南塘镇竹坑村委会的其他上诉请求。

【法官后语】

本案在审理中，对于村民小组、村委会是否应对儿童溺水的损害后果承担责任，存在一定的争议。实践中，各地法院在处理该类案件时，存有以下三种不同意见：

第一种意见：村委会等基层自治组织作为水塘的所有人、管理人，对水塘具有监管职责，应能预见水塘的危险性及设置明显标志、采取有效的安全设施，由于其未尽到安全保障义务，造成的损害后果，其应承担次要责任。

第二种意见：村委会等基层自治组织作为水塘的所有人、管理人，仅对水塘本身负有安全保障义务，对他人不负有安全保障的法定义务。根据《最高人民法院关于审理人身损害赔偿案件适用法律若干问题的解释》第六条及《侵权责任法》第三十七条的规定，只是对部分经营活动、公共场所经营者和其他社会活动的组织者规定了安全保障义务，而水塘地处偏僻，不是公众进入的商业经营场所、公共场所和其他社会活动的场所，其管理人明显不是商业经营场所、公共场所的经营者和其他社会活动的组织者，除对水塘本身负有安全保障义务外，当然没有对他人负有安全保障的义务，也即没有对水塘设置警示标志和防护设施、禁止他人游泳的法定义务。且水塘管理人也没有从中受益，如要求其承担责任，明显违背民事权利义务对等原则，故其不应承担赔偿责任。

第三种意见：村委会等作为基层群众性自治组织，通常办理的是区域内的公共事务和公益事业，对其不应苛求对他人负有严格的安全保障义务，只要其已尽到管理者的一般注意义务即可，但即使其已尽到一般注意义务，水塘对儿童来说仍存在安全隐患，故根据公平原则，酌情由管理者承担10%的赔偿责任。

根据本案实际情况，笔者持第一种意见，理由如下：

第一，笔者认为，对于“公共场所”的概念可以作扩大解释。从《侵权责任法》第三十七条规定可以看出，我国法律对“公共场所”的概念采取了开放式列举的方式，虽然该条款列举的几个公共场所均是人流较多的经营场所，但并不表示非经营场所的管理人不负有安全保障义务，不能以此来排斥非经营场所。身处在这样一个风险社会，每个社会成员都负有在特定情形下适当注意他人的人身、财产安全的社会责任，如果将场所限于经营场所，并不利于保护受害人的权益，不利于和谐社会的创建，毕竟像类似本案的情况应是大量存在的，这种情况更应借助侵权责任法的保护来维护受害人的合法权益。而且对于进入公共场所的人数，法律上也没有明确的限制，故笔者认为，不能以地处偏僻及非经营场所为由而否定其公共场所的性质。

第二，管理人对其公共场所内的不特定的人负有安全保障义务。本案中的事故发生地水塘是属竹坑村民小组所有，竹坑村民小组依法应对涉案水塘存在的安全隐患采取有效防范措施，履行安全保障义务和管理义务。但在因农田灌溉需要而对涉案水塘进行挖深改造的情况下，竹坑村民小组作为所有人、管理人，没有履行防范危险、避免损害发生的义务，而是放任涉案水塘的荒废，不对水塘进行管理而任由危险的发生，最终导致本案受害人（未成年人）进入该水塘而溺亡，故竹坑村民小组对本案事故的发生应承担一定的责任。

第三，本案当事人对一审重审判决竹坑村民小组为侵权的直接责任人及损害后果的赔偿责任比例均无异议，并未就此上诉。故本案最主要的焦点应是竹坑村委会是否应对本案的损害后果承担责任及承担何种责任。一审重审判决竹坑村委会对竹坑村民小组的赔偿款项负有连带赔偿责任，是基于竹坑村委会系竹坑村民小组的上级领导机构为由，然而根据《民法通则》第八十七条“债权人或者债务人一方人数为二人以上的，依照法律的规定或者当事人的约定，享有连带权利的每个债权人，都有权要求债务人履行义务；负有连带义务的每个债务人，都负有清偿全部债务的义务，履行了义务的人，有权要求其他负有连带义务的人偿付他应当承担的份额”的规定，承担连带责任，须有法律的规定或当事人的约定，而我国现行法律并无明确规定上下级管理关系是承担民事法律责任的必然依据，且本案侵权的直接责任人系竹坑村民小组，而非竹坑村民小组与竹坑村委会，两者并不构成共同侵权，竹坑村委会与本案损害后果并没有直接的因果关系，故一审重审判决竹坑村委会承担连带责任缺乏法律依据。那么竹坑村委会在本案中应承担何种责任？根据我国相关法律规定，村委会的职责主要是办理本村的公共事务和公益事业，村民小组的职责主要是经营管理属于村民小组集体所有的土地、企业和其他财产以及公益事项，由此看来，村委会与村民小组的职责既有联系又有区别，但作为一般村民来说，是无法识别和分辨的，作为村务管理者的村委会与村民小组因未能在本案中提供证据证明各自的管理职能及第三人知道该情况，便不能以其职责不同为由对抗不知情的第三人，故竹坑村委会系基于村务管理权责不明而应对本案损害后果承担责任。在儿童溺水事件高发的农村，如若村委会对此无责，极易令其懈怠履行其管理公共事务的职责，将不利于保护其村民合法的人身、财产权益。据此，二审根据《侵权责任法》第二款的规定，判决竹坑村委会承担补充责任。

诚然，本案无论是以何种意见作出判决，作为监护人的一方承担的均是主要责任或全部责任，无法推卸。农村儿童溺水事件的频繁发生，表现出如今农村的防溺水安全教育缺乏、家长的不重视、对儿童的监管不到位等。其实，防溺水教育重在预防，而家长是第一道关，必须尽到责任，如此才能减少此类事件的发生。希望本案可以对各位家长起到警示作用，真正将防溺水安全教育落到实处。

编写人：广东省汕尾市中级人民法院　施伟强　詹维敏

35

经营管理者未尽安全保障义务按过错比例承担责任

——吴某飞诉广东大峡谷旅游发展有限公司公共场所管理人责任案

【案件基本信息】

1. 裁判书字号

广东省乳源瑶族自治县人民法院（2016）粤0232民初265号民事判决书

2. 案由：公共场所管理人责任纠纷

3. 当事人

原告：吴某飞

被告：广东大峡谷旅游发展有限公司（以下简称大峡谷旅游公司）

【基本案情】

2015年5月1日，吴某飞等人员组成"驴友团"进入大峡谷景区游玩时，景区山上的一块山石滑落，该山石在撞击下方的人行道及护栏后，形成多块碎石，直接砸中了正在驻足观看瀑布或拍照的部分游客，并造成吴某飞等人受伤。事故发生后，吴某飞被送往粤北人民医院住院治疗。广东北江法医临床司法鉴定所对吴某飞的伤病关系、伤残程度、护理依赖程度及后期医疗费进行鉴定，鉴定意见为：吴某飞的损伤与本次意外事故存在直接因果关系；吴某飞双下肢体截瘫评定为Ⅰ（一）级伤残，右侧肩胛骨粉碎性骨折内固定术评定为Ⅹ（十）级伤残，双侧多发肋骨骨折评定为Ⅸ（九）级伤残；吴某飞体内固定物取出的后期医疗费用评定为16000元人民币；吴某飞的护理依赖程度属完全护理依赖。吴某飞认为大峡谷旅游发展有限公司作为景区的管理者，明知景区以山石为主，暴雨大风天气山石容易松动，却未对整个景区山石做松动的排查，未在游客途经区域设置任何警示标志或安全设施，是导致此次事故发生的全部原因，根据《侵权责任法》的相关规定应当承担全部的赔偿责任。

大峡谷旅游公司则主张其在景区门票背面印制了《游客须知》告知安全事项，且案发前已在景区沿途各线路设置安全警示标志等，尽到了安全保障义务。且经广东省国土资源厅调查表明，本次事故属于突发性自然灾害，属不可抗力造成的，其不应承担责任。吴某飞明知事发当日下大雨，天气恶劣的情况下参观景点具有一定的风险，但仍进入景区谷底进行参观，具有过错。

另查明，涉案景区属于国家AAAA级景区，由大峡谷旅游公司经营管理，该公司在景区内设置有“小心山石滑落”的安全提示告知牌。2015年5月2日，广东省国土资源厅组成调查组，深入大峡谷景区黄龙潭出事地点进行了实地调查，并于5月3日作出（2015）第2期《突发事件信息专报》。该专报载明：“这是一起山石滚落的突发性自然灾害，不属于地质灾害范畴。”

【案件焦点】

1. 大峡谷旅游公司作为涉案景区的管理人是否尽到了安全保障义务，对景区山石滑落砸伤游客事件是否存在过错；2. 吴某飞的损失应如何赔付。

【法院裁判要旨】

广东省韶关市乳源瑶族自治县人民法院经审理认为：经营活动场所的经营者或管理者负有法定的安全保障义务，经营管理者未尽安全保障义务致人损害应承担责任。安全保障义务体现为三个方面的内容：即危险预防义务、危险消除义务和发生损害后的救助义务。第一，对于危险预防义务。大峡谷旅游公司在其所经营的景区门票背面印有“游客须知”，在景区内设置有“小心山石滑落”的安全告示和警示标志，并在人行道上设置了护栏。根据《中华人民共和国旅游法》的相关规定和《旅游景区质量等级的划分与评定》的要求，作为AAAA级旅游景区应当危险地段标志明显，防护设施齐备、有效，高峰期有专人看守；应当配备齐全、完好、有效的救护设备，设立医务室，并配备医务人员。事故发生后，是大布镇卫生院的医务人员赶到现场对伤者进行抢救的，可见涉案景区的安全管理措施未完全达到预防危险发生的标准，对于危险的预防存在瑕疵。第二，对于危险消除义务。2015年5月1日当天降雨，之前亦连日降雨，涉案景点属石英砂峡谷地貌，山体坡度较陡，受构造、风化影响，外侧岩块容易与母岩分离形成滚石，堆积于坡体或冲沟中。广东大峡谷旅游发展公司未提供证据证实其在连日降雨的情况下已对景点进行了风险检测评估、信息披露和整改，也未提供证据证实已加强值班、值守，对于危险的消除未达到公共场所管理人的安全保障的要求，未尽到危险消除的义务。第三，对于发生损害后的救助义务。在发生山石滑落砸伤游客事故后，景区工作人员及时报警，通知120过来救治，积极参与救助，其一系列救助措施已经达到了公共场所管理人的安全保障的要求，没有违反发生损害后的救助义务。综上所述，大峡谷旅游公司对于危险的预防、危险消除存在瑕疵，对吴某飞被景区山石滚落砸伤的事故存有过错，应当依法承担民事责任，综合本案实际，确定由大峡谷旅游公司承担70%的民事赔偿责任。判决：被告大峡谷旅游公司尚应赔偿原告吴某飞人身损害赔偿款723332.97元，此款限于本判决发生法律效力之日起十日内一次性付清给原告吴某飞。

【法官后语】

本案系因景区发生山石滚落的突发性自然灾害导致游客受伤的侵权责任纠纷。在审理过程中，景区一方认为突发性自然灾害属于不可抗力，不应由其承担责任。因此，认定景区是否尽到安全保障义务，在游客被山石砸伤时间中是否有过错是案件审理的关键。

《侵权责任法》第三十七条规定："宾馆、商场、银行、车站、娱乐场所等公共场所的管理人或者群众性活动的组织者，未尽到安全保障义务，造成他人损害的，应当承担侵权责任。"《最高人民法院关于审理人身损害赔偿案件适用法律若干问题的解释》第六条第一款规定："从事住宿、餐饮、娱乐等经营活动或者其他社会活动的自然人、法人、其他组织，未尽合理限度范围内的安全保障义务致使他人遭受人身损害，赔偿权利人请求其承担相应赔偿责任的，人民法院应予支持。"安全保障义务是指宾馆、商场、银行、车站、娱乐场所等公共场所的管理人或者群众性活动的组织者，所负有的在合理限度范围内保护他人人身和财产安全的义务。

笔者认为，"合理限度范围内"的安全保障义务理解可以从以下三个方面具体把握：(1) 危险预防义务方面，指公共场所管理人应当保证其提供的商品和服务符合保障人身、财产安全的要求，应确定其管理区域内的硬件设施符合安全标准，避免出现危及人身或财产安全的危险，并根据其所经营场所的规模、地理环境、工作性质等，配备数量足够、合格的安保人员，为参与其经营活动或者其他社会活动的人提供与其活动相适应的安全保障。(2) 危险消除义务方面，指公共场所管理人应尽到谨慎、勤勉等注意义务，对可能出现的危险应该采取有效措施消除。(3) 发生损害后的救助义务方面，指对于已经或者正在发生的危险，应当采取适当措施积极救助，避免损害结果的进一步扩大。综上，公共场所管理人只有同时满足上述条件，才能认定为履行了“合理限度范围内”的安全保障义务。具体到本案中，涉案景区作为AAAA级旅游景区，没有按照《旅游景区质量等级的划分与评定》(GB/T17775－2003) 的要求配备齐全、完好、有效的预防和救护设备，也没有设立医务室并配备医务人员，在高峰时段也没有加强危险路段的专人看守。可见在安全管理措施上，景区并未完全达到预防危险发生的标准，对于危险的预防存在瑕疵。另外，事故发生当天降雨，之前亦连日降雨，景区景点属石英砂峡谷地貌，山体坡度较陡，受构造、风化影响，外侧岩块容易与母岩分离形成滚石，景区应尽到谨慎注意义务，对景点的旅游安全风险进行适时监测和评估，对可能对旅游者产生危害的信息进行披露和告知，并加强值班、值守，及时处理发生的问题。但景区未提供证据证实其在连日降雨的情况下已对景点进行了风险检测评估、信息披露和整改，也未提供证据证实已加强值班、值守，对于危险的消除未达到公共场所管理人的安全保障的要求，未尽到危险消除的义务。因此，景区在危险的预防义务和危险消除义务上是存在瑕疵的，未在合理范围内尽到安全保障义务。在责任承担方面，本案是一般侵权行为，适用过错责任。如上所述，景区未在合理范围内尽到安全保障义务，在游客被落石砸伤事件中存在过错，应承担主要责任，法院认为70%的比例是公平公正的。

编写人：广东省韶关市乳源瑶族自治县人民法院　刘丽珍

36

安全保障义务的合理界定与公平责任原则的合理运用

——张某明诉周村金甫庄园、王某违反安全保障义务责任案

【案件基本信息】

1. 裁判书字号

山东省淄博市中级人民法院（2017）鲁 03 民终 795 号民事判决书

2. 案由：违反安全保障义务责任纠纷

3. 当事人

原告（上诉人）：张某明

被告（被上诉人）：周村金甫庄园（以下简称金甫庄园）、王某

【基本案情】

2015 年 3 月 8 日，杨某杰以虚假身份应聘王某经营的金甫庄园服务员。晚 18 时许，张某明到庄园牡丹厅就餐，其间杨某杰从张某明挂在椅子上的包中窃取现金 10000 元。2015 年 4 月 27 日，杨某杰被刑事拘留，同年 6 月 2 日被逮捕。2015 年 10 月 13 日，淄博高新技术产业开发区人民法院作出（2015）新刑初字第 82 号刑事判决书认定杨某杰犯盗窃罪，判处有期徒刑二年，并处罚金 20000 元。当事人双方协商赔偿事宜未果，张某明遂诉至法院，要求金甫庄园、王某依法赔偿其损失 10000 元和经济损失 1000 元。张某明在起诉中主张其作为消费者到金甫庄园就餐，双方形成服务合同关系，根据《侵权责任法》，杨某杰在工作过程中利用工作便利实施盗窃行为，作为经营主体的被告对所聘用人员疏于教育、管理等职责，故应由作为雇主的被告承担责任。根据《消费者权益保护法》，金甫庄园应为消费者提供安全用餐环境，原告选择在相对封闭的牡丹厅就餐已尽到注意义务，被告未履行安全保障义务，应赔偿原告的损失。金甫庄园、王某则辩称，原告自身对贵重物品未妥善保管，自身应存在较大过错，而被告已经尽到安全保障及提示义务，无任何过

错，且杨某杰并非因执行任务而造成原告损失。因此，应由杨某杰承担赔偿责任。原告主张的经济损失于法无据，不应支持。

【案件焦点】

张某明能否依据经营者的安全保障义务要求金甫庄园、王某对其财产损失承担赔偿责任。

【法院裁判要旨】

山东省淄博高新技术产业开发区人民法院认为：原告的诉讼主张中既有违约又有侵权。根据《中华人民共和国合同法》第一百二十一条之规定，原告对民事责任的竞合情形，无明确选择，只能在全面审理后按照有利于权利人原则酌情处理。本案中，原、被告形成以消费与服务为主要内容的合同关系。王某作为消费与服务合同的经营者，除应全面履行合同约定义务外，还应根据《合同法》第六十条履行保护消费者人身、财产不受非法侵害的附随义务。为了履行这一附随义务，经营者必须根据本行业的性质、特点和条件，随时、谨慎地注意保护消费者的人身、财产安全，但因盗窃犯罪的隐蔽性，即使经营者给予应有的注意和防范，也不可能完全避免刑事犯罪对顾客财产的侵害。侵害一旦发生，只能从经营者是否尽到“合理限度范围的谨慎注意义务”来判断其是否违约。首先，杨某杰入职时向被告提供的虚假身份证照片与其本人没有任何差别，被告并非公安机关，不具备对该身份证真伪进行辨别的能力，即被告已履行了相应审查义务；其次，要求被告在杨某杰入职时作出其存在犯罪可能的判断，显然是强人所难；最后，原告主张被告对杨某杰疏于教育、管理，但据一般社会常理，即使被告加强教育、管理也不必然杜绝犯罪行为发生。因此，被告通过履行合理的谨慎、注意义务，也不可能识别或预见杨某杰有实施犯罪的可能，故不存在违约行为。违反安全保障义务导致他人损害，应当适用过错责任原则，即原告应举证证明被告存在过错，而衡量安全保障义务人的过错程度，要考虑其行为是否尽到了合理、谨慎的行为人应当尽到的注意义务。结合本案案情，被告并不存在侵权过错，原告财产被盗是杨某杰犯罪的直接、必然结果，而非由杨某杰提供的服务直接造成，不属于《消费者权益保护法》规定的情形。另外，从事雇佣活动是指从事雇主授权或指示范围内的生产经营活动或者其他劳务活动，杨某杰实施的犯罪行为显然不是由王某授权或指示，故对原告提出杨某杰在工作过程中实施盗窃行为应由作为雇主的被告承担责任的主张，不予支持。但因原告是在实施有利于被告获利的就餐行为时权益受损，可酌情由被告向原告补偿部分经济损失，故结合本案实际情况酌定王某补偿原告 2000 元。据此，一审判决：

王某补偿张某明 2000 元。

张某明持原审起诉意见提起上诉。山东省淄博市中级人民法院经审理认为：金甫庄园提供的是餐饮商品和服务，服务员的故意犯罪行为并非金甫庄园提供商品和服务的范畴，其主张金甫庄园构成餐饮合同违约的理由显然不能成立，其要求适用消费者权益保护法处理本案的意见，不予采纳。本案中，杨某杰的盗窃行为是造成张某明财物损失的直接原因，杨某杰虽然是在餐饮服务过程中实施的犯罪行为，但不是基于履行职务的行为，而是其个人违法犯罪行为，实际侵权人应是杨某杰本人而非金甫庄园，故张某明的损失应由杨某杰承担直接赔偿责任。杨某杰即使预留身份证信息，金甫庄园也无法审核其犯罪情况，偷窃行为也不会避免。张某明在就餐期间，金甫庄园应对张某明财物承担一定安全保障义务，但基于餐饮服务关系形成的安全保障义务范围不能无限扩张；结合包间封闭性及金甫庄园应尽注意义务，在金甫庄园不存在侵权过错前提下，从公平原则角度，一审判决王某向张某明补偿 2000 元，符合本案实际，予以支持。据此，二审判决：

驳回上诉，维持原判。

【法官后语】

本案主要涉及如何合理界定经营者的安全保障义务问题，即张某明能否依据该项义务要求金甫庄园、王某承担赔偿责任。

借鉴德国“交易安全义务”理论，我国《侵权责任法》第三十七条创设的“安全保障义务”主要用于解决某些公共场所发生的损害赔偿问题。包括“宾馆、商场、银行、车站、娱乐场所等公共场所的管理人或者群众性活动的组织者，未尽到安全保障义务，造成他人损害的，应当承担侵权责任”。且当“因第三人的行为造成他人损害的，由第三人承担侵权责任；管理人或者组织者未尽到安全保障义务的，承担相应的补充责任”。由此可见，违反安全保障义务的侵权责任是过错责任，判断经营者、活动组织者有无过错关键看其是否已经尽到了“合理限度”的安全保障义务，如是否达到法律法规、规章或操作规程的要求；是否达到同类经营者、组织者的通常注意程度；是否尽到善良经营者、组织者的注意程度。另外，在第三人侵权损害情形下，经营者、组织者在未尽安全保障责任范围内承担补充赔偿的责任。

本案中，金甫庄园、王某在饭店柜台、房间内设置有相应警示标语，并在服务员杨某杰入职时，对其身份证进行合理查看，均可视为对就餐顾客的人身、财产安全尽到了适当的安全保障注意义务。张某明虽主张杨某杰是服务员，故其入职时金甫庄园、王某对其身份证的简单查验，不足以预防侵权行为的发生，也不能据此认定金甫庄园、王某已尽到对顾客的谨慎注意义务，但“法律不能强人所难”。依据经验法则与餐饮行业惯例可知，一审对金甫庄园、王某以查验方式履行注意义务的认定并无瑕疵，况且张某明的损失是因杨某杰的盗窃行为所引起，由杨某杰本人承担民事赔偿责任更加恰当。另外，对于本案还应当对金甫庄园、王某是否承担“相应的补充责任”予以分析，补充责任应当依据经营者、组织者未尽安全保障义务致第三人侵权行为发生的过错程度大小而认定，在第三人杨某杰侵权负赔偿义务的情形下，一审、二审依据案情与法理认定金甫庄园、王某已履行“合理限度范围内”的安全保障义务，则其因对张某明财产受损无过错的事实而不必承担补充责任。一审依据民法中公平原则，酌定金甫庄园、王某补偿张某明2000元，也结合了张某明在金甫庄园就餐时财产受损事实与杨某杰房间服务员的便利身份这一客观案情，体现了法律适用的灵活性，也为类案处理提供了可行化思路。

另外，张某明在本案中还主张合同违约与适用《消费者权益保护法》的诉讼请求。不过安全保障义务是服务合同中的附随义务，其内容与侵权情形下的认定并无根本不同，可依据过错程度予以确定；消费、服务中对产品、服务的质量、数量等所产生的争议是《消费者权益保护法》的保护范围，服务员杨某杰的盗窃行为非餐饮消费中的服务行为，不受该法规制，张某明据此主张显然于法无据。

值得注意的是，由于社会生活的复杂性、多样性，加之法律和司法解释中对“安全保障义务”的范围一般不作具体界定，仅提供一定价值指引，法官往往有较大的自由裁量权。故在审理此类案件时，法官应加强对类案的检索与理论分析，以尽可能地实现法律适用的统一性。

编写人：山东省淄博市中级人民法院　荣明潇　杨富元

五、环境污染责任

37

对委托排污型环境侵权中委托人和受托人的共同侵权故意应如何认定

——重庆市人民政府、重庆两江志愿服务发展中心诉重庆藏金阁物业管理有限公司、重庆首旭环保科技有限公司水污染责任案

【案件基本信息】

1. 裁判书字号

重庆市第一中级人民法院（2017）渝 01 民初 773 号民事判决书

2. 案由：水污染责任纠纷

3. 当事人

原告：重庆市人民政府、重庆两江志愿服务发展中心

被告：重庆藏金阁物业管理有限公司（以下简称藏金阁公司）、重庆首旭环保科技有限公司（以下简称首旭公司）

【基本案情】

藏金阁公司负责处理藏金阁电镀工业园企业产生的废水。2013 年 12 月 5 日，藏金阁公司与首旭公司签订《委托运行协议》，由首旭公司使用藏金阁公司的废水处理设备处理废水。2016 年 4 月，执法人员现场检查发现废水处理站中的重金属超标，废水未经处理便排入外环境，对生态环境造成严重损害。2016 年 5 月 4 日，执法人员再次现场检查，发现藏金阁废水处理站的含重金属废水通过池壁上的管网未

经正常处理直接排放至外环境。

2014年8月，藏金阁公司将原废酸收集池改造为废水调节池，改造时未封闭管网系埋于地下的暗管。首旭公司明知该情况，仍利用该管网进行违法排污。

受重庆市人民政府委托，重庆市环境科学研究院进行鉴定评估，《鉴定评估报告书》上载明：污染行为违法排污共计145624吨。《鉴定评估报告书》采用虚拟治理成本法对生态环境损害进行量化，评估出二被告违法排放废水造成的生态环境污染损害量化数额为1441.6776万元。

2016年6月30日，重庆市环境监察总队以藏金阁公司在2014年9月1日至2016年5月5日，将含重金属废水直接排入港城园区市政废水管网进入长江为由，对该公司罚款580.72万元，重庆市环境保护局作出维持行政处罚决定的复议决定。后藏金阁公司诉至重庆市渝北区人民法院，要求撤销行政处罚决定和行政复议决定，法院驳回藏金阁公司的诉讼请求，该判决发生法律效力。

2016年11月28日，重庆市渝北区人民检察院向重庆市渝北区人民法院提起公诉，指控首旭公司、程某（首旭公司法定代表人）等构成污染环境罪。重庆市渝北区人民法院于2016年12月29日判决首旭公司构成污染环境罪，判处罚金8万元；程某等人构成污染环境罪，分别被判处有期徒刑六个月到九个月，并处罚金1万元到4万元。该判决发生法律效力。

2017年3月，重庆两江志愿服务发展中心提起环境民事公益诉讼，同年6月，重庆市人民政府提起生态环境损害赔偿诉讼，法院依法将两案合并审理，二原告请求判令二被告连带赔偿生态环境损害费用1441.6776万元用于异地替代修复；承担本案的生态环境损害鉴定评估费用30万元；承担本案诉讼费及重庆市人民政府、重庆两江志愿服务发展中心分别支出的律师服务费19.8万元和8万元。重庆两江志愿服务发展中心在庭审中增加要求二被告赔礼道歉的诉讼请求。

【案件焦点】

1. 生效刑事判决、行政判决所确认的事实与本案的关联性；2.《鉴定评估报告书》认定的污染物种类、污染源排他性、违法排放废水计量以及损害量化数额是否准确；3. 藏金阁公司与首旭公司是否构成共同侵权。

【法院裁判要旨】

重庆市第一中级人民法院经审理认为：在环境公益诉讼审理期间，省级人民政府针对同一污染事实提起生态环境损害赔偿诉讼，在两案案件事实相同、诉讼目的一致、被告相同、诉讼请求基本相同的情况下，可以将两案合并审理。环境污染行为已经过刑事和行政诉讼程序审理的，被生效判决所确认的事实可以直接作为生态环境损害赔偿诉讼和环境公益诉讼的证据，但由于证明标准和责任标准存在差异，故最终认定的案件事实在不存在矛盾的前提条件下，可以不同于刑事案件和行政案件认定的事实。鉴于委托排污型环境侵权中委托人侵权故意的隐蔽性，对委托人和受托人共同侵权主观故意的认定可以采用推定的方式，依据排污主体的法定责任、行为的违法性、主观上的默契及客观上的相互配合等因素进行综合判断。受污染水体处于流动状态，难以直接计算生态环境损害数额，可以采用虚拟治理成本法对损害后果进行量化，即以单位实际治理成本作为单位虚拟治理成本，结合违法排污数量，计算出生态环境损害量化数额，并以替代修复的方式让侵权人承担责任。生态环境损害赔偿诉讼和环境公益诉讼中，对于律师费、鉴定费等合理费用应当予以支持，在原告请求的律师费、鉴定费只有合同而无票据作为证据的情况下，当地政府指导价可以作为界定合理费用的参照标准。

重庆市第一中级人民法院依照《中华人民共和国水污染防治法》第九条，《中华人民共和国环境保护法》第四十二条第四款、第六十四条，《中华人民共和国侵权责任法》第八条，《最高人民法院关于审理环境侵权责任纠纷案件适用法律若干问题的解释》第二条、第十三条，《最高人民法院关于审理环境民事公益诉讼案件适用法律若干问题的解释》第二十二条，《中华人民共和国民事诉讼法》第六十四条、第一百四十二条的规定，作出如下判决：

一、被告重庆藏金阁物业管理有限公司和被告重庆首旭环保科技有限公司连带赔偿生态环境修复费用1441.6776万元，于本判决生效后十日内交付至重庆市财政局专用账户，由原告重庆市人民政府及其指定的部门和原告重庆两江志愿服务发展中心结合本区域生态环境损害情况用于开展替代修复；

二、被告重庆藏金阁物业管理有限公司和被告重庆首旭环保科技有限公司于本判决生效后十日内，在省级或以上媒体向社会公开赔礼道歉；

三、被告重庆藏金阁物业管理有限公司和被告重庆首旭环保科技有限公司在本判决生效后十日内给付原告重庆市人民政府鉴定费5万元，律师费19.8万元；

四、被告重庆藏金阁物业管理有限公司和被告重庆首旭环保科技有限公司在本判决生效后十日内给付原告重庆两江志愿服务发展中心律师费8万元；

五、驳回原告重庆市人民政府和原告重庆两江志愿服务发展中心的其他诉讼请求。

【法官后语】

2015年，中共中央办公厅、国务院办公厅联合发文，确定包括重庆市在内七个省、市试点生态环境损害赔偿制度，本案便是试点期间产生的诉讼案件，属于全国首批、重庆首例生态环境损害赔偿诉讼案件。2017年12月，两办再次发文正式在全国推行生态环境损害赔偿制度。本案作为试点期间为数不多的诉讼案件之一，为生态环境损害赔偿诉讼的经验积累与制度完善提供了样本。宣判后，各方当事人均未上诉，一审判决发生法律效力，二被告及时主动向社会进行了公开赔礼道歉，学界和社会公众对于判决亦反响良好。

由于立法的空白及案件本身的复杂性，本案有以下五个争议焦点：一是生态损害赔偿诉讼与环境公益诉讼应如何衔接；二是已经被与本案相关的生效刑事判决和行政判决认定的事实与本案的关系；三是对排污主体与受托排污企业共同侵权的认定；四是如何确定生态环境损害赔偿量化数额以及可否判决赔礼道歉；五是此类案件中合理的律师费和鉴定费应如何界定。本案生效判决认为，排污主体和直接实施违法排污行为的企业构成共同侵权，应当承担连带责任，对依据虚拟成本治理法量化的生态环境损害数额进行赔偿，并公开赔礼道歉。这个裁判结论明确了以下几点：第一，在环境公益诉讼审理期间，省级人民政府提起生态环境损害赔偿诉讼，对其诉权应予充分保护，如果两案案件事实同一、被告相同、诉讼请求基本相同、诉讼目的一致，那么可以将两案合并审理。第二，环境污染行为已经过刑事和行政诉讼程序审理的，被生效判决所确认的事实可以直接作为生态环境损害赔偿诉讼和环境公益诉讼的证据，但由于证明标准和责任标准存在差异，故最终认定的案件事实在不存在矛盾的前提条件下，可以不同于刑事案件和行政案件认定的事实。第三，领取了排污许可证的排污主体将废水处理业务交由环境治理专业公司实施，该行为并不为法律所禁止。鉴于委托排污型环境侵权中委托人侵权故意的隐蔽性，对该类案件共同侵权故意的认定可以采用推定的方式，依据排污主体的法定责任、行为的违法性、主观上的默契及客观上的相互配合等因素进行综合判断，通过准确把握举证证明责任和归责原则来避免责任逃避和公益受损。第四，受污染水体处于流动状态，难以直接计算生态环境损害数额，可以采用虚拟治理成本法对损害后果进行量化，即以单位实际治理成本作为单位虚拟治理成本，结合违法排污数量，计算出生态环境损害量化数额，并以替代修复的方式让侵权人承担责任，同时，生态环境损害赔偿诉讼和环境公益诉讼均具有公益性，本案原告代表社会公众要求污染环境的侵权行为人赔礼道歉的请求具有合法性和合理性，应予支持。第五，生态环境损害赔偿诉讼和环境公益诉讼中，在原告请求的律师费、鉴定费只有合同而无票据作为证据的情况下，可以参照当地政府指导价酌情主张合理费用。

编写人：重庆市第一中级人民法院　贾科

38

达标排污致环境污染损害不免责

——北京市密云区北庄镇朱家湾村民委员会诉北京市首都公路发展集团有限公司水污染责任案

【案件基本信息】

1. 裁判书字号

北京市第三中级人民法院（2017）第3482号民事判决书

2. 案由：水污染责任纠纷

3. 当事人

原告：北京市密云区北庄镇朱家湾村民委员会（以下简称朱家湾村委会）

被告：北京市首都公路发展集团有限公司（以下简称首发集团公司）

【基本案情】

首发集团公司是京承高速公路的承建方并负责该公路的管理和维护。2009 年京承高速公路通车后，为保障雪天的道路交通安全，首发集团使用融雪剂将路面冰雪清除。含有融雪剂的雪水流至高速公路的高架桥下，将桥下朱家湾村的村级水泥路面腐蚀，造成路面损毁。朱家湾村委会主张其2011年出资修建了该村级公路，现因路面腐蚀毁损对其造成损失，要求首发集团赔偿损失共计16.8万元并承担诉讼费用。首发集团公司认为其使用的是符合北京市地方标准的新型融雪剂，不会对路面造成腐蚀，故不同意朱家湾村委会的全部诉讼请求。

【案件焦点】

1. 首发集团公司排放含有合标融雪剂的雪水的行为是否侵权；2. 首发集团不当排放含有融雪剂的雪水的污染行为是否对朱家湾村委会的涉案道路造成损害，并是否应承担相应侵权责任。

【法院裁判要旨】

北京市密云区人民法院经审理认为：因污染环境造成损害的，污染者应当承担侵权责任。因污染环境发生纠纷，污染者应当就法律规定的不承担责任或者减轻责任的情形及其行为与损害之间不存在因果关系承担举证责任。本案中，原、被告双方争议的焦点有两个：一是被告提出涉案的水泥路所在土地已为被告征用，故原告不具备诉讼主体资格；二是被告认为其所使用的新型融雪剂是环保产品，对环境不构成污染，即原告主张的水泥路破损与被告使用融雪剂的行为之间不存在因果关系。公开的资料显示，融雪剂对于水泥路面具有腐蚀作用。从已查明的事实分析，涉案高架桥的附属排水设施尚未完工，桥上的积水可以流到桥下的水泥路上。原告的水泥路始建于2011年，而被告所提交的使用环保融雪剂的证据仅限于2015年，不能证明在2015年前即使用了环保融雪剂。此外，被告提出高架桥投影面积以外、3米以内的土地已被其征用，但其所举证据效力过于单薄，不足以证明征用土地的事实。故对被告的上述辩解本院不予采信。据此，被告所举证据不能证明原告损失与高架桥排水之间不存在因果关系，亦不能证明其不应承担责任或者减轻责任的情形存在。故对原告的损失，被告应进行合理赔偿，赔偿的数额应以鉴定结论为参考。涉案的水泥路为山间坡路，其破损原因并非唯一，建设施工质量、所处环境及使用维护等情况同样影响其自然使用的寿命。这也是现场勘查时，在远离高架桥的地方，水泥路面同样存在不同程度破损的原因，故被告对原告的赔偿数额应予以酌减。北京市密云区人民法院依照《中华人民共和国侵权责任法》第六十五条、第六十六条之规定，作出如下判决：

一、被告北京市首都公路发展集团有限公司赔偿原告北京市密云区北庄镇朱家湾村民委员会修复水泥路费用共计 10 万元，于本判决生效之日起七日内付清；

二、驳回原告北京市密云区北庄镇朱家湾村民委员会的其他诉讼请求。

首发集团公司不服原审判决，提起上诉。北京市第三中级人民法院经审理认为：《中华人民共和国侵权责任法》第六十五条规定，因污染环境造成损害的，污染者应当承担侵权责任。本案中，依据双方诉辩意见及举证情况，双方核心争议焦点系首发集团公司在京承高速公路使用融雪剂而产生的含有融雪剂的雪水是否对朱家湾村委会的涉案道路造成损害，并是否据此应承担相应侵权责任。本院认为，首发集团公司因排水系统不完善导致含有融雪剂的雪水不当排放与涉案道路路面损毁具有一定的因果关系，首发集团应对朱家湾村委会承担相应的环境污染责任。首发集团的上诉请求均不成立，一审判决首发集团公司承担侵权责任，并根据道路破损的其他原因等综合酌定的金额亦无不当，应予维持。北京市第三中级人民法院依照《中华人民共和国民事诉讼法》第一百七十条第一款第一项的规定，判决：

驳回上诉，维持原判。

【法官后语】

京承高速公路三期工程由沙峪沟至司马台，全长 64.26 公里，全线在密云区域内，途经六个镇（穆家峪镇—巨各庄镇—大城子镇—北庄镇—太师屯镇—古北口镇）。该路于 2009 年 9 月 27 日通车使用，但部分路段的排水设施至今仍在完善过程中，因季节性不当排水引发多起与附近村民及村集体之间的侵权纠纷。本案中，高速公路朱家湾村路段因排放含有融雪剂的雪水致使高架桥下方水泥路面腐蚀损毁，双方发生纠纷。因涉及村民的公共利益和密云水库附近的生态涵养，以及考虑到该公路经过范围之广阔可能引发井喷式诉讼，本案的审理过程可谓细致、审慎。

就本案的争议焦点，存在两种意见：一是本案是基于相邻不动产在使用过程中发生的纠纷，属于相邻污染责任纠纷，被告首发集团公司使用的融雪剂符合国家规定的标准，不具有违法性，且原告朱家湾村委会亦不能证明该融雪剂的使用与涉案路面损毁具有因果关系，因此被告首发集团公司不构成环境侵权，应驳回原告的诉讼请求；二是被告首发集团公司负责维护、管理京承高速公路的同时亦由此获取利益，不同于个人或家庭的日常生活，其理应承担更多环境保护的注意义务；涉案受损路面影响了村民的日常通行，损害的是公共利益而非个人私益，故属于环境污染责任纠纷，被告首发集团公司合规排污并不能成为免责事由，且排水设施不完善致含融雪剂的雪水不当排放，雪水流经的水泥路面受损程度确实重于其他，二者之间存在因果关系，首发集团公司应承担侵权责任。无论是一审还是二审，都是支持第二种观点的。

正如二审判决中提到，“违法性要件就是讨论首发集团公司是否存在环境侵权行为的首要问题。而要讨论该问题需要正确区分相邻污染侵害纠纷和环境污染责任纠纷”。我国现行的法律体系建立了物权法律规范和侵权法律规范并行应对环境污染的双轨模式，即《物权法》第九十条规定了不动产权利人不得违反国家规定侵害环境——相邻污染侵害纠纷；《侵权责任法》第八章规定了环境污染责任纠纷。二者在适用领域及责任承担方式上有交叉和相似之处，但在请求权基础、使用条件等方面存在重大区别，尤其二者对举证责任分配、免责事由等的规定截然不同，这是由二者背后的制度目的和价值取向所决定的，因此绝不能混淆使用。相邻污染侵害纠纷多调整的是相邻不动产的个人或者家庭之间因生活排放产生的污染纠纷；环境污染责任纠纷多调整的是产业污染。具体到本案，首发集团公司在运营、管理京承高速公路的过程中排放产生的污染物引发环境侵权，适用环境污染侵权责任纠纷的案由是合理恰当的。根据2015年出台的《最高人民法院关于审理环境侵权责任纠纷案件适用法律若干问题的解释》第一条的规定，环境污染责任纠纷中，合规排放即排污符合国家标准或者地方标准不能作为污染者减轻或者免除责任的理由。因此，首发集团公司以合规排放为由主张免责，缺乏法律依据。

关于侵权行为与损害后果之间因果关系之举证责任。在一般证据规则中，“谁主张，谁举证”是举证责任分配的一般原则，受害人对侵权责任的成立负有举证责任。但基于诉讼当事人双方举证能力的强弱、证据距离的远近、价值目标的导向等原因，《侵权责任法》及《民事诉讼法》对环境污染责任纠纷等特殊案件规定了举证责任倒置。根据《最高人民法院关于民事诉讼证据的若干规定》第四条第一款第四项及《侵权责任法》第六十六条的规定，污染者应当对污染行为与损害后果之间不存在因果关系负担举证责任。当前，人民群众的环境保护意识还较为薄弱，诉诸诉讼解决问题、寻求救济的案件也较少，将环境污染的举证责任分配给举证困难的受害方，将会加重环境污染，不利于生态文明建设。由污染者一方来承担举证责任，符合法律规范引导社会价值的制度目的。但举证责任倒置并不代表完全由被告承担因果关系举证责任。根据《最高人民法院关于审理环境侵权责任纠纷案件适用法律若干问题的解释》第六条的规定，被侵权人需证明污染行为与损害后果之间具有关联性，也就是说被侵权人要完成“存在因果关系可能性”或“关联性”的初步证明。从表述上看，被侵权人仅需要证明“关联性”，远低于《最高人民法院关于审理环境侵权责任纠纷案件适用法律若干问题的解释》对侵权人的要求。《最高人民法院关于审理环境侵权责任纠纷案件适用法律若干问题的解释》第七条对侵权人的证明标准做了解释性的规定，其需从法律列举的三个方面（无致害可能；污染物未到达；损害之前已发生的）来证明二者之间不存在因果关系，证明标准明显更为严苛，也就是二审判决中提到的“高度盖然性标准”。本案中，朱家湾村委会已证明含有氯化物的融雪剂具有一定的腐蚀性，且涉案道路较未经污染路段的毁损程度更为严重，已经尽到“关联性”的举证责任；被告首发集团公司未能从上述三个方面证明不存在因果关系，故可认定因果关系成立。

编写人：北京市密云区人民法院　夏璇

39

居民生活噪声污染纠纷的有效处理

——胡某强等诉中国联合网络通信有限公司河南省分公司等环境污染责任案

【案件基本信息】

1. 裁判书字号

河南省郑州市中级人民法院（2017）豫01民终9874号民事判决书

2. 案由：环境污染责任纠纷

3. 当事人

原告（上诉人）：胡某强、陈某、胡某

被告（被上诉人）：中国联合网络通信有限公司河南省分公司（以下简称联通公司）、中国电信集团公司河南省电信分公司（以下简称电信公司）、河南省邮政管理局、河南省邮政公司（以下简称邮政公司）、中国邮政储蓄银行股份有限公司河南省电信分公司（以下简称邮政储蓄）

【基本案情】

2009年7月28日，胡某强、陈某、胡某取得位于郑州市金水区纬五路13号院6号楼1层5号房屋的所有权，并居住于此。居住后发现其房屋的地下一层安装有抽水设备，该设备运行时的振动和噪声影响了原告正常生活。为此其向郑州市环境保护局信访时，该单位信访处委托郑州市环境保护监测中心站对此进行检测，噪声监测结果是5号居民客厅昼间值是51.4dB（A）、夜间值50.9dB（A）；5号居民北卧室昼间值是44.7dB（A）、夜间值47.9dB（A）。胡某强、陈某、胡某认为以上监测数据严重超出了国家正常标准，故诉至法院。该设备的准用证书上显示单位是河南邮电管理局，设备名称是“水池、抽水设备”，发证单位是郑州市自来水总公司，发证时间为2000年12月26日。该小区大部分居民系联通公司员工，胡某强、陈某、胡某的水、电、空调费由联通公司收取。胡某强、陈某、胡某于2014年9月1日搬出涉案房屋另行租用房屋使用。在一审法院组织调解过程中，联通公司对涉案水泵房进行整改，并委托河南思源检测有限公司进行检测并出具编号：HNSY/WT2015－245检测报告。胡某强、陈某、胡某对该检测报告不认可，认为依据《社会生活噪声排放标准》（GB22337－2008）的规定，0类声环境功能区数值认定仍然超标，无须重新鉴定。根据一审查证，《社会生活噪声排放标准》（GB22337－2008）适用于营业性文化娱乐场所和商业经营活动中使用的设备、设施的管理、评价与控制。本案居民住宅区域，属于1类声环境功能区（居民住宅、医疗卫生、文化教育、科研设计、行政办公为主要功能，需要保持安静的区域），根据《声环境质量标准》（GB3096－2008）的规定，该检测报告数据均在法定标准以内。胡某强、陈某、胡某请求联通公司、电信公司、河南省邮政管理局、邮政公司、邮政储蓄停止伤害、排除妨碍、消除危险，拆除噪声设备，如无法拆除则更换无害性静音设备；自侵权之日（2009 年 10 月 1 日）赔偿胡某强、陈某、胡某经济损失费以每天 155.58 元及精神损失费每人每天 155.58 元计算至排除之日。联通公司及其他各被告辩称：抽水设备属于该小区全体居民的公共设施，不属于联通公司所有，应当通过物业维修基金进行改造，联通公司不是环境污染的致害人，各被告均不是适格被告。

【案件焦点】

1. 噪声侵权的构成要件及责任承担方式；2. 持续性损害的赔偿方式。

【法院裁判要旨】

河南省郑州市金水区人民法院经审理认为：按照国家标准城市区域环境噪声标准所确定的范围，胡某强、陈某、胡某所在的居住性小区，夜间环境噪声标准值应适用一类标准，即不超过 45 分贝。根据郑州市环境保护监测中心站的监测结果，其客厅昼间值 51.4dB（A），夜间值 50.9dB（A）；北卧室昼间值 44.7dB（A），夜间值 47.9dB（A）；抽水设备运转噪声高于国家标准。联通公司作为该小区管理人应承担相应的民事责任，其他被告不承担责任。胡某强、陈某、胡某有权依据《中华人民共和国侵权责任法》要求被告停止侵害、排除妨害、消除危险。由于诉讼过程中，联通公司已经对涉案设备进行整改，经检测，整改后符合国家噪声标准。同时，被告停止侵害、排除妨害、消除危险的具体方式法院不予干涉，故胡某强、陈某、胡某要求拆除或更换噪声设备、赔偿整改后的损失，不予支持。由于胡某强、陈某、胡某另行租房，参照相近地段的租金价格支持经济损失 50000 元。精神损失费于法无据，不予处理。故判决：

一、联通公司于本判决生效后十日内赔偿胡某强、陈某、胡某因环境污染致使其租房的经济损失 5 万元；

二、驳回胡某强、陈某、胡某的其他诉讼请求。

胡某强、陈某、胡某不服，提起上诉。河南省郑州市中级人民法院经审理认为：虽然联通公司对涉案设备进行整改，但根据《声环境质量标准》（GB3096－2008）附录 C 中 C.2 监测要求："监测点一般设于噪声敏感建筑物户外。不得不在噪声敏感建筑物室内监测时，应在门窗全打开状况下进行室内噪声测量，并采用较该噪声敏感建筑物所在声环境功能区对应环境噪声限值低 10dB（A）的值作为评价依据。”联通公司整改后鉴定部门仅明确了噪声值，未得出整改后符合声环境噪声标准的结论，不足以认定整改达标。故判决：

一、维持原判第一项；

二、撤销原判第二项；

三、联通公司于本判决生效后九十日内完成对本案所涉抽水设备噪声治理，达到《中华人民共和国声环境质量标准》所规定声环境噪声最高限值以下，逾期未达标准，按每日50元对胡某强、陈某、胡某进行补偿；

四、驳回胡某强、陈某、胡某的其他诉讼请求。

【法官后语】

根据《环境噪声污染防治法》的规定：社会生活噪声，是指人为活动所产生的除工业噪声、建筑施工噪声和交通运输噪声外的干扰周围生活环境的声音。同时物理学、医学研究表明，声音频率范围在20～200赫兹为低频噪声，低频噪声会对人体健康产生长远的影响，严重影响睡眠质量，导致头晕、头痛、失眠、多梦、记忆力减退等神经衰弱症状及其他身体症状。涉案抽水设备噪声经监测均形成低频噪声。目前居民居住区的噪声主要来源于供电系统、地下车库、电梯设备、供热系统、排水供水系统、空调设备、通风设备等，而其中又以低频噪声居多。由于我国现行的环境噪声标准还没有专门针对低频噪声的标准，因此就应当适用普通排放标准，即国家强制标准《声环境质量标准》（GB3096－2008）（环保部与国家质监总局联合发布）。就本案而言，胡某强、陈某、胡某的住宅适用于《声环境质量标准》（GB3096－2008）规定的1类地区（以居住、文教机关为主的区域）排放限值，即“昼间55分贝，夜间45分贝”。显然胡某强、陈某、胡某住宅包括客厅、北卧室夜间值（分别为50.9及47.9分贝）均超过上述排放限值。依据《侵权责任法》的规定，环境污染责任采取无过错归责原则，即环境污染责任因果关系的认定采用举证责任倒置原则，污染者负有举证证明其行为与损害之间不存在因果关系的责任。联通公司虽然对涉案抽水设备进行了整改，但不足以认定整改达标，也即不能推翻噪声污染的损害行为与胡某强、陈某、胡某的损失之间存在因果关系。

由于环境资源案件双方当事人的经济能力、诉讼能力等往往并不对等，如何发挥法院的职能作用，帮助弱势一方实现权益保障，是彻底解决此类纠纷的关键。本案如何有效监督联通公司对抽水设备整改到位，减轻或消除环境噪声的损害，法院对此应充分体现职能作用，因此二审法院增加判决：继续治理，达到《声环境质量标准》（GB3096－2008），否则按每日50元对胡某强、陈某、胡某予以补偿。由于噪声损害一直持续，一方面需要尽快整改达标；另一方面除对原告既有损失予以赔偿外，对整改达标前的损失应继续予以赔偿，防止因管理人的意愿、责任及能力因素导致噪声污染迟迟不能有效解决。

无论是污染环境还是破坏生态行为，此项判决都体现了环境资源案件的特殊性即恢复性功能。环境资源审判的目标不仅仅是解决当事人之间的民事权益争议，更重要的是恢复环境或生态的状态与功能，后者处于核心地位。环境资源案件要充分体现恢复性司法理念，凡有可能采取措施恢复原状的，要在判令污染者承担赔偿责任的同时，应当责令其通过整改、治理、修复、更换等方式恢复原状。就本案而言，恢复原状就是指噪声控制在规定限值以下。推而广之，从特定范围内的环境利益到社会公众利益再到整个生态环境，我们正在探索建立恢复环境责任的相关制度，主动发挥法院的职权色彩和职能作用，更好地保护我们赖以生存和生活的环境。

编写人：河南省郑州市中级人民法院　崔航微

40

环境生态补偿金可突破性使用于非直接环境违法现场的环境生态修复及保护

——中国生物多样性保护与绿色发展基金会诉苏州福斯特光伏材料有限公司等固体废物污染责任案

【案件基本信息】

1. 调解书字号

江苏省无锡市锡山区人民法院（2016）苏0205民初5159号民事调解书

2. 案由：固体废物污染责任纠纷

3. 当事人

原告：中国生物多样性保护与绿色发展基金会（以下简称绿发会）

被告：苏州福斯特光伏材料有限公司（以下简称光伏材料公司）、殷某亮、陈某存、王某书、罗某军

【基本案情】

殷某亮无证经营个体小作坊，从事化工有机溶剂的稀释、加工。2013年7月15日上午，在殷某亮未取得经营许可，亦未与光伏材料公司签订危险废物委托处置协议，而光伏材料公司既未向环保部门报批危险废物转移计划，也未申领危险废物转移联单的情况下，殷某亮通过光伏材料公司副总经理潘某军购买了该公司产生的有机溶剂废料，对其中部分有机溶剂废料，潘某军委托殷某亮处置。当天，殷某亮让罗某军将光伏材料公司的危险废物运至无锡市锡山区锡达路与新华路交叉口处，并将自己作坊中的化工废料282.5公斤及在光伏材料公司购买的部分不能回收利用的有机溶剂废料2776.5公斤共计3059公斤交由经王某书介绍的无处理资质的陈某存自行处置。当天下午，陈某存明知上述废料是危险废料，仍用三轮车将废料运至无锡市锡山区安镇街道安南村费更上的路边倾倒，在倾倒过程中被群众发现后制止，陈某存被当场查获。经常州市环境监测中心监测，殷某亮从光伏材料公司回收后交由陈某存处置的有机溶剂废料中含对二甲苯47.5mg/l、间二甲苯122mg/l，该废物属具有浸出毒性特征的危险废物；经上海华测品标检测技术有限公司检测，殷某亮自己作坊内交由陈某存处置的化工废料中含甲苯36.9mg/l，该废物亦属具有浸出毒性特征的危险废物。其后，殷某亮、陈某存、王某书被法院作出的（2014）锡法环刑初字第0001号刑事判决书以污染环境罪追究刑事责任。

该案处理过程中，无锡市锡山区环境保护局为调查殷某亮等人的违法行为，对危险废物进行了鉴定，产生检测费15202元；为消除本案涉及的危险废物对环境的危害，指定无锡市工业废物安全处置有限公司代为处置危险废物，产生处置费16095元；绿发会为提起本案公益诉讼，支付律师费10000元，上述费用共计41297元。现绿发会诉至本院，要求判令：

一、各被告停止对环境的侵害，并通过无锡当地媒体向公众赔礼道歉；

二、各被告消除危险废物对环境的危险，并依法承担消除危险采取合理处置措施的费用共计 16095 元；

三、各被告依法赔偿检验、鉴定费用、其支出的律师费等损失共计 25202 元；

四、诉讼费由各被告承担。

审理过程中，无锡市锡山区人民检察院支持起诉，认为绿发会要求各被告承担上述民事责任于法有据，故其依据《中华人民共和国民事诉讼法》第十五条之规定，决定支持起诉，请求法院对该案依法审理。

【案件焦点】

环境违法现场不需要特别修复，是否仍可要求环境侵权人支付环境生态补偿金，以及如何确定其用途。

【法院裁判要旨】

江苏省无锡市锡山区人民法院经审理认为：首先，经审查，绿发会符合《中华人民共和国环境保护法》第五十八条第一款、第二款的规定，是本案的适格原告。

其次，本案中，无锡市锡山区环境保护局为调查本案污染环境的违法行为，支付了鉴定费 15202 元、治理环境污染处置费 16095 元，绿发会为提起本案诉讼支付了律师费 10000 元，上述费用合计 41297 元，均为治理本案涉及的环境污染及提起诉讼支出的必要费用，绿发会要求环境侵权人承担上述民事责任，符合《最高人民法院关于审理环境民事公益诉讼案件适用法律若干问题的解释》（以下简称《环境公益诉讼解释》）第十八条、第十九条第二款、第二十二条的规定，于法有据。

再次，关于本案的责任承担问题，根据《中华人民共和国侵权责任法》第八条、《最高人民法院关于审理环境侵权责任纠纷案件适用法律若干问题的解释》第二条的规定，本案中，殷某亮、陈某存、王某书三人污染环境的事实已经生效刑事法律文书予以确认，故绿发会要求三人承担侵权责任的主张本院予以支持。关于光伏材料公司和罗某军二者是否应当在本案中承担侵权责任的问题，光伏材料公司未按照《固体废物污染环境防治法》的相关规定，经有权审批的环保部门批准同意转移、填写危险废物转移联单、交由具有经营处理资质的单位进行处置，而是在无任何合法手续的情况下将 2776.5 公斤危险废物交殷某亮处置，使危险废物脱离了国家监管，与此后殷某亮等人污染环境的行为有直接因果关系；罗某军作为危险品运输人员，未按照《固体废物污染环境防治法》及《危险废物转移联单管理办法》的相关规定对装载运输的危险品尽到查验、管理、申报义务，未将危险废物运达安全地点，而是在无危险废物转移联单的情况下帮助殷某亮运输 2776.5 公斤危险废物，与此后殷某亮等人污染环境的行为亦有直接因果关系。故殷某亮、陈某存、王某书、罗某军、光伏材料公司的行为直接结合，共同导致了污染环境的结果，对此应当承担连带责任。但是，其中罗某军、光伏材料公司二者未参与殷某亮自己作坊产生化工废料部分的转移、倾倒，对该部分废料对应的损失罗某军、光伏材料公司无须承担相应责任。

综上，绿发会要求各被告承担上述民事责任于法有据，应当予以支持。

同时，在本案审理过程中，光伏材料公司提出自愿支付 200000 元环境生态补偿金，对此，本院认为，该笔补偿金数额已达涉案环境污染损失的近五倍，有益于当地环境生态修复及保护，可以加以妥善使用，且首先应当优先使用于涉案固体废物倾倒地块的环境生态修复，现鉴于当时倾倒的量不是很大，环境违法行为实施时亦得到了及时制止，根据环保部门现场检查，现场已发生改变，根据当初发生的倾倒量，认为不需要特别修复，故该笔环境生态补偿金可以使用于该地块及周边地块其他环境生态修复及保护项目中。根据无锡市锡山区环境保护局提供的方案，首先，无锡市锡山区人民政府安镇街道办事处上报了申请，该办事处对锡山大道以北、锡东大道以西、新韵北路以东、高铁以南地块进行了土壤调查，发现 VOC、重金属超标，目前正在对该地块进行土壤修复论证工作，工程预计投资约 25000000 元，申请补助 100000 元；其次，无锡市锡山区锡北镇人民政府上报了申请，该镇政府在巡查过程中发现泾西垃圾中转站有部分污水流入雨水管网的情况，经相关部门现场踏勘，系中转站没有污水沉淀池，场面冲刷污水直接排入污水管网导致污水管网经常堵塞所致，需在该中转站场地周边做好围沿并增建污水沉淀池一座并修缮污水管网，工程预计投资约 150000 元，同样申请补助 100000 元。本院认为，上述两项工程的实施符合环境生态补偿金的使用条件，将上述 200000 元环境生态补偿金用于补助该两项工程并无不妥，可以充分、有效发挥环境生态补偿金的应有之义，但在具体使用过程中应当由上述二申报单位编制具体实施方案，并由具有环境监管职责的部门即无锡市锡山区环境保护局进行全程监管。

本案审理过程中，经本院主持调解，各方当事人自愿达成如下协议：

一、苏州福斯特光伏材料有限公司自愿承担本案处置费 16095 元、检测费 15202 元、律师费 10000 元计 41297 元，具体付款方式为 2017 年 5 月 5 日前一次性付清（已付清）；

二、苏州福斯特光伏材料有限公司自愿支付 200000 元环境生态补偿金。

【法官后语】

在泰州 1.6 亿赔偿案件之前，环境公益诉讼在我国一度陷入冰封境地。比如，2013 年环保部下属的中华环保联合会向各地法院起诉的 8 件环境公益诉讼案件均没有被受理，而 2014 年兰州饮用水污染事件发生后，兰州市民向法院多次提起环境公益诉讼均被拒之门外，提请兰州市消费者协会提起环境公益诉讼也无果而终。这正应了美国著名法社会学家布莱克的法社会学理论，“法律上相同的案件——关于同样的问题，拥有同样的证据支持，常常得到不同的处理，换句话说，法律是可变和相对的”。

江苏省的环境公益诉讼工作一直走在全国前列，下辖地级市无锡市一直是环境公益诉讼领域的典范，早在 2008 年无锡中院和市检察院就制定了《关于办理环境民事公益诉讼案件的试行规定》，无锡中院率先成立了环保专门法庭，受理审结了有影响力的环境公益诉讼案件。在环境诉讼司法环境良好的江苏省，2013 年全省涉及环境的举报和信访共 5 万多例，但通过司法途径解决的也只有 85 件。在国内环境公益诉讼的另一高地昆明市，昆明中院环保庭 6 年仅收环境公益诉讼案件 6 件，存在等米下锅的困境。达玛什卡论及的结果主义取向的司法决策过程似乎可以提供一个解释的视角。

在泰州 1.6 亿赔偿案之后，环境公益诉讼之“困兽”才渐渐觉醒。尤其是新《环境保护法》及《环境公益诉讼解释》的出台，标志着我国的环境公益诉讼进入了司法的春天，迈入了一个崭新的时代。本案即为一起典型的由环保公益组织作为原告提起诉讼、检察机关作为支持起诉人支持诉讼的环境民事公益诉讼案件。

本案的结案方式虽然为调解，但众所周知，由于公益诉讼的特殊性，作为原告的公益组织绿发会并未像普通民事调解案件中的原告那样作出一定程度的让步，绿发会的诉讼请求是全部得到实现的。本案的特殊性在于原告公益组织、支持起诉人检察机关及具有环境监管职责的环保部门都表示希望法院可以依职权适用环境生态补偿金，那么环境生态补偿金在本案中是否有适用余地及应当如何适用呢？这是本案的一个难题。

所谓环境生态补偿制度，简言之，是以防止生态环境破坏、增强和促进生态系统良性发展为目的，以从事对生态产生或可能产生影响的生产、经营、开发、利用者为对象，以生态环境整治及恢复为主要内容，以经济调节为手段，以法律为保障的新型环境管理制度。现行环境法律中，对生态补偿作出原则性规定的是《环境保护法》第三十一条，该条规定：国家建立、健全生态保护补偿制度。国家加大对生态保护地区的财政转移支付力度。有关地方人民政府应当落实生态保护补偿资金，确保其用于生态保护补偿。国家指导受益地区和生态保护地区人民政府通过协商或者按照市场规则进行生态保护补偿。除此之外，《森林法》等极少数专门立法中也有针对特定生态补偿类型的原则性规定。

目前的生态补偿理论通说认为，根据补偿的具体支付方法的不同，可将生态补偿的方式分为：货币补偿、实物补偿、智力补偿、政策补偿及项目补偿等，其中货币补偿应用的范围最为广泛，如补偿金、奖励金等。理论上，环境生态补偿金的应用范围应当是比较广泛的，但实际上，现在生态补偿大多用于生活、安置、迁移、生产等刚性需求，真正用于生态修复、生态保护的很少。而且，在有限的应用中，囿于环境生态补偿金在应然状态下，其使用方式、数额、流程等都不得不受到十分有效的监督，必须经过财政部门的严格审批，故而其适用范畴被大大限缩，使用者的积极性也被削弱。

回到本案中，毫无疑问，根据性质，生态补偿金首先应当优先用于涉案固体废物倾倒地块的环境生态修复，但鉴于当时倾倒的量不是很大，环境违法行为实施时亦得到了及时制止，根据环保部门现场检查，现场已发生改变，根据当初发生的倾倒量，认为不需要特别修复。同时，光伏材料公司也提出了疑问，认为违法现场既然不需要修复，那么主张环境生态补偿金的法律基础即不存在。对此，法院认为，虽然环境生态补偿金的法律规定较为宽泛，缺乏可操作性，使用要求又十分严格，但如果将环境生态补偿金死板地应用于直接违法现场，势必大大限缩其适用范围，最终出现环境违法成本低于守法成本的倒挂现象。经过释明，环境侵权人之一的光伏材料公司最终自愿支付20万元环境生态补偿金，由法院创设性地通过侵害人自愿缴纳生态补偿金这一调节手段，将生态补偿金突破性地使用于环境违法现场所涉地块及周边地块其他环境生态修复及保护项目中。当然，这意味着法院对该笔补偿金使用尺度的把握应更加审慎严格，故法院首先要求具有环境监管职责的环保部门即无锡市锡山区环境保护局提供方案，根据申报，最后确定了相关地块土壤修复、污水管网修缮两个方案。经审查，法院认为，将侵害人自愿支付的环境生态补偿金用于补助该两项工程并无不妥，可以充分、有效发挥环境生态补偿金的应有之义，但在具体使用过程中应当由二申报单位编制具体实施方案，并由无锡市锡山区环境保护局进行全程监管。这种做法可以说是健全生态补偿制度的一种有益尝试，也是对生态补偿金用途的拓宽，更有助于当地整体生态建设及保护。

总而言之，环境公益诉讼将随着我国经济的转型升级和民众生活水平提高基础上环境意识的迅猛觉醒而不断成熟，如同埃利希所言："不论过去还是现在，法律发展的重心不在于立法、法学或司法裁决，而在于社会本身。"

编写人：江苏省无锡市锡山区人民法院　黄晔

41

环境污染造成损失的认定和责任承担

——雷某英、言某清诉郴州丰越环保科技股份有限公司等环境污染责任案

【案件基本信息】

1. 裁判书字号

湖南省资兴市人民法院（2015）资民三初 174 号民事判决书

2. 案由：环境污染责任纠纷

3. 当事人

原告：雷某英、言某清

被告：郴州丰越环保科技股份有限公司（以下简称丰越公司）、湖南恒晟环保科技有限公司（以下简称恒晟公司）、资兴市人民政府（以下简称资兴市政府）

【基本案情】

丰越公司系一家通过处理冶炼废渣、废料、尾矿渣综合性回收铜、锡、铅等多种有色金属为主的企业，恒晟公司系一家主要经营金属废料和碎屑加工处理及销售的企业，两家公司于2013年开始进行建厂，分别于2014年6月和2015年5月投产运行。

2005年12月8日，雷某英、言某清、李某（不久后退出）与资兴市高码乡高牌村民委员会（以下简称高牌村委会）签订《荒山租用合同》，由雷某英等人租用高牌村牛郎塘水库西岸茅岭上的一块荒山（该荒山位于丰越公司北面，距离丰越公司500米左右，属于丰越公司、恒晟公司卫生安全防护距离内），面积为131亩，租期为30年，即从2006年3月1日至2036年2月28日。合同签订后，雷某英、言某清等即对该荒山进行开发，种植梨树、枇杷树、冰糖橙树等，实际种植面积125亩。2015年年初，原告发现果树受损，多次向资兴信访局、林业局和环境局等部门反映，相关部门都做出了相应回复，但并未涉及具体赔偿。因此，原告遂于2015年7月21日诉至法院，要求依法处理。

【案件焦点】

1. 原告果园损失应当如何认定；2. 原告果园损失应当由谁承担责任。

【法院裁判要旨】

湖南省资兴市人民法院经审理认为：原告的损失从2015年至2017年6月18日，参照（2015）林鉴字第37号司法鉴定意见书现存果树损失计算方法，其现存果树实际损失为639384元。《中华人民共和国侵权责任法》第六十五条规定，因污染环境造成损害的，污染者应当承担侵权责任。原告的果园均在被告丰越公司、恒晟公司废气排放安全区域范围之内，其排放废气必然对原告的果园造成污染，同时，在本案审理过程中，经两被告申请，由沧州科技事务司法鉴定中心做出沧科司鉴（2016）综字第37号鉴定意见书，该鉴定意见书明确原告雷某英、言某清果园的损害与丰越公司、恒晟公司排放含硫、氟废气存在因果关系，且对涉案果园造成的损失相同（各占50%）。同时，该鉴定意见书鉴定分析意见中已经明确排除了涉案果树是因病虫害或原告管理不当导致的损害因素，故被告丰越公司、恒晟公司应当对原告的果园损失承担连带赔偿责任。被告资兴市政府虽然对被告丰越公司和恒晟公司做出了搬迁的承诺，但该承诺行为与本案环境污染责任侵权纠纷系另一法律关系，故被告资兴市政府在本案中不承担责任。

综上，原告雷某英、言某清从2015年至2017年6月18日果园损失639384元及司法鉴定费48000元，合计687384元，应由被告丰越公司和恒晟公司各承担343692元，且两被告之间承担连带赔偿责任。依照《中华人民共和国侵权责任法》第六条第一款、第六十五条、第六十六条、第六十七条，《中华人民共和国民事诉讼法》第一百四十二条、第二百五十三条之规定，经本院审判委员会研究决定，判决如下：

一、被告郴州丰越环保科技股份有限公司和被告湖南恒晟环保科技有限公司于本判决生效之日起十日内分别赔偿原告雷某英、言某清果园损失343692元；

二、被告郴州丰越环保科技股份有限公司和被告湖南恒晟环保科技有限公司之间互相承担连带赔偿责任；

三、驳回原告雷某英、言某清的其他诉讼请求。

【法官后语】

党的十九大提出，建设生态文明是中华民族永续发展的千年大计，把坚持人与自然和谐共生作为新时代坚持和发展中国特色社会主义基本方略的重要内容，把建设美丽中国作为全面建设社会主义现代化强国的重大目标，把生态文明建设和生态环境保护提升到前所未有的战略高度，集中体现了习近平总书记生态文明建设重要战略思想。环境问题影响国计民生，对人类的生存和发展至关重要。在我国，保护环境是基本国策。

本案是一起非常具有代表性的环境污染赔偿案件。它涉及了环境污染赔偿案件审理过程中经常遇到的，具有普遍性的法律疑难问题：

1. 举证责任倒置。所谓“举证责任倒置”是指在环境污染赔偿诉讼中，原告主张环境污染侵权而请求损害赔偿的，只对是否存在损害后果和损害程度的大小承担举证责任。如果被告否认原告提出的侵权事实，就应当对环境污染行为是否发生以及是否由不可抗力或受害人自身过错或第三者的过错造成的，提供证据。如不能提供，就应当承担赔偿责任。在本案中，被告辩称不应该承担赔偿责任，是因原告自身疏于管理所造成的损失，由原告自行承担，但没有有效证据。

2. 因果关系推定。所谓“因果关系推定”是指污染受害人所受的损害与排污者的污染行为是否存在因果关系。《侵权责任法》第六十五条规定，因污染环境造成损害的，污染者应当承担侵权责任。原告的果园均在被告丰越公司、恒晟公司废气排放安全区域范围之内，其排放废气必然对原告的果园造成污染，同时，在本案审理过程中，经两被告申请，由沧州科技事务司法鉴定中心做出沧科司鉴（2016）综字第37号鉴定意见书，该鉴定意见书明确原告雷某英、言某清果园的损害与丰越公司、恒晟公司排放含硫、氟废气存在因果关系，且对涉案果园造成的损失相同（各占50%）。同时，该鉴定意见书鉴定分析意见中已经明确排除了涉案果树是因病虫害或原告管理不当导致的损害因素，故被告丰越公司、恒晟公司应当对原告的果园损失承担连带赔偿责任。

3. 赔偿金额的确定。由于环境污染损害赔偿诉讼中，原告负有对是否存在损害后果及程度大小的举证责任，因此，应由原告出具损失大小证明。这里的损失应包括直接损失和间接损失。直接损失是指受环境污染而导致现有财产的减少或丧失；间接损失是指在正常条件下可以得到，但因环境受污染而未能得到的那部分收益，如本案中原告种植梨树、杨梅树等因受污染导致果园绝收，果树濒临死亡。本案中的损失由鉴定机构进行认定，正宏司法鉴定意见书系由原告申请，本院委托，被告共同参与，且湖南正宏司法鉴定中心具备鉴定资质，故本院对该司法鉴定意见书的真实性、合法性予以确认。

编写人：湖南省资兴市人民法院　黎铁梅

42

环境民事公益诉讼中检察机关原告主体资格、举证责任分配和侵权赔偿方式的正确认定

——山东省聊城市人民检察院诉路某太环境污染责任案

【案件基本信息】

1. 裁判书字号

山东省淄博市中级人民法院（2017）鲁03民初57号民事判决书

2. 案由：环境污染责任纠纷

3. 当事人

原告：山东省聊城市人民检察院（以下简称聊城市检察院）

被告：路某太

【基本案情】

2014 年 12 月至 2015 年 10 月，被告路某太在其租用的院内，未经相关部门审批且不具备清洗资质的情况下，购买刷桶机器及大量废机油桶，使用强碱洗刷机油桶，并将未经无害化处理的废液直接排入院内私自挖掘的渗坑内。经公安机关侦查并对涉案地排放液体取样鉴定，涉案渗坑内的液体检出强碱成分，PH 值为 13.1，属于有毒、有害物质，渗坑周边及地下土壤造成的污染体积达 48 立方米。淄博市环境保护局周村分局（以下简称周村区环保局）依据相关环境污染治理的规定和技术标准，出具《关于路某太环境污染行为造成环境损害依法予以治理及修复生态的实施意见》（以下简称《治理修复意见》），确定治理污染土壤及修复生态方案，并核定各项费用支出为 38400 元。淄博市目前尚未有符合法律规定的机关或社会组织提起民事公益诉讼。聊城市检察院起诉要求依法判令：1. 被告路某太对涉案地残留污染危害物及时处置并消除已造成的危害结果；2. 被告路某太对涉案地受污染土壤进行治理并恢复原状，如不能恢复原状，判令其承担涉案地受污染土壤治理及生态修复的相关费用。路某太则辩称其仅是挖了一米多深的坑，向坑内倒入少量的废水，案发后根据公安机关的要求，已对渗坑进行了填埋处理，且已受到相应处罚，不应再承担其他责任。

【案件焦点】

1. 聊城市检察院作为公益诉讼人的主体资格问题；2. 路某太污染环境的行为及后果问题；3. 路某太对于涉案污染土壤治理及恢复生态的责任承担问题。

【法院裁判要旨】

山东省淄博市中级人民法院经审理认为：根据《全国人大常委会关于授权最高人民检察院在部分地区开展公益诉讼试点工作的决定》，聊城市检察院依据《人民检察院提起公益诉讼试点工作实施办法》（以下简称《检察院提起公益诉讼试点办法》）的相关规定，对本案已履行诉前审查职责，其对本案提起公益诉讼的主体资格符合法律规定，其作为公益诉讼人提起本案诉讼有事实及法律依据。公益诉讼人提交的证据证明，经公安机关立案侦查并移送检察机关提起公诉，法院相关刑事判决认定路某太实施了涉案环境污染犯罪行为并造成严重的环境污染后果。路某太主张涉案渗坑仅1米深，且排污量不大，在公安机关要求下已填埋处理，但未能举证证明其主张成立，亦未提交相反证据推翻公益诉讼人提交证据所证明的本案事实。故对路某太实施了环境污染行为并造成严重污染后果的事实依法予以确认。

根据《检察院提起公益诉讼试点办法》第十六条，《最高人民法院关于审理环境民事公益诉讼案件适用法律若干问题的解释》（以下简称《环境民事公益诉讼解释》）第十八条、第二十条、第二十三条，《最高人民法院关于审理环境侵权责任纠纷案件适用法律若干问题的解释》（以下简称《环境侵权责任解释》）第十条的规定，本案公益诉讼人按照路某太因环境污染犯罪造成的侵害结果及查明认定的事实，依法有权要求其按照周村区环保局出具的《治理修复意见》承担责任。路某太认为其犯罪行为已受到相应处罚且对涉案地污染处理完毕，不应再承担其他责任，但未提交已对涉案地环境污染处理的证据，其主张亦于法无据，依法不予支持。公益诉讼人主张路某太应承担消除危害并对受污染土壤进行治理、恢复原状，如不能恢复原状，应承担污染土壤治理及生态修复费共计38400元，符合本案客观事实及法律规定，依法应予支持。据此，法院判决：

由被告路某太在本判决生效后十日内，将污染治理及生态修复费38400元，支付至山东省生态环境损害赔偿资金账户。

【法官后语】

本案系山东省首例由检察机关依职权主动提起的环境公益诉讼案件。本案通过审判实务明晰了环境民事公益诉讼中三个方面的主要问题：一是人民检察院的环境民事公益诉讼主体资格；二是人民检察院提起的公益诉讼案件不宜适用传统的环境污染案件中的举证责任倒置原则；三是从环境公益诉讼的目的出发，合理确定环境侵权责任承担方式。现结合本案案情对这三个方面的问题具体分析如下：

一、人民检察院的环境公益诉讼主体资格

新的《民事诉讼法》和《环境保护法》实施后，社会团体、环保组织等虽然可以对相关的环境侵权行为提起环境民事公益诉讼，但是这些组织受自身诉讼能力所限，其在诉讼维权方面的效果并不显著，人民检察院虽然可以支持公益案件的起诉，但是并非诉讼关系的权利义务一方，在履行职责时存在诸多掣肘，发挥不出“国家队”的优势。有鉴于此，为了更好地推进公益诉讼的开展，2017 年 7 月 1 日全国人大常委会明确授权检察机关可以提起公益诉讼，随后最高人民法院与最高人民检察院出台的配套司法解释，进一步细化了人民检察院在公益诉讼中的职责、定位、履职方式。相对于民间组织，检察机关在人员配备、调查取证、专业能力、诉讼费用承担等方面均有明显的优势。不过尽管检察机关系适格的环境公益诉讼人，但其在特定区域内提起环境公益诉讼前，还是应首先审查符合起诉条件的社会团体、环保组织是否已经提起环境民事公益诉讼。只有在经审查确认该区域内没有符合法律规定提起公益诉讼的有关组织和机构的情况下，检察机关才能提起公益诉讼。本案中，公益诉讼人聊城市检察院作为山东省公益诉讼的试点检察院，依据《检察院提起公益诉讼试点办法》的相关规定，在诉前对列于《淄博市环保类社团组织名录》上的社会组织进行了审查，发现淄博市辖区内没有符合法律规定提起公益诉讼的有关组织和机构，方才主动提起本案诉讼。这是一个有益的司法经验，既能体现对环境侵权行为的追责与惩处，又有助于司法资源的合理配置，避免司法权的过度使用。

二、人民检察院提起的公益诉讼案件不宜适用传统的环境污染案件中的举证责任倒置原则

在传统环境污染案件的责任认定中，由于环境污染的长期性、复杂性、持续性等特点，环境污染因果关系表现得十分隐蔽与不紧密，有的环境污染侵权还涉及一系列的物理、化学、生物、地理等专业知识，要证明行为与损害事实之间的因果关系，必须有相关的仪器设备，这就使得一般的环境污染受害人就侵权行为与损害后果之间存在因果关系进行举证十分困难，故而《最高人民法院关于民事诉讼证据的若干规定》等司法解释以及司法判例均适用举证责任倒置，要求被告就法律规定的免责事由及其行为与损害结果之间不存在因果关系进行举证。但是由人民检察院提起的公益诉讼案件则不宜在案件审理过程中适用举证责任倒置原则。这主要应从以下两个方面加以理解和把握：

第一，环境污染的易逝性、扩散性，要求尽快收集、固定相关证据，这对于人

民检察院来说并非难事。人民检察院在提起公益诉讼前，污染责任人已经就其污染行为受到行政或刑事处罚，相关的现场记录、处罚意见、鉴定报告、司法文书已经形成，具有法定的证明效力，而提起公益诉讼的检察院依职权完全可以径直调取，在庭审中作为证据出示，若再要求被告就因果关系举证来进行司法推定，既造成诉讼程序的烦琐，又无实益。

第二，公益诉讼中被告若是以“其所造成的环境污染危害不大，并且已经进行了相应的处理，不应当承担责任”等理由进行抗辩，此时则应遵循民事诉讼中“谁主张，谁举证”的原则，要求被告就污染物已经清理完毕或受污染生态环境已经修复进行举证证明。若被告对此未能提供有效证据予以证实，那么被告显然应当承担举证不能的法律后果，并因此在环境公益诉讼中承担相关的民事责任。例如，在本案中，由于公益诉讼人已经举证证明了被告路某太的侵权行为及损害后果，并有周村区环保局出具的《治理修复意见》予以佐证，故其举证责任已经完成，而被告路某太虽主张其对涉案地污染已处理完毕，不应再承担其他责任，但并未提供证据予以证明，故应由其承担举证不能的法律后果进而承担相关民事责任。

三、从环境公益诉讼的目的出发，合理确定环境侵权责任承担方式

在《检察院提起公益诉讼试点办法》《环境民事公益诉讼解释》《环境侵权责任解释》等规定相继出台后，其中所确定的侵权人的责任承担方式不外乎停止侵害、排除妨碍、消除危险、恢复原状、赔偿损失等，与传统民事侵权责任无异。但从环境民事公益诉讼的特殊性出发，环境民事公益诉讼个案中确定侵权人的责任承担方式还是应从环境民事公益诉讼的目的出发，而环境民事公益诉讼的目的即为社会公众利益尽快恢复或补偿被侵权行为所破坏的自然环境，这也是环境民事公益诉讼的根本原则所在。也是在这一根本原则的前提下，与案件无直接利害关系的公益诉讼人方才有提起诉讼的正当性。但是公益诉讼不同于一般的传统民事诉讼，公益诉讼人对诉讼标的不享有像民事诉讼中那样的任意处分权，其在诉讼中所主张的被告责任承担方式必须符合公益诉讼的目的，而非依据自身的实际利益。正是因为如此，本案中的公益诉讼人考虑到侵权行为已经导致私自挖掘的渗坑及周边土壤污染严重且有扩散趋势，急需专业性的生态恢复与污染物无害化处理，故依据周村区环保局出具的《治理修复意见》，直接提出“被告路某太承担消除危害并对受污染土壤进行治理、恢复原状，如不能恢复原状，应承担污染土壤治理及生态修复费共计

38400 元的侵权责任”的诉讼请求，而判决内容则更进一步结合具体案情，并在考量被告路某太的履行环境修复义务能力基础上，直接判令路某太支付生态修复金，一步到位，使得侵权人对侵权行为的责任承担更加清晰，减少了双方诉累，体现出人民法院对公益诉讼所倡导的价值导向与法律规定把握的准确到位。

编写人：山东省淄博市中级人民法院　荣明潇　杨富元

六、触电人身损害责任

43

对高压区域违法堆放物负有清除义务的土地使用权人应与经营者按原因力比例承担触电人身损害赔偿责任

——井某亮、王某花诉北京铁路局北京供电段等触电人身损害责任案

【案件基本信息】

1. 裁判书字号

北京铁路运输法院（2016）京7101民初840号民事判决书

2. 案由：触电人身损害责任纠纷

3. 当事人

原告：井某亮、王某花

被告：北京铁路局北京供电段（以下简称北京供电段）、北京市房山区房山街道迎风坡农工商公司（以下简称农工商公司）、中国石化集团资产经营管理有限公司北京燕山石化分公司（以下简称燕化公司）、北京市房山区人民政府燕山办事处（以下简称燕山办事处）

【基本案情】

2016年1月1日，井某（2001年4月28日出生）跟随父亲井某亮在居所附近的山坡上捡拾建筑垃圾时，不慎触碰上方的高压线，经抢救无效死亡。

公安局现场勘验笔录记载：现场位于北京市房山区城关街道迎风坡村附近山坡

上，山坡上有一建筑垃圾堆成的土堆，土堆西侧是山沟，南侧有一东、西走向的土路，有一南、北走向的高压线从土堆上方经过，距离土路北侧的高压线杆 10 米处的高压线距离土堆约有两米，该高压线下方的土堆上有两只鞋子。

原告提交的现场照片显示：标有“燕良贯通 22”字样的电线杆周围有一建筑垃圾堆，垃圾中残留有金属线条，该线杆上电线安装有部分绝缘套，垃圾堆及线杆上无警示牌。

被告供电段提交拍摄于 2015 年、2016 年不同时间的现场照片及视频，显示不同时间 22 号线杆处曾在垃圾堆中树立标有“有电危险”字样水泥板；张贴“危及电力设施安全通知书”等。

本案诉讼过程中，经对涉案 22 号线杆地理位置进行专业测绘，北京市国土资源局房山分局协助确认，涉案 22 号线杆所占土地属于燕化公司所持有的国有土地使用证所涉的国有土地。燕山办事处为行政机构，涉案土地所处的位置属于燕山办事处下辖的向阳街道办事处管界范围。

【案件焦点】

高压触电人身损害是由高压区域内违法堆放物等多个原因造成的，人身损害赔偿责任如何承担。

【法院裁判要旨】

北京铁路运输法院经审理认为：《中华人民共和国侵权责任法》第七十三条规定，从事高空、高压、地下挖掘活动或者使用高速轨道运输工具造成他人损害的，经营者应当承担侵权责任，但是能够证明损害是因受害人故意或者不可抗力造成的，不承担责任。被侵权人对损害的发生有过失的，可以减轻经营者的责任。被告供电段作为高压电的经营者未能证明本案受害人的死亡是因其故意或不可抗力造成的，故供电段依法应当承担侵权责任。事发前，供电段已经在 22 号线杆附近设置了警示标志，本案受害人为将满 16 周岁的限制民事行为能力人，其与家人已在附近居住多年，受害人的监护人应当知晓在该处高压线下捡拾建筑垃圾的高度危险性，然而受害人的监护人却无视该危险性带受害人到高压线下的垃圾堆上捡拾垃圾，其主观上明显存在过错，应当减轻赔偿义务人的主要赔偿责任，法院酌减责任比例为 55%。

《最高人民法院关于审理人身损害赔偿案件适用法律若干问题的解释》第三条

第二款规定，二人以上没有共同故意或者共同过失，但其分别实施的数个行为间接结合发生同一损害后果的，应当根据过失大小或者原因力比例各自承担相应的赔偿责任。本案受害人死亡的主要原因虽然是触高压电造成的，但高压线下方存在的垃圾堆为其被电击这一损害后果的发生提供了条件，对本案损害的发生有一定的原因力。依据《中华人民共和国电力法》及《电力设施保护条例》的有关规定，该处并非堆放垃圾的合法场地。高压电的经营者在发现安全隐患后，虽然采取了设置警示牌等安全措施，但仍然没有从根本上有效消除危险，特别是在该处垃圾堆持续存在的情况下，没有向该处土地的使用权人进行通报，也没有及时向当地有关政府部门举报违法事实的存在。高压电的经营者没有穷尽彻底消除违法堆放物的积极行为，应在酌减受害人责任比例后承担主要赔偿责任。本案当事人主张垃圾为农工商公司倾倒，但未提交充分的证据予以证明，法院难以采信。被告燕化公司作为案发地土地的使用权人，对自己直接管理使用的土地上存在的违法堆放物没有及时发现，并采取相应管理措施予以清除，其主观上也存在过失，应按其过失大小或放任违法行为的原因力大小承担相应的赔偿责任。燕山办事处作为当地政府综合行政管理机构，不是涉案土地及高压电的直接民事权利主体，不属于民事权利义务范畴的直接责任人。基于上述理由，法院酌情确定被告北京供电段与燕化公司承担责任的比例为6:4。

北京铁路运输法院判决如下：

一、被告北京供电段于本判决生效之日起七日内赔偿原告井某亮、王某花医疗费、丧葬费、死亡赔偿金共计123124.57元、精神抚慰金6000元；

二、被告燕化公司于本判决生效之日起七日内赔偿原告井某亮、王某花医疗费、丧葬费、死亡赔偿金82083.06元、精神抚慰金4000元；

三、驳回原告井某亮、王某花的其他诉讼请求。

【法官后语】

《最高人民法院关于审理触电人身损害赔偿案件若干问题的解释》第二条规定，因高压电造成人身损害的案件，由电力设施产权人依照《民法通则》第一百二十三条的规定承担民事责任。但对因高压电引起的人身损害是由多个原因造成的，按照致害人的行为与损害结果之间的原因力确定各自的责任。致害人的行为是损害后果发生的主要原因，应承担主要责任；致害人的行为是损害后果发生的非主要原因，则承担相应的责任。虽然该司法解释已于2013年4月8日废止，但该条规定的按原因力确定赔偿责任的法律原则，在最高人民院2004年5月1日公布实施的《最高人民法院关于审理人身损害赔偿案件适用法律若干问题的解释》中得到了更新。该司法解释第三条第二款规定，二人以上没有共同故意或者共同过失，但其分别实施的数个行为间接结合发生同一损害后果的，应当根据过失大小或者原因力比例各自承担相应的赔偿责任。

本案容易确定违法堆放建筑垃圾的行为是损害发生的原因之一。案发地点属于燕化公司与迎风坡村的交界处，经过专业机构的测量，确定了现场的具体地理坐标，进而确定了土地使用主体以及该土地上违法堆放建筑垃圾的行政管理主体。

如何确定因违法堆放建筑垃圾引起的损害后果应承担民事责任的主体，是本案需要解决的另一个重要法律问题。《侵权责任法》第八十九条首次以法律明确，在公共道路上堆放、倾倒、遗撒妨碍通行的物品造成他人损害的，有关单位或者个人应当承担侵权责任。但是此处的有关单位和个人，理论界和实务界认识并不一致。《最高人民法院关于审理道路交通事故损害赔偿案件适用法律若干问题的解释》第十条的规定，对此问题予以进一步明确。即因在道路上堆放、倾倒、遗撒物品等妨碍通行的行为，导致交通事故造成损害，当事人请求行为人承担赔偿责任的，人民法院应予支持。道路管理者不能证明已按照法律、法规、规章、国家标准、行业标准或者地方标准尽到清理、防护、警示等义务的，应当承担相应的赔偿责任。本案纠纷不是道路交通事故纠纷，因此上述法律规定不能直接适用。但是上述规定阐述的法律原则是可以比照适用的。即首先由妨碍通行物品的行为人承担侵权责任，如果对妨碍通行物品负有清理和排除义务的道路管理者管理存在瑕疵，道路管理者亦负有相应的赔偿责任。本案中，原告及被告均无充分证据证明建筑垃圾的违法堆放人是农工商公司，因此，农工商公司在本案中不应承担赔偿责任。燕化公司对其土地上的违法堆放物负有清理义务，对其管理瑕疵应承担赔偿责任。燕山办事处是政府管理部门，其对燕山石化分公司的垃圾处理负有的是间接行政管理责任，并不具有直接清理义务。因此，燕山办事处在本案中并不应该承担赔偿责任。本案追加燕山办事处的意义在于督促其加强垃圾行政管理职责。

编写人：北京铁路运输法院　丁晓云　王继玉

44

高度危险作业中受害人故意的认定标准

——温某风等诉北京轨道交通建设管理有限公司、国网北京市电力公司触电人身损害责任案

【案件基本信息】

1. 裁判书字号

北京市第二中级人民法院（2016）京02民终9815号民事判决书

2. 案由：触电人身损害责任纠纷

3. 当事人

原告（上诉人）：温某风、申某某

原告（被上诉人）：申某道、周某仙

被告（上诉人）：北京轨道交通建设管理有限公司（以下简称轨道交通公司）

被告（被上诉人）：国网北京市电力公司（以下简称北京电力公司）

【基本案情】

2016年2月5日晚，申某发带其弟到丰台区万丰路拆卸YK00097号电线杆上的“废弃”（一端断开）电缆。拆电缆过程中，申某发被电线杆上面的高压电电击死亡。2016年2月8日，丰台公安分局出具了申某发系电击死亡，不属于刑事案件的鉴定及调查结论。事发时，涉案的电线杆的电力设施属于轨道交通公司的产权范围。但轨道交通公司称其公司于2015年10月21日向北京电力公司申请报拆上述供电设施，是北京电力公司未及时拆除供电设施，北京电力公司否认收到轨道交通公司的报拆申请。

轨道交通公司、北京电力公司称申某发自身存在过错，温某风等称申某发并未故意造成自身损害后果。

【案件焦点】

1. 轨道交通公司是否因“受害人故意”而免除其责任；2. 如果不能免除其责任，那么被告应该承担多大的责任比例。

【法院裁判要旨】

北京市丰台区人民法院经审理认为：本院经审理认定事实如下：2016 年 2 月 5 日晚，申某发带其弟到丰台区万丰路拆卸 YK00097 号电线杆上的“废弃”（一端断开）电缆。拆电缆过程中，申某发被电线杆上面的高压电电击死亡。2016 年 2 月 8 日，丰台公安分局出具了申某发系电击死亡，不属于刑事案件的鉴定及调查结论。

2009 年 8 月，轨道交通公司向北京电力公司进行客户用电报装，涉案的 YK00097 号电线杆的电力设施属于轨道交通公司的产权范围。轨道交通公司称其公司于 2015 年 10 月 21 日向北京电力公司申请报拆上述供电设施，北京电力公司未及时拆除供电设施，北京电力公司否认收到轨道交通公司的报拆申请。轨道交通公司、北京电力公司称申某发自身存在过错，温某风等称申某发并未故意造成自身损害后果。

本院认为，从事高压活动造成他人损害的，经营者应当承担侵权责任。申某发攀爬电线杆去拆除“废弃”电缆，致使自己触电死亡，轨道交通公司报装涉案供电设施，其作为经营者应承担侵权责任。轨道交通公司称其已经向北京电力公司报拆供电设施，北京电力公司未及时拆除供电设施，北京电力公司否认收到轨道交通公司的报拆申请，综合双方提供的证据，本院对轨道交通公司的意见难以采信，且即便轨道交通公司申请拆除供电设施，在供电设施拆除之前，其仍应承担供电设施经营者的相应责任。从案发经过来看，申某发系为了拆除“废弃”电缆，难以证明申某发故意造成自身触电的损害后果，但申某发作为成年人，攀爬上电线杆去拆除“废弃”电缆，致使自己触电死亡，申某发对此存在明显过错，可以减轻轨道交通公司的责任，综合本案的具体情况，轨道交通公司应对申某发的死亡承担 10% 的赔偿责任。温某风等要求北京电力公司承担赔偿责任的诉讼请求，缺乏依据，本院不予支持。申某发死亡，轨道交通公司应赔偿死亡赔偿金、丧葬费、被抚养人生活费，具体数额由本院依法确定，温某风等人主张的申某道的被抚养人生活费，缺乏依据，本院不予支持，主张的申某某的被抚养人生活费计入死亡赔偿金。申某发死亡给温某风等人造成严重精神损害后果，轨道交通公司应赔偿精神损害抚慰金，具体数额由本院酌情确定。温某风等人主张的车旅费，证据不足，本院不予支持。

综上，依照《中华人民共和国侵权责任法》第十六条、第二十二条、第七十三条之规定，判决如下：

一、轨道交通公司于本判决生效后七日内赔偿温某风等死亡赔偿金136864元、丧葬费4624元、精神损害抚慰金20000元；

二、驳回温某风等人的其他诉讼请求。

温某风、申某某、轨道交通公司不服原审判决，提起上诉。北京市第一中级人民法院认为：申某发承担的责任比例是否过高、轨道交通公司对申某发的死亡是否应承担民事责任，是本案各方当事人争议的焦点。

《中华人民共和国侵权责任法》第七十三条规定："从事高空、高压、地下挖掘活动或者使用高速轨道运输工具造成他人损害的，经营者应当承担侵权责任，但能够证明损害是因受害人故意或者不可抗力造成的，不承担责任。被侵权人对损害的发生有过失的，可以减轻经营者的责任。"依照上述法律规定，轨道交通公司所承担的责任属于无过错责任。损害事故的发生除了高压输电线路和高压设施致人损害，不排除受害人故意或者重大过失所致，故法律上规定了从事高压活动在出现法定情形时，可以减轻或免除经营者的责任。但因《中华人民共和国侵权责任法》第七十三条适用无过错原则，故应由侵权人就相关免责事项承担举证责任，即由轨道交通公司对本案事件系申某发故意或过失所致承担举证责任。轨道交通公司虽主张申某发的行为具有违法性，属于其故意造成，但未提交相关证据予以证明，本院对其该上诉意见难以采信。申某发作为完全民事行为能力人，对其自行拆卸电缆的后果应有明确的认知，其对自身损害存在重大过错，一审判决确定其自行承担大部分的责任比例并无不当。申某某及其法定代理人温某风的上诉意见于法无据，本院不予支持。综上所述，申某某及其法定代理人温某风、轨道交通公司的上诉请求均不能成立，应予驳回；一审判决认定事实清楚，适用法律正确，应予维持。依照《中华人民共和国民事诉讼法》第一百七十条第一款第一项之规定，判决如下：

驳回上诉，维持原判。

【法官后语】

《民法通则》第一百二十三条规定，从事高空、高压、易燃、易爆、剧毒、放射性、高速运输工具等对周围环境有高度危险的作业造成他人损害的，应当承担民事责任；如果能够证明损害是由受害人故意造成的，不承担民事责任。《侵权责任法》第七十三条规定，从事高空、高压、地下挖掘活动或者使用高速轨道运输工具造成他人损害的，经营者应当承担侵权责任，但能够证明损害是因受害人故意或者不可抗力造成的，不承担责任。被侵权人对损害的发生有过失的，可以减轻经营者的责任。由此可知，高压电致害适用无过错归责原则。受害人故意是高度危险责任的免责事由之一。

本案中申某发是否是故意，还是对损害的发生有过失，直接影响轨道交通公司不承担责任还是可以减轻其责任。那么，申某发深夜去拆除“废弃”电缆是否可以被认定为“受害人故意”呢？这也是本案中双方最大的争议点。2001 年 1 月 21 日开始实施的《最高法院关于审理触电人身损害赔偿案件若干问题的解释》（以下简称《触电损害赔偿解释》）第三条规定了免责的四种情形：（一）不可抗力；（二）受害人以触电方式自杀、自伤；（三）受害人盗窃电能，盗窃、破坏电力设施或者因其他犯罪行为而引起触电事故；（四）受害人在电力设施保护区从事法律、行政法规所禁止的行为。但是这一司法解释已于 2013 年 2 月 26 日被明确废止。《侵权责任法》第七十三条规定的免责事由只有两种：一是不可抗力；二是受害人故意，那么高压电致害中的受害人故意，是否还包含《触电损害赔偿解释》第三条第三项和第四项？一种观点认为不包含，两个法条是相互矛盾的，既然前者已被废止，那么应以《侵权责任法》为准，受害人故意仅是指自杀或者自伤行为。另一种观点认为受害人故意是包含自杀或者自伤和从事与高度危险作业有关的犯罪活动。笔者认同第一种观点。从法理角度上看，受害人故意，通常是指明知因其行为可能遭受损害却追求或者放任此种损害后果的发生。《触电损害赔偿解释》第三条第三项和第四项规定，行为人对于实施违法犯罪是故意，如故意盗窃电能、故意破坏电力设施，但对于自身触电的损害后果，既不追求也不放任，而是“抗拒”发生，实践中行为人一般是基于过失而产生触电的损害后果。从立法变迁和立法原意上看，《触电损害赔偿解释》已被明确废止，相应的《侵权责任法》颁布出台，二者关于高压电致害的免责事由的表述明显冲突，应以《侵权责任法》为准。2010 年 3 月 16 日实施的《最高人民法院关于审理铁路运输人身损害赔偿纠纷案件适用法律若干问题的解释》规定，只有在两种情况下铁路运输企业不承担赔偿责任：一是不可抗力造成的；二是受害人故意以卧轨、碰撞等方式造成的。《侵权责任法》将高空、高压活动和使用高速轨道运输工具归责原则归为一类，那么以铁路运输造成人身损害的司法解释的立法原意类推高空、高压造成人身损害的免责事由比较恰当。本案中，申某发虽然是故意拆除“废旧”电缆，但是并非故意以触碰电缆的方式自杀或者自伤，因此不能认定为受害人故意而使得轨道交通公司免责。

编写人：北京市丰台区人民法院　周海平　刘畅

45

多因触电致亡的归责问题

——肖某平诉侯某忠等触电人身损害责任案

【案件基本信息】

1. 裁判书字号

广西壮族自治区贺州市中级人民法院（2016）桂11民终604号民事判决书

2. 案由：触电人身损害责任纠纷

3. 当事人：

原告（上诉人）：肖某平

被告（上诉人）：侯某忠、贺州市天德星农林投资发展有限公司（以下简称天德星公司）

被告（被上诉人）：贺州市桂源水利电业有限公司（以下简称桂源水电公司）、中国太平洋财产保险股份有限公司贺州中心支公司（以下简称保险公司）、八步区农业科学研究所（以下简称农科所）、贺州泰城物流有限公司（以下简称泰城公司）

【基本案情】

2016年6月29日，被告侯某忠用货车运载（司机肖某、随车人员何某，何某是原告肖某平之子）木屑到被告天德星公司厂区木屑堆放区后做拆除雨布工作，何某在拆除雨布过程中，触碰到从车厢顶部横过的桂源水电公司10KV线路，导致触电倒下，何某经抢救无效死亡。事故发生后，贺州市八步区人民政府对事故进行调查，认定该事故属于生产安全责任事故。被告侯某忠向原告肖某平赔偿了42500元。原告认为，被告侯某忠、天德星公司、桂源水电公司对何某的死亡存在过错，对原告遭受的损失应予以赔偿，为维护自身合法权益向法院提起诉讼。

在诉讼过程中，被告侯某忠认为保险公司、农科所与本案有法律上的利害关系，申请追加保险公司、农科所作为被告参加诉讼，一审法院于2016年10月25日依法追加保险公司、农科所作为被告参加诉讼，并于同日依职权追加泰城公司作为被告参加诉讼。原告于一审庭审中变更请求六被告对原告的损失承担连带赔偿责任。原告在一审、二审中请求判决支持死亡赔偿金528320元、丧葬费27492元、误工费6248元、交通费2000元、被扶养人生活费163210元、精神抚慰金30000元，以上合计共757270元，由所有被告共同连带赔偿80%，即605816元；

【案件焦点】

1. 六被告对受害人何某的死亡应否承担责任，若应承担责任，该如何承担；2. 原告的损失数额该如何确定。

【法院裁判要旨】

广西壮族自治区贺州市昭平县人民法院经审理认为：1. 被告侯某忠运载货物时未尽注意义务，致拆除雨布的何某触电死亡，存在过错。对事故的发生应承担相应责任。本案中，何某拆除雨布的行为是帮工行为，被告侯某忠是被帮工人。依照《最高人民法院关于审理人身损害赔偿案件适用法律若干问题的解释》第十四条第一款“帮工人因帮工活动遭受人身损害的，被帮工人应当承担赔偿责任。被帮工人明确拒绝帮工的，不承担赔偿责任；但可以在受益范围内予以适当补偿”之规定，被告侯某忠无证据证实其拒绝帮工，何某在帮工过程中触电死亡，其作为被帮工人对何某的死亡应承担赔偿责任。2. 被告天德星公司是侯某忠运输货物（木屑）的收货方，其应提供符合安全生产要求的工作场所，而被告天德星公司未指挥车辆停放在安全合理场地，未对场所安全环境作出交待，对不利于安全的停车行为没有及时有效地制止，未在厂区内存在较大危险因素的生产经营场所设置明显的安全警示标志，存在过错，应对何某的死亡承担相应的赔偿责任。3. 被告桂源水电公司是该高压线路管理部门，被告天德星公司需要在该高压线路下作业，被告侯某忠运载超过4米高度的车辆通过架空电力线路，没有向电力管理部门报告，也没有获得相关部门批准。被告桂源水电公司不可能预见何某的危险行为，也无法采取暂时停电或其他相关安全措施。根据《侵权责任法》第七十六条“未经许可进入高度危险活动区域或者高度危险物存放区域受到损害，管理人已经采取安全措施并尽到警示义务的，可以减轻或者不承担责任”的规定，原告主张被告桂源水电公司对此次事故承担连带赔偿责任没有事实和法律依据，故不予支持。4. 被告农科所是被告天德星公司厂房所在场地的出租方即事故发生场地的出租方，农科所已向天德星公司提供了符合约定用途的场地，架空高压线路与地面距离符合安全规定且不属农科所管辖，对于天德星公司的经营活动，其无权管理，故对何某的死亡其不应承担责任。5. 根据查明的事实，本案所涉事故是在被告天德星公司的厂区内发生，并不是在规定的道路上，不属于道路交通事故；受害人何某是随车人员，不是第三者；受害人何某在拆卸雨布过程中触电死亡，属安全生产责任事故，不是在使用被保险机动车辆中遭受意外。综上，本案所涉事故不属机动车交通事故责任强制保险、第三者责任险、车上乘客责任险的赔偿责任范围。故被告保险公司不应对本事故承担赔偿责任。6. 被告泰城公司是涉案车辆的登记车主，被告侯某忠是实际车主，被告泰城公司与侯某忠之间是车辆委托服务合同关系，车辆不在泰城公司的实际控制下，泰城公司也不享受车辆的运营利益，且事故不是因车辆问题导致，而是因触电所致，泰城公司对事故发生无过错，不应承担赔偿责任。

广西壮族自治区贺州市昭平县人民法院依照《中华人民共和国安全生产法》第一百一十一条，《中华人民共和国民法通则》第一百零六条第二款，《中华人民共和国侵权责任法》第六条、第十二条、第十六条、第二十二条、第二十六条、第七十六条，《最高人民法院关于审理人身损害赔偿案件适用法律若干问题的解释》第十四条第一款、第十七条第三款、第十八条第一款，《最高人民法院关于确定民事侵权精神损害赔偿责任若干问题的解释》第十一条，《中华人民共和国民事诉讼法》第六十四条、第一百四十四条之规定，作出如下判决：

一、被告侯某忠于本判决生效之日起十日内赔偿原告肖某平损失107295.09元，扣除已支付的42500元，尚应支付64795.09元；

二、被告贺州市天德星农林投资发展有限公司于本判决生效之日起十日内赔偿原告损失86457.46元；

三、驳回原告肖某平要求被告贺州市桂源水利电业有限公司、被告中国太平洋财产保险股份有限公司贺州中心支公司、被告八步区农业科学研究所、被告贺州泰城物流有限公司承担连带赔偿责任的请求。

肖某平、侯某忠、天德星公司不服一审判决，提出上诉。

广西壮族自治区贺州市中级人民法院经审理认为：同意一审法院的裁判意见。

广西壮族自治区贺州市中级人民法院依照《中华人民共和国民事诉讼法》第一百七十条第一款第一项之规定，作出如下判决：

驳回上诉，维持原判。

【法官后语】

首先关于本案案由问题。本案属因触电死亡提起损害赔偿的案件，应适用侵权责任纠纷项下的触电人身损害责任纠纷，而不适用原定案由生命权纠纷。

本案争议的焦点之一在于六被告对受害人何某的死亡应否承担责任？如何承担？本案中六被告与受害人之间、六被告之间的关系不尽相同，应该分别讨论，明确各自的过错责任。

1. 被告侯某忠与受害人的关系。原告在诉状中主张受害人何某是被告侯某忠的随车帮工人员，而在庭审中又主张两者之间存在雇佣关系，综合本案的证据及当事人的陈述，原告并未提供双方存在雇佣关系的证据，故何某拆除雨布的行为应认定为帮工行为。本案中，何某在帮工过程中触电死亡，侯某忠作为被帮工人没有明确拒绝帮工的除外事由，应对何某的死亡承担赔偿责任。

2. 被告天德星公司需要在该高压线路下作业，在被告侯某忠运载超过4米高度的车辆通过架空电力线路前，没有向电力管理部门报告，也没有获得相关部门批准。被告桂源水电公司不可能预见何某的危险行为，也无法采取暂时停电或其他相关安全措施。根据《侵权责任法》第七十六条“未经许可进入高度危险活动区域或者高度危险物存放区域受到损害，管理人已经采取安全措施并尽到警示义务的，可以减轻或者不承担责任”的规定，原告主张被告桂源水电公司对此次事故承担连带赔偿责任没有事实和法律依据，故不予支持。

3. 被告天德星公司是侯某忠运输货物（木屑）的收货方，被告侯某忠的车辆经天德星公司内人员开门后进入公司封闭的厂区，应视为经天德星公司同意进入厂区，车辆在天德星公司堆放木屑的位置前停放，准备卸货，依照《安全生产法》第四条“生产经营单位必须遵守本法和其他有关安全生产的法律、法规，加强安全生产管理，建立、健全安全生产责任制和安全生产规章制度，改善安全生产条件，推进安全生产标准化建设，提高安全生产水平，确保安全生产”之规定，被告天德星公司应提供符合安全生产要求的工作场所，而被告天德星公司未指挥车辆停放在安全合理场地，未对场所安全环境作出交代，对不利于安全的停车行为没有及时有效地制止，未在厂区内存在较大危险因素的生产经营场所设置明显的安全警示标志，存在过错，依照《安全生产法》第一百一十一条“生产经营单位发生生产安全事故造成人员伤亡、他人财产损失的，应当依法承担赔偿责任；拒不承担或者其负责人逃匿的，由人民法院依法强制执行”；《民法通则》第一百零六条第二款“公民、法人由于过错侵害国家的、集体的财产，侵害他人财产、人身的，应当承担民事责任”之规定，被告天德星公司应对何某的死亡承担相应的赔偿责任。被告天德星公司辩称被告侯某忠未经允许进入厂区，对车辆拉货、卸货的事情不知情，故不应承担责任。本院认为，被告天德星公司厂区属封闭式，被告侯某忠的车辆经天德星公司厂区内人员开门后进入，应视为天德星公司对被告侯某忠拉货到公司是知情的，故对被告天德星公司的辩驳，不予采信。

4. 被告农科所是被告天德星公司厂房所在场地的出租方即事故发生场地的出租方，农科所已向天德星公司提供了符合约定用途的场地，架空高压线路与地面距离符合安全规定且不属农科所管辖，对于天德星公司的经营活动，其无权管理，故对何某的死亡其不应承担责任。

5. 桂源水电公司是该高压线路管理部门，事故发生地属非居民区，经勘测事发现场高压线与地面的距离超过5米，符合《电力设施保护条例》关于电力保护区的距离规定。根据《电力法》第五十四条的规定，任何单位和个人需要在依法划定的电力设施保护区内进行可能危及电力设施安全的作业时，应当经电力管理部门批准并采取安全措施后，方可进行作业；《电力设施保护条例实施细则》第十四条规定，超过4米高度的车辆或机械通过架空电力线路时，必须采取安全措施，并经县级以上的电力管理部门批准之规定，因此桂源水电公司不承担责任。

6. 被告保险公司是否应承担赔偿责任？根据查明的事实，本案所涉事故是在被告天德星公司的厂区内发生，并不是在规定的道路上，不属于道路交通事故；受害人何某是随车人员，不是第三者；受害人何某，在拆卸雨布过程中触电死亡，属安全生产责任事故，不是在使用被保险机动车辆中遭受意外。综上，本案所涉事故不属机动车交通事故责任强制保险、第三者责任险、车上乘客责任险的赔偿责任范围。故被告保险公司不应对本事故承担赔偿责任。另外，被告泰城公司是否应承担赔偿责任？被告泰城公司是涉案车辆的登记车主，被告侯某忠是实际车主，被告泰城公司与侯某忠之间是车辆委托服务合同关系，车辆不在泰城公司的实际控制下，泰城公司也不享受车辆的运营利益，且事故不是因车辆问题导致，而是因触电所致，泰城公司对事故发生无过错，不应承担赔偿责任。

综上，造成何某死亡的后果，被告侯某忠、天德星公司均有责任。原告主张各被告承担连带赔偿责任，因被告间并不存在共同实施侵权行为以及法律规定的其他应承担连带责任的情形，故对原告的此主张不予支持。

除此之外，原告的损失数额该如何确定是本案焦点之二，特别是计算损失的标准。原告提供的昭平县昭平镇人民政府出具的证明，该证明的主要内容是原告住所地已列入昭平镇城镇规划范围，但其住所地是否已达到城镇的条件并已归属城镇行列，原告未能提供相关证据证实，原告也没有提供其他证据证实其符合按城镇居民标准计算损失的条件，故不能证实何某的死亡赔偿标准应按城镇居民标准计算，故应按农村居民标准计算相关损失。

编写人：广西壮族自治区贺州市昭平县人民法院　莫素红

46

获得工伤赔偿后仍可向第三者请求残疾等项赔偿

——彭某华诉国网重庆市电力公司丰都县供电分公司触电人身损害责任案

【案件基本信息】

1. 裁判书字号

重庆市第三中级人民法院（2017）渝03民终1377号民事判决书

2. 案由：触电人身损害责任纠纷

3. 诉讼双方：

原告（上诉人）：彭某华

被告（上诉人）：国网重庆市电力公司丰都县供电分公司

【基本案情】

2015年9月，原告彭某华受重庆旭鸣信息工程有限公司雇用，从事拆换通信线缆工作。2015年9月29日18时许，原告彭某华在丰都县董家镇中和场村街道拆换通信线缆时，被国网重庆市电力公司丰都县供电分公司管理的10千伏高压电击伤，同月30日入住第三军医大学西南医院治疗，入院诊断为：高压电击伤9%三度头部及右上肢左足；头枕部软组织缺如；双肺肺炎，同年11月24日治愈出院。之后重庆旭鸣信息工程有限公司按照工伤赔偿了原告彭某华全部损失。2017年2月28日，原告彭某华委托重庆市渝东司法鉴定中心进行了司法鉴定，结论为：彭某华右上肢的伤残程度系五级伤残；头皮无毛发25%以上的伤残程度系九级伤残。

原告彭某华在2015年前后均在户籍地外务工。彭某华拆换的通信线缆与国网重庆市电力公司丰都县供电分公司管理的丰都县董家镇中和场村的高压线相邻，作业地点在变压器附近，作业时彭某华及重庆旭鸣信息工程有限公司未向国网重庆市电力公司丰都县供电分公司报告作业内容。国网重庆市电力公司丰都县供电分公司未在高压变压器旁边设置警示标志及相应防护装置。

【案件焦点】

1. 获得工伤赔偿后是否可以向第三人主张侵权责任赔偿；2. 归责原则上是否适用过错责任归责原则。

【法院裁判要旨】

重庆市丰都县法院经审理认为：双方争议的焦点是：1. 原告在取得工伤赔偿后能否再向被告主张侵权责任赔偿问题。根据《中华人民共和国社会保险法》第四十二条的规定，仅将医疗费排除在可以兼得之外，除此之外可以兼得侵权损害赔偿和工伤保险待遇。为此原告主张的赔偿事项，符合法律规定。2. 归责原则和责任划分问题。《中华人民共和国侵权责任法》是有关侵权损害赔偿的普通法，其他侵权赔偿法律规定才属于特别法，特别法有规定的应当优先适用。《中华人民共和国电力法》已经于2015年4月24日修改，属于后法，也应当优于2010年7月1日起施行的侵权责任法的适用。由《中华人民共和国电力法》第六十条规定可以得出适用的是过错责任归责原则，只是在认定过错时采用的是“过错推定”的方式。该法第五十二条第二款、第五十三条规定，在电力设施周围施工作业可能危及设施安全的应当报告电力企业，是行为人的法律义务，在电力设施保护区设立标志是电力管理企业的法律义务。从本案事实上看，造成原告损害的原因有两个：一是原告在电力保护设施附近危险作业，没有向电力管理企业报告，以至于没能断电就对通信线缆拆换施工，危险性增加，事故发生的可能性概率增加；二是作为电力管理义务人的被告没有在通电的高压变电器设施周围设置警示标志和采取防护措施，导致原告作业时注意力减弱和保护措施乏力。这两种原因结合导致原告触电受到损害。从原因力上看，基本相当。为此被告应承担原告50%的经济损失赔偿责任，其余由原告自己负担。3. 赔偿的金额问题。残疾赔偿金总额计算为：27239元/年×20年×（50%+2%）=283285.6元；对精神损害抚慰金确定为15000元。按照责任划分比例，被告国网重庆市电力公司丰都县供电分公司应当赔偿149142.8元。

重庆市丰都县人民法院依照《中华人民共和国社会保险法》第四十二条，《中华人民共和国侵权责任法》第五条，《中华人民共和国电力法》第五十二条第二款、第五十三条、第六十第一款及第二款，《最高人民法院关于确定民事侵权精神损害赔偿责任若干问题的解释》第十条、第十一条，《最高人民法院关于审理人身损害赔偿案件适用法律若干问题的解释》第二十五条第一款之规定，判决如下：

一、被告国网重庆市电力公司丰都县供电分公司在本判决发生法律效力后十日内支付原告彭某华残疾赔偿金及精神损害抚慰金共计人民币149142.8元；

二、驳回原告彭某华的其余诉讼请求。

彭某华及国网重庆市电力公司丰都县供电分公司不服一审判决，提出上诉。重庆市第三中级人民法院经审理认为：一审判决彭某华与丰都供电分公司各自承担50%的赔偿责任，符合法律规定。重庆旭鸣信息工程有限公司在本次事故中已经承担了工伤赔偿责任，不应再承担民事赔偿责任，可以不列为本案当事人。

重庆市第三中级人民法院依照《中华人民共和国民事诉讼法》第一百七十条第一款第一项之规定，判决如下：

驳回上诉，维持原判。

【法官后语】

本案的责任属于不真正连带责任。杨立新教授在《侵权法论》中的定义是，“不真正连带责任是指多数行为人违反法定义务，对一个受害人施加害行为，或者不同的行为人基于不同的行为致使受害人的权利受到损害，各个行为人产生的同一内容的侵权责任，各负全部赔偿责任，并因行为人之一的履行而使全体责任人的责任归于消灭的侵权责任形态”。不真正连带责任是基于不同法律关系下产生的赔偿责任，对于受害人而言，可选择不同法律规定下的不同责任赔偿形式而获得赔偿，被受害人首选的赔偿义务主体，一般情形下可向终局的赔偿义务主体追偿。赔偿的义务主体之间不存在连带责任关系。就受害人而言，每一个赔偿义务主体的赔偿，均可达到圆满的程度。典型的类型案件有用人单位与雇员之间，雇员在工作过程中因第三人的侵权行为，导致的雇员受害。雇员可按照工伤保险的相关法律规定获得工伤赔偿，也可直接选择《侵权责任法》的相关规定，以生命健康权等受害为由，向第三人索赔。由于每一个法律关系下的赔偿程序法和实体法规定不同，其举证责任、程序要求是不一致的，当事人如何选择由当事人根据自己的情况决定。每一个法律关系下的赔偿主体之间，不属于共同诉讼，不是同案适格主体，其理由是每一个法律关系下的侵权行为属于一个行为，每一个行为之间是竞合关系，不是聚合关系，这与共同侵权不同，共同侵权行为是多个侵权人的侵权行为作为部分聚合成为一个侵权行为，并且共同侵权行为也是一个侵权行为，并非多个侵权行为，因此不能将不同责任关系下的行为人列为共同被告，即使案件因事实需要，也只能以证人地位下的第三人出现，是否列为第三人由法院决定。结合本案，一审与二审均未将重庆旭鸣信息工程有限公司列为被告或者第三人，符合法律规定。

工伤保险赔偿具有特殊性。依不真正连带责任的法理，受害人是不能选择了一个法律关系的责任赔偿后，又基于另一个法律关系请求另外的责任主体进行赔偿的，因为赔偿是基于损失的填补，填补后，就不再存在损失的问题。事实上我国的赔偿制度，因为计算方法的不同，民事赔偿、行政赔偿、工伤赔偿从一定意义上说是限额赔偿，因此一种赔偿项下的赔偿，不能达到圆满的程度，因此我国法律也进行了区别对待，工伤赔偿就是一种特殊的赔偿。依照《社会保险法》第四十二条规定："由于第三人的原因造成工伤……"仅将医疗费排除在可以兼得之外，因此，除此之外可以兼得侵权损害赔偿和工伤保险待遇。这个问题虽然在司法实务界和学术界存在争议，但是在重庆辖区进行了司法规范，通过渝高法（2013）7号规范性文件及指导性案例的形式明确受害人可以兼得侵权损害赔偿和工伤保险待遇，笔者认为这样的判决，解决了当下各种赔偿标准不一造成的赔偿不均的问题，实现了司法的公平公正。

编写人：重庆市丰都县人民法院　余孝安

七、饲养动物损害责任

47

饲养动物致人损害的责任承担

——段某兰诉白某波、杜某饲养动物损害责任案

【案件基本信息】

1. 裁判书字号

新疆维吾尔自治区石河子市人民法院（2017）兵 9001 民初 6747 号民事判决书

2. 案由：饲养动物损害责任纠纷

3. 当事人

原告：段某兰

被告：白某波、杜某

【基本案情】

原告居住在沙湾县××镇××村二队，其自建房屋与第八师一五二团×连居住区仅一路之隔。被告白某波、被告杜某系夫妻关系，居住在第八师一五二团×连。2017 年 6 月 1 日 12 时许，原告段某兰因有事路过第八师一五二团×连住户被告白某波、杜某家院墙西门门口处时，被告白某波、被告杜某的院门大开，其家中饲养的狗从院门内跑出来，将原告扑倒后将原告腿部咬伤，后原告当即昏了过去。与被告白某波、杜某相邻的张某贤听到喊声后，从自己的房屋内出来查看，发现段某兰躺在其与被告白某波、杜某住房之间的道路上；在附近与他人说话的同村村民蒲某池听到喊叫声后也来到事发地点查看。原告苏醒后告诉是被白某波、杜某家的狗咬

伤。原告之子袁某年及被告白某波等人将原告送往石河子市人民医院急诊检查。同日，原告之子袁某年向石河子市公安局报警。石河子市公安局城区分局老街派出所出警，出警情况登记表记载："出警情况：2017 年 6 月 1 日 14 时 55 分许，民警到达现场后未发现报警情况，民警与报警人袁×元（袁某年）联系，报警人称双方自行在人民医院协商解决，不需要民警帮助。"同日，原告经 120 急救以当日 12 时许左右被狗扑倒摔伤入住石河子市人民医院治疗，并行胸骨骨折切开复位螺钉内固定术。2017 年 6 月 12 日出院。出院诊断：腰椎骨折（腰 2 椎体）。原告住院 11 天，花费住院费 37902. 05 元。2017 年 6 月 1 日，原告亲属带原告前往石河子市城中医院先后 5 次注射狂犬疫苗，花费 337 元。

原告受伤后，急诊检查花费 728. 27 元，出院后门诊检查花费 572. 58 元，其中被告白某波向原告支付门诊检查费 700 元。

原告称其为配合治疗，花费医疗辅助用品费合计 224 元（未加盖印章）。原告为复印病历在石河子市人民医院复印病历，花费复印费 73. 50 元（未加盖印章）。

2017 年 9 月 8 日，原告委托新疆天宇司法鉴定所对其伤残等级、误工期、护理期、营养期进行鉴定。2017 年 9 月 9 日，新疆天宇司法鉴定所做出天宇司鉴（2017）临鉴字第 313 号法医学鉴定意见书。鉴定意见：被鉴定人段某兰腰 2 椎体压缩性骨折的损伤已构成十级伤残；误工期为 180 天；护理期为 90 天；营养期为 90 天。原告花费鉴定费 1580 元。被告对新疆天宇司法鉴定所做出的原告构成伤残十级的鉴定意见不服，申请鉴定。本院委托新疆新医司法鉴定所鉴定。2017 年 12 月 18 日，新疆新医司法鉴定所做出（2017）新医临鉴字第 900 号鉴定意见书。鉴定意见：段某兰腰 2 椎体新鲜压缩性骨折损伤事实存在，压缩性程度达到 1/3 以上，且目前已行手术治疗，伤残等级为十级。

另查明：1. 新疆生产建设兵团 2016 年度在岗职工平均工资为 56345 元/年，兵团连队居民人均消费性支出为 16401 元/年。2. 原告提供被告家中饲养狗场所的照片及原告受伤腿被狗咬伤的照片，以证明被告养狗的事实和自己被狗咬伤的事实。3. 原告被被告的狗咬伤时已年满 66 周岁。

【案件焦点】

白某波、杜某在本案中如何承担责任。

【法院裁判要旨】

新疆维吾尔自治区石河子市人民法院经审理认为：根据原、被告在庭审中陈述、答辩和原告提供的照片和本院调查的相关证据可以认定：被告家有养狗；原告在被告房屋西门旁边道路上行走时不慎被被告家饲养的狗咬伤；原告被狗咬后由原告之子袁某元向派出所报案；被告白某波为原告支付急诊费的事实。以上事实，结合日常生活经验分析，可认定原告在经过被告房屋门前时被被告所养的狗咬伤的事实具有高度盖然性，且被告也没有就否定原告主张的事实提供证据，故本院对原告所主张的事实予以确认。《中华人民共和国侵权责任法》第七十八条规定："饲养的动物造成他人损害的，动物饲养人或者管理人应当承担侵权责任，但能够证明损害是因被侵权人故意或者重大过失造成的，可以不承担或者减轻责任。"本案中，两被告应当对原告受伤造成的损失负赔偿责任。因原告向本院提供的复印费、医疗辅助用品费均不是正规票据，且没有盖有印章，故本院对原告主张的复印费73.50元、医疗辅助用品费224元，不予认定。夫妻关系存续期间的债务为夫妻共同债务。被告因饲养动物致原告受到损害而造成的损失为两被告的夫妻共同债务。

根据本院查明的事实，本院对原告的损失确定如下：

1. 医疗费。原告住院花费住院费37902.05元，注射狂犬疫苗费337元，急诊费728.27元，出院后门诊检查花费诊查费572.58元，合计39539.90元，系原告应当花费的费用，本院予以认定。原告仅主张39539.50元，是对自己权利的处分，本院无异议。2. 营养费。根据原告的伤情，原告在住院期间及出院后一定期限内确需加强营养，参照中华人民共和国公安部颁布的《人身损害误工期、护理期、营养期评定规范》（GA/T1193－2014）9.1.2条之规定，原告的营养期本院确定为90天，每天15元，原告的营养费为1350元（15元/天×90天）。3. 护理费。根据原告住院情况、恢复状况及年龄，原告在住院期间及出院后一定时期内客观上确需护理，参照中华人民共和国公安部颁布的《人身损害误工期、护理期、营养期评定规范》（GA/T1193－2014）9.1.2条之规定，结合新疆天宇司法鉴定所的鉴定意见，原告主张的护理期本院确定为60天，原告护理费为9262.19元（56345元/年÷365天×60天）。4. 残疾赔偿金。根据新疆天宇司法鉴定所及新疆新医司法鉴定所的鉴定意见，原告构成伤残等级为十级，本院予以认定。考虑到原告居住在沙湾县××镇××村自建房屋内，且事故发生时已年满66周岁，故参照新疆生产建设兵团

2016 年度兵团连队居民人均可支配性收入，原告的残疾赔偿金为 22961.40 元（16401 元/年 ×14 年 ×10%）。5. 精神损害抚慰金。原告因此次事故造成十级伤残，给原告的身心健康和正常生活带来很大影响，其精神上也遭受了很大的伤害，原告要求被告赔偿精神损害抚慰金的请求符合法律规定，但具体数额应根据原告的伤情、受伤害程度及加害人的过错、加害行为所造成的后果、本地区平均生活水平等因素，本院对原告的精神损害抚慰金综合酌定 2000 元为宜。6. 法医鉴定费。原告为鉴定自己的伤残等级、误工期、护理期、营养期花费鉴定费 1580 元，因原告没有在本案中主张误工费用，故原告鉴定误工费花费的鉴定费用 260 元，由原告自行负担，其余鉴定费用 1320 元（1580 元 -260 元），本院予以认定。以上 1 ~6 项，合计 76433.09 元（医疗费 39539.50 元 + 营养费 1350 元 + 护理费 9262.19 元 + 残疾赔偿金 22961.40 元 + 精神损害抚慰金 2000 元 + 法医鉴定费 1320 元），扣除被告白某波已经支付的 700 元，由被告白某波、杜某应赔偿给原告的损失为 75733.09 元（76433.09 元 -700 元）。依照《中华人民共和国侵权责任法》第七十八条，《中华人民共和国婚姻法》第十七条第一款，《最高人民法院关于审理人身损害赔偿案件适用法律若干问题的解释》第十九条、第二十一条、第二十三条、第二十四条、第二十五条，《最高人民法院关于确定民事侵权精神损害赔偿责任若干问题的解释》第一条、第八条第二款、第十条，《中华人民共和国民事诉讼法》第六十四条第一款，《最高人民法院关于民事诉讼证据的若干规定》第二条、第四条第五项之规定，判决如下：

一、被告白某波、杜某应赔偿原告段某兰各项损失 75733.09 元，该款应于本判决生效之日起十日内支付给原告；

二、驳回原告段某兰的其他诉讼请求。

判决书送达后，原、被告双方均未上诉。

【法官后语】

当今社会，饲养动物成为部分人的生活爱好，有的是为了生产、生活的需要而饲养动物，有的是为了休闲观赏而饲养动物。饲养动物致人损害事件经常发生在农村庭院、城镇社区、居民小区、街道、道路等场所，使受害人遭受到不同程度的损伤甚至致残，更有甚者造成受害人死亡的情况发生，给受害人及其亲属造成极其严重的精神损害和人身损害。

一、动物致人损害的构成要件

在审判实践中，对于动物致人损害纠纷既要审查致人损害的动物是不是饲养的动物、饲养动物是否有损害他人的行为、饲养动物对他人有没有造成损害的事实，又要审查饲养动物的饲养人或管理人的行为与损害事实之间有没有因果关系，主要是义务主体对饲养动物管束严不严、安全管理措施到位还是不到位、有没有过错行为等，确定损害事实发生的原因。通过对此类案件构成要件的审查判断，确定饲养动物致人损害的赔偿责任主体，依法作出裁判，维护受害人的合法权益。

二、对动物饲养人采用无过错责任的原则

饲养动物对他人的损害主要是动物本能和随意性造成的，是自卫反击的一种表现，但是，动物的饲养人或管理人应当对其饲养的动物致人损害负赔偿责任，尽管该饲养人或管理人本身没有过错，根据法律规定，要对受害人因此造成的损失承担无过错的民事赔偿责任。但《侵权责任法》还同时规定了致害动物饲养、管理人的两种免责事由：其一，因受害人的过错造成损害。如受害人故意挑逗狗，造成狗将受害人咬伤，应视为受害人具有过错引起，可以减轻饲养人的责任；其二，因第三人的过错给受害人造成损害的，可以由动物饲养人承担赔偿责任，也可以由挑逗狗的一方承担赔偿责任，这要看受害人选择的赔偿义务人是谁。但是，动物致人损害，饲养人或管理人与受害人、第三人都存在过错时，要负混合过错责任，根据各自的过错程度承担相应的连带赔偿责任。下列动物饲养人应当承担绝对无过错责任，即违反管理规定，未对动物采取安全措施造成他人损害的，无免责事由，即使受害人对损害的发生具有故意或者重大过失，也不免除或者减轻饲养人责任。第二是禁止饲养的（如藏獒、德国黑背、高加索牧羊犬等）烈性犬这样的危险动物或者（如老虎、狮子、鳄鱼、眼镜王蛇等）其他危险动物致人损害的，无免责事由，即使受害人对损害的发生具有故意或者重大过失，也不减轻或者免除饲养人的责任。

三、要适用举证责任倒置原则

饲养动物致人损害的案件是一种特殊类型的民事侵权案件，受害人被饲养动物致伤，受害时情况紧急，逃避不及，甚至没有外援帮助，往往是弱势者，而且难以提供证据证实自己被饲养动物损害。在这种情况下就要适用举证责任倒置原则，即由被告提供有利害关系的证据，如提不出有效免责证据，则认定被告是赔偿责任主体。因此，适用举证责任倒置的规定，合理分配举证责任，便于认定案件性质，有利于案件的判定，依法维护双方合法权益。

本案中，法院采用举证责任倒置原则审理了本案，受害人段某兰对自己被狗咬伤，既没有故意行为，也没有重大过失行为，因此，其被被告白某波、杜某家中饲养的从大门处冲出门外的狗咬伤，表明作为动物饲养人的被告白某波、杜某并没有对自己饲养的狗进行有效的管理，因此，根据无过错责任原则，被告白某波、杜某对段某兰因狗咬伤造成的损失应当负全部的赔偿责任。

编写人：新疆维吾尔自治区石河子市人民法院　杜世成

48

监护人对未成年人被饲养动物造成损害的过失认定

——安某生诉仉某饲养动物损害责任案

【案件基本信息】

1. 裁判书字号

北京市石景山区人民法院（2017）京 0107 民初 20310 号民事判决书

2. 案由：饲养动物损害责任纠纷

3. 当事人

原告：安某生

被告：仉某

【基本案情】

2017 年 8 月 9 日 16 时许，原告安某生与同学龚某瑞等人在位于石景山区炮厂一院落内玩耍期间，当安某生等人行至同位于该院落中的被告仉某住所地所在小院入口处时，安某生被仉某饲养之犬（拴于小院内，未取得养犬登记证，未注射预防狂犬病疫苗）咬伤腿部，后被仉某邻居吴某平发现并通知安某生亲属到达现场。随后安某生分别前往北京市门头沟区中医医院、首都医科大学附属北京儿童医院、中国人民解放军海军总医院进行接种狂犬病疫苗及狂犬病毒中和抗体检测等治疗，支出医疗费2610.07元。

【案件焦点】

1. 动物饲养人对动物采取安全措施的标准；2. 案发时未成年被侵权人的监护人未在现场是否构成重大过失。

【法院裁判要旨】

北京市石景山区人民法院经审理认为：饲养的动物造成他人损害的，动物饲养人或者管理人应当承担侵权责任，但能够证明损害是因被侵权人故意或者重大过失造成的，可以不承担或者减轻责任。

本案中，被告仉某作为动物饲养人，应当对其饲养之犬咬伤原告造成的损害承担侵权责任。对于被告仉某提出的被告已经对狗采取足够的安全措施，尽到谨慎管理义务；案发当日原告已经完全脱离监护人的保护范围，原告的法定代理人未尽到监护人责任，存在重大过失，应对本案承担主要责任的答辩意见，经查：当事人陈述及证人证言等证据证实被告仉某饲养之犬未注射预防狂犬病疫苗，该犬案发时被狗链拴于他人可自由通行的半封闭院落，该院落周围并无警示。当事人对自己提出的诉讼请求所依据的事实或者反驳对方诉讼请求所依据的事实有责任提供证据加以证明。没有证据或者证据不足以证明当事人的事实主张的，由负有举证责任的当事人承担不利后果。现被告仉某提交的证据不足以证实损害是因被侵权人故意或者重大过失造成，原告监护人案发时不在现场与原告被被告饲养之犬咬伤这一损害结果之间亦不具有直接因果关系，故对于被告仉某提出的相关答辩意见，法院不予采纳。

经审查，原告提交的证据，根据相关法律，原告主张的医疗费、交通费系合理损失，法院根据诊断书、医疗费票据、交通费票据等证据确认原告共计支出医疗费2610.07元、交通费446元。原告主张的护理费、营养费、精神损害抚慰金过高，法院根据原告伤情及就医情况，酌定护理费2160元、营养费210元、精神损害抚慰金3000元。原告主张的美容费，尚未实际发生，故法院不予支持。

北京市石景山区人民法院依照《中华人民共和国侵权责任法》第二条、第十六条、第二十二条、第七十八条、第七十九条及《最高人民法院关于民事诉讼证据的若干规定》第二条之规定，判决如下：

一、被告仉某于本判决生效后十日内赔偿原告安某生医疗费、护理费、营养费、交通费、精神损害抚慰金共计人民币 8426.07 元；

二、驳回原告安某生的其他诉讼请求。

【法官后语】

关于动物致害责任，早在公元前20世纪的《苏美尔法典》中就规定："倘牛伤害栏中之牛，则应以牛还牛。"约公元前18世纪的《汉谟拉比法典》第二百五十一条规定："倘自由民之牛有抵触之性，邻人以此告之，而此人既未钝其角，又未系其身，如牛抵自由民之子而致死，则彼应赔偿银二分之一。"英美法系致害责任源于英国普通法，普通法将动物分为野性动物和驯化动物。动物主人对野性动物应严加管束，如发生危险事实，不问主人有无过失，均应负责赔偿；而对于经驯化的非凶猛动物，如马、牛、羊及飞禽，侵害他人土地时，由所有人负无过错责任；有危险性而伤害他人者，由动物占有人负责赔偿。《侵权责任法》中对于饲养动物采取无过错责任的归责原则。将饲养的动物分为"违反管理规定，未对动物采取安全措施造成他人损害；禁止饲养的烈性犬等危险动物造成他人损害；动物园的动物造成他人损害；遗弃、逃逸的动物在遗弃、逃逸期间造成他人损害等几种不同情况。

一、动物饲养人对动物采取安全措施的标准

被告辩称将饲养之犬用狗链栓于其合法居住的半封闭院落当中，狗的活动范围极其有限，若非原告主动近距离接触，否则不会被咬伤。从在案证据来看，原告并不否认被告饲养之犬用狗链栓于其合法居住的半封闭院落当中，上述事实有证人证言、照片、现场示意图等证据佐证；此外，原告否认有主动近距离接触被告饲养之犬的行为，被告根据事发后拍摄照片中显示的狗窝位置及原告被咬伤的部位推测：原告应该是进入小院后转身看到狗、与狗有一定接触才被咬伤左腿。《侵权责任法》第七十九条的规定将"未对动物采取安全措施"限定了"违反管理规定"的条件。第七十九条所称"管理规定"，是指有关饲养动物的管理规定。有关饲养动物的管理规定条目众多，2003 年 9 月 5 日通过的《北京市养犬管理规定》第十七条规定养犬人应当遵守：不得携犬进入市场、商业街，游乐场等公共场所；不得携带犬乘坐除小型出租车以外的公共交通工具；定期为犬注射预防狂犬病疫苗等管理规定。对于饲养动物应当采取的安全措施，应主要包含两个方面：一是对于动物本身具有的危险性而采取的安全管理措施；二是对于动物所处空间可能产生的危险性而采取的控制措施。如果未按照相关管理规定对动物采取安全措施直接致人损害即达到《侵权责任法》中规定的未对动物采取安全措施的标准。结合本案案情，被告虽然将饲养之犬用狗链栓于院落以限制狗的活动范围，但他人可以自由出入该院落，更为关键的一点是被告未给饲养之犬注射预防狂犬病疫苗，故已经违反了饲养动物的管理规定，应属于违反管理规定，未对动物采取安全措施。客观上即使被告饲养之犬被限制在半封闭的院落当中，亦无法完全阻碍或控制狗致人损害，何况被告未给该犬注射预防狂犬病疫苗，无形之中增加了狗的危险等级。

二、案发时未成年被侵权人的监护人未在现场是否构成重大过失

司法实践中，部分侵权案件里的侵权人因未成年被侵权人的监护人未充分尽到保护被监护人人身、财产安全的监护职责而被部分或全部免除民事责任。上述情况通常发生在游乐场、商场、超市等特定场所，且未成年人进行的活动具有一定危险性，如乘坐电梯、进行游乐项目等活动，因此需要监护人的照管。本案被告提出：案发当日原告已经完全脱离监护人的保护范围，原告的法定代理人未尽到监护人责任，存在重大过失，应对本案承担主要责任。该案原告被狗咬伤时监护人未在现场的事实成立，但监护人是否属于未尽到监护职责存在重大过失还需根据个案的情况具体分析。案发时实施的《民法通则》规定："十周岁以上的未成年人是限制民事行为能力人，可以进行与他的年龄、智力相适应的民事活动。"原告安某生于2007年1月8日出生，案发时已满10周岁，按照法律规定为限制民事行为能力人，可以独立实施与其年龄、智力相适应的民事活动。原告陈述及证人证言均证实：案发当日原告从事的活动内容是与同班同学的日常玩耍，活动地点是附近同学家中及所在院落内，活动时间为学生暑假期间的某天下午4时许。从原告的年龄，行为能力，从事活动内容及难易程度，从事活动的时间、空间等几个方面考量，原告与同班同学在附近同学家院落玩耍的活动并未超出原告的年龄、智力发育水平，是原告可以独立进行的一般性日常活动。被告提交证据亦不足以直接证实原告进行了与狗相关的其他故意或重大过失行为，故原告独立进行与其年龄、智力水平相适应的活动时被被告饲养之犬咬伤，监护人并无重大过失，应当由动物饲养人承担侵权责任。

编写人：北京市石景山区人民法院　路琳艳

49

饲养动物损害责任中无过错责任的过失相抵应当具有法律依据

——徐某诉于某鹏饲养动物损害责任案

【案件基本信息】

1. 裁判书字号

北京市第三中级人民法院（2017）京 03 民终 13601 号民事判决书

2. 案由：饲养动物损害责任纠纷

3. 当事人

原告（上诉人）：徐某

被告（被上诉人）：于某鹏

【基本案情】

2016 年 6 月 24 日下午约 17 时许，徐某与徐某之母艾某英在所居住的北京市通州区永顺镇××小区北区内遛狗，其饲养的犬只为英国斗牛犬。在徐某及艾某英遛狗过程中，由于某鹏所有的两只宠物犬（一只西伯利亚雪橇犬和一只阿拉斯加雪橇犬）由于某鹏之友吕某柱代于某鹏携带，亦在该小区内活动。当时，双方的犬只均有犬绳牵领。遛狗过程中，斗牛犬和阿拉斯加雪橇犬情绪激动，互相吠叫并发生冲击。在此过程中，双方产生纠纷。

现徐某诉至法院主张其在该过程中，被于某鹏饲养的犬只咬伤，于次日至北京市朝阳区双桥医院进行了治疗，并为此向法院提交了诊断证明、医疗费票据、照片等证据证明徐某的合理损失共计人民币 2144.49 元。并且徐某表示认可于某鹏关于事发当天吕某柱无偿帮工代为遛狗的意见，要求于某鹏承担本次事故的全部责任，向徐某赔偿损失，不就本次事故向案外人吕某柱主张任何权利。于某鹏认可涉案阿拉斯加雪橇犬并未办理养犬许可证，并认可阿拉斯加雪橇犬为大型犬，在事发小区无法办理养犬许可证。

【案件焦点】

禁止饲养的烈性犬等危险动物造成他人损害，被害人也存在过错是否适用过错相抵的原则。

【法院裁判要旨】

北京市第三中级人民法院经审理认为：《中华人民共和国侵权责任法》第八十条规定：禁止饲养的烈性犬等危险动物造成他人损害的，动物饲养人或者管理人应当承担侵权责任。随着社会经济的发展和人民生活水平的提高，饲养动物的人群和家庭日益增多。动物是具有生命力和攻击力但是缺乏理智的特殊主体，其饲养人和管理人在享受乐趣的同时，也应承担较高的管理责任，严格遵守相关管理及安全规定，以降低饲养动物给公民健康和人身安全带来的危险性，营造安全的居住环境，维护社会公共秩序。《中华人民共和国侵权责任法》立法的首要目标亦在于救济受害人，维护公共安全。其中明确规定禁止饲养的烈性犬等危险动物造成他人损害的，动物饲养人或者管理人应当承担严格的无过错责任。动物饲养人违反禁止性规定饲养烈性犬等危险动物，是对管理规定的严重违反，具有严重的主观过错，不适用过失相抵原则。如果因此造成他人损害，无论受害人有无过错，动物饲养人或管理人均应承担侵权责任。

北京市通州区人民法院于2017年10月16日作出如下判决：

一、于某鹏赔偿徐某医疗费2094.49元、交通费50元等各项损失共计2144.49元的百分之五十即1072.25元，于判决生效之日起七日内执行完毕；

二、驳回徐某的其他诉讼请求。

徐某不服一审判决，提出上诉。北京市第三中级人民法院经审理认为：《中华人民共和国侵权责任法》第八十条规定：禁止饲养的烈性犬等危险动物造成他人损害的，动物饲养人或者管理人应当承担侵权责任。如果因此造成他人损害，无论受害人有无过错，动物饲养人或管理人均应承担侵权责任。

根据《北京市养犬管理规定》第十条之规定，本案事发小区属于养犬管理的重点区域，该区域内禁止饲养烈性犬、大型犬，于某鹏的行为属于禁止饲养的烈性犬等危险动物造成他人损害，虽然徐某对此亦有过错，于某鹏仍应承担侵权责任，徐某由此产生的合理损失，于某鹏均应予以赔偿。一审法院根据徐某提交的医疗费票据核算其医疗费损失，并结合徐某伤情、居住地至医院的距离、就诊次数等情况酌情确定其交通费损失，数额合理，法院予以确认。

北京市第三中级人民法院依照《中华人民共和国侵权责任法》第八十条之规定，作出如下判决：

一、撤销北京市通州区人民法院（2016）京0112民初35317号民事判决；

二、于某鹏于判决生效之日起七日内赔偿徐某医疗费2094.49元、交通费50元；

三、驳回徐某的其他诉讼请求。

【法官后语】

2015年至2017年，北京市第一、第二、第三中级人民法院共审结饲养动物损害责任纠纷案件61件，多为犬只伤人事件引发。从案件结果来看，二审维持原判案件38件，撤诉案件5件，调解案件9件，改判案件8件，发回重审1件。改判的原因集中在法律适用、责任比例认定及精神损害赔偿金数额三个方面。总体而言，饲养动物损害责任纠纷中的事实认定和法律适用均存在难点和争议。

《侵权责任法》中关于饲养动物损害责任的规定集中在第七十八条至第八十条，均采用了无过错责任的归责原则，其中只有第七十八条规定了责任的减轻和免除事由。这种规定以动物危险控制理论为其正当性基础，强调风险与责任相一致的原则。“管理不善”是责任人承担责任的基础，动物饲养人或管理人违背了其应尽的注意义务，存在过错，就应当承担相应的责任。具体而言，第七十八条是饲养动物侵权责任的一般规定，可以适用过失相抵原则。在适用过失相抵原则时，应当结合受害人的过错程度、行为的具体情节、行为对损害结果的影响力等综合判断双方的责任比例。受害人存在过错的举证责任，应当由侵权人承担；侵权人未明确提出过失相抵的主张时，法院可依职权减免侵权人的责任。第七十九条和第八十条均属于严格的无过错责任，不适用过失相抵原则。在适用这两条法律规定时，无论被侵权人是否存在过错，侵权人均应承担全部侵权责任。需要注意的是，第七十九条仅限于违反管理规定、未对动物采取安全措施的情形，如携犬出户时未对犬只牵束犬链或者未对犬只注射预防狂犬病疫苗等。而未为犬只办理养犬登记或年检的行为，虽然不符合养犬管理规定，但不涉及犬只安全措施，不应适用第七十九条的规定。第八十条的适用条件是禁止饲养的烈性犬等危险动物，可结合犬只饲养区域、犬只品种及事故发生地点等综合判断。

本案中，于某鹏饲养的雪橇犬在事发小区属于禁止饲养的犬种，应当适用《侵权责任法》第八十条的规定，对由此给徐某造成的损失承担全部责任。虽然徐某在饲养和管理犬只的过程中亦存在明显过错，但是结合饲养动物损害责任的基本原理和《侵权责任法》的明确规定，不应适用过失相抵原则。一审法院未查明于某鹏饲养的犬只性质及犬只饲养区域，根据《侵权责任法》第七十八条的规定，适用过失相抵原则，判令于某鹏对徐某的损失承担百分之五十的责任，属于事实认定不清导致的法律适用错误。二审法院查明事实后，依法予以改判。

编写人：北京市第三中级人民法院　万丽丽

50

具有利害关系的证人证言认定

——何某香诉陈某元饲养动物损害责任案

【案件基本信息】

1. 裁判书字号

浙江省台州市三门县人民法院（2017）浙1022民初2051号民事判决书

2. 案由：饲养动物损害责任纠纷

3. 当事人

原告：何某香

被告：陈某元

【基本案情】

2017年2月5日上午7时许，被告陈某元饲养的黄狗与另一条黑狗在村内路上追逐，原告在行走过程中被黄狗撞倒导致受伤，并入院治疗花费一定费用。为此，原告诉至法院，请求判令：1. 被告陈某元赔偿医疗费、住院伙食补助费、护理费、交通费、营养费等共计27728元；2. 本案的诉讼费用由被告陈某元承担。被告陈某元称：原告受伤的时间是2017年2月4日，当日被告去交电费，与原告相向而行，看见原告孙女牵着哈巴狗，一只黑狗窜出来，哈巴狗受惊后退到原告的脚上，原告在后退中摔倒，并非被告饲养的狗导致原告受伤。原告提交的16496元医疗费已报销9748.69元，原告也没有提交交通费、营养费的相关依据。

【案件焦点】

被告饲养的动物的行为与原告的受害结果是否存在因果关系。

【法院裁判要旨】

浙江省三门县人民法院经审理认为：构成饲养动物损害赔偿，前提必须是饲养的动物有致害的行为，且动物的行为与受害人的受害结果存在一定的因果关系。本案中，原告何某香主张被告陈某元饲养的黄狗将其撞倒而受伤，要求被告陈某元赔偿经济损失，虽有证人刘某秋、叶某英、缪某芹、叶某赫、刘某来、陈某林的证言，但证人刘某秋未到庭接受质询，证人叶某英、缪某芹、叶某赫系原告的亲属，与原告存在一定利害关系，证人刘某来、陈某林当时未在事发现场，因此，六位证人的证言依法均不能作为定案的依据。同时原告提供的住院病历载明原告因摔伤住院治疗，且住院收费票据亦载明农医保报销9748.69元，根据农医保规定，如治疗的伤情系因他人的行为造成的，农医保不予报销，然本案中原告已在农医保报销，故理论上可以认定为原告的伤并非他人行为造成。综上，原告未提供足够的证据证明其损害的结果与被告饲养的动物之间存在因果关系，应依法承担举证不能的法律后果，故对原告何某香要求被告陈某元赔偿其经济损失的诉请不予支持。

浙江省三门县人民法院依照《中华人民共和国民事诉讼法》第六十四条之规定，作出如下判决：

驳回原告何某香的诉讼请求。

【法官后语】

有利害关系的证人证言往往在民事诉讼中是最为常见的证人证言形式，具有典型意义。然而，有利害关系的证人证言因证人与当事人存在着某种特殊关系，就此类证据内容的真实性和可信度往往遭到很多质疑，但相关立法对其认证规则又缺乏系统、严密、可操作性的规范，导致了其证据能力和证明力难以把握。民事审判中法官如何审查认定此类证据，就成为证据认证活动的焦点和难点。对于此类证据的认证，在审理时应从以下几个方面进行认定：

一、有利害关系的证人证言的排除适用

无关联性证据、传闻证据、意见证言、非法取得证人证言应予以排除，证人证言应是证人就其亲身感知的案件事实，向人民法院作出的客观陈述，故传闻证据、意见证言因其不具备亲身感知或客观性，不足以作为可被认定的证据，应予排除，而与案件无关联性的证据和非法取得的证人证言理所应当予以排除。本案中，证人刘某来仅看到现场有两只狗在追赶，未看到原告摔倒的事实，这一证言证明的事实与本案没有关联性，应予排除。证人陈某林没有看见本案事发过程，只是听说别人的传言，所以该传闻证据也应进行排除。

二、运用经验法则判断证人证言

经验法则，是“人们在长期生产、生活以及科学实验中通过客观外界普遍现象与通常规律的一种理性认识，在观念上它属于不证自明的公认范畴”。《最高人民法院关于民事诉讼证据的若干规定》第九条第三项及第六十四条即该法则的法律依据。本案中，原告为证明被告饲养的动物的行为与受害人的受害结果存在因果关系而提交的主要证据只有证人证言，所以在认证时除了要判断证人的陈述内容，还应综合考量作证时的神态、表情、语气、与当事人的利害关系程度等多方面因素。此外，该案发生的现场并非在封闭的环境中，而在乡村住宅人员较密集的开放区域，但出庭作证人员均为与原告有亲属关系的利害关系人，并无其他人，在对证人证言进行认定时，这也应作为考虑因素。

三、结合全案证据综合认证

证人证言往往需要搭配其他佐证才能形成较强的证明力，故证人证言需要依靠其他补强证据进行全面综合判断，这在一定程度上限制了法官的自由裁量，有利于发现案件的客观事实。《最高人民法院关于民事诉讼证据的若干规定》第六十九条第一项、第二项、第五项的规定，明确了证人证言补强规则的适用范围。有利害关系的证人证言即便通过证据能力的审核，并判定其具备真实性、关联性和合法性，但由于此类证言自身所固有的欠缺，导致法律规定要最终认定其证明力，决定其能否作为定案的依据，还需借助其他证据予以佐证补强，形成完整严密的证据锁链，以使有利害关系的证人证言更加可靠、扎实。本案中，原告并未提交其他足以佐证证人证言的证据，医疗费发票中的农医保报销发票反而是与原告主张证明事实截然相反的证据，结合本案除利害关系人的证人证言外并无其他补充证据，单凭证人证言无法使法官达到排除合理怀疑的内心确信程度，故本案原告无法证明其损害结果系被告饲养动物造成，应承担举证不能的不利后果。

编写人：浙江省台州市三门县人民法院　周祺

八、物件损害责任

51

被征收房屋的所有权人、管理权人如何认定

——吴某红诉赵某元等物件损害责任案

【案件基本信息】

1. 裁判书字号

湖南省张家界市中级人民法院（2017）湘08民终25号民事判决书

2. 案由：物件损害责任纠纷

3. 当事人

原告（上诉人）：吴某红

被告（上诉人）：赵某元、樊某宏、樊某福、樊某华

被告（被上诉人）：张家界市永定区人民政府（以下简称永定区政府）、张家界市永定区房屋征收与补偿管理办公室（以下简称永定区征收办）、张家界市永定区住房和城乡建设局（以下简称永定区住建局）、湖南铁军工程建设有限公司（以下简称铁军公司）

【基本案情】

赵某元有一栋房屋被列入张家界市永定区沿河城市棚户区改造项目规划红线范围内。2014年5月12日，永定区征收办与铁军公司签订《承包合同》，双方就拆除项目、验收要求、施工日期、施工安全措施等进行了约定，涉案房屋属于拆除对象。

2015年3月18日，赵某元出具房屋分割协议，将该房屋分配给儿子樊某华、女儿樊某福。2015年4月10日，赵某元、樊某华作为乙方与永定区征收办（甲方）签订《房屋征收补偿协议》约定：被征收房屋总面积222.38m^2，乙方选择两套产权调换房，甲方另补偿乙方259075.92元，腾房让地奖金6671.4元，乙方需在领取补偿款后三十日内必须履行腾房让地义务。2015年5月14日、21日，永定区征收办分别将补偿款和腾房让地奖金汇入樊某华的银行账户中。

2015年5月29日下午，樊某宏（赵某元的丈夫）叫吴某红到该被征收房屋中收废旧物品。当吴某红走到该房屋门口时，被该房屋上掉下来的檩子木头砸中其头部，导致吴某红当场昏迷。后被送往张家界市人民医院住院治疗19日，经诊断为：1. 颅脑损伤：脑挫伤，蛛网膜下腔出血，右侧颞顶部硬膜外血肿，颅骨骨折，头皮血肿；2. 全身多处软组织损伤；3. 电解质代谢紊乱。吴某红住院期间共花费医疗费28743.59元，其中樊某华支付了2000元，剩余医疗费由张家界市永定区沿河城市棚户区改造项目崇文片区指挥部支付。2016年3月28日，张家界市天正司法鉴定所出具鉴定意见书，载明：吴某红头部外伤后致脑挫裂伤，右侧颞顶部硬膜外血肿，综合评定为八级伤残，颅骨骨折，评定为十级伤残。吴某红支付鉴定费700元。

本案事故发生时，铁军公司尚未对涉案房屋实施拆除，赵某元、樊某宏、樊某福、樊某华也未移交涉案房屋钥匙。

吴某红诉请判令八被告共同赔偿263029元。

【案件焦点】

对吴某红的损害后果承担责任的主体有哪些；责任如何承担。

【法院裁判要旨】

湖南省张家界市永定区人民法院经审理认为：本案中，根据各方提交的证据及当事人的陈述、证人证言，从高度盖然性上分析可以确认吴某红是被赵某元所有的被征收房屋中的房屋檩子砸伤的。樊某宏叫吴某红去属于拆迁范围内的被征收房屋中收废旧物品，本应清楚自家房屋的安全现状及危险程度，而未告知吴某红，导致吴某红被砸伤，应对吴某红受伤承担相应的赔偿责任。赵某元、樊某华虽然已经和房屋征收部门签订拆迁补偿协议，但因其尚未移交房屋钥匙，房屋未拆除，事发当天樊某华等人也在房屋内，故在此特定时刻，赵某元、樊某华、樊某福作为被征收房屋的原所有人，对该被征收房屋尚存在着管理义务，应视为该房屋的管理人，而三人均未提交证据证明其没有过错，故赵某元、樊某华、樊某福对吴某红的受伤造成的损失也应当承担相应的赔偿责任。吴某红系成年人，且长年从事收捡破烂工作，应当能预见到在棚户区改造项目被征收房屋内收捡废旧物品存在高度危险，但其仍然去往涉案房屋中收废旧物品，而未尽到必要的安全注意义务导致受伤，对其自身损害存在一定过错，应承担相应责任。永定区政府、永定区征收办、永定区住建局虽系涉案房屋所处地段征收主体、征收实施主体和安全监督主体，但永定区征收办已将包括涉案房屋在内的拆除工程发包给铁军公司，吴某红受伤时涉案房屋并不处于在拆状态，其受伤也不是因为拆除作业所致，故永定区政府、永定区征收办、永定区住建局不应对吴某红受伤造成的损失承担赔偿责任。铁军公司作为涉案房屋所处拆除工程的承包人，因被征收人未移交拆迁房屋钥匙，铁军公司尚未实际拆除涉案房屋，也无法预见未被拆除房屋可能存在安全隐患，吴某红的受伤并非因为铁军公司正在实施的拆迁工程所致，因而与铁军公司设置安全防护设施及警示标志与否没有因果关系，故铁军公司在本案中无过错，不应对吴某红受伤造成的损失承担赔偿责任。结合本案实际和双方的过错确定吴某红自行承担40%的责任，赵某元、樊某宏、樊某福、樊某华共同承担60%的赔偿责任。

湖南省张家界市永定区人民法院依照《中华人民共和国侵权责任法》第六条第二款、第十六条、第二十六条、第八十五条，《最高人民法院关于审理人身损害赔偿案件适用法律若干问题的解释》第二十条、第二十一条、第二十三条、第二十五条，《最高人民法院关于确定民事侵权精神损害赔偿责任若干问题的解释》第十一条及《最高人民法院关于适用〈中华人民共和国民事诉讼法〉的解释》第九十条之规定，作出如下判决：

一、被告赵某元、樊某宏、樊某福、樊某华共同赔偿原告吴某红医疗费2000元、误工费2041.67元、护理费2212.02元、营养费570元、住院伙食补助费1140元、残疾赔偿金68156.6元、鉴定费700元、精神损害抚慰金2000元，合计78820.29中的60%为47292.17元，已支付2000元，还应支付45292.17元，于判决生效后十日内付清；

二、驳回原告吴某红的其他诉讼请求。

吴某红及赵某元、樊某宏、樊某福、樊某华持原审起诉意见提起上诉。湖南省张家界市中级人民法院经审理认为：吴某红收废旧物品时被房屋上掉落的檩子砸伤的事实清楚，根据《最高人民法院关于印发修改后的〈民事案件案由规定〉的通知》，在确定侵权责任纠纷具体案由时，应当先适用《民事案件案由规定》第九部分“侵权责任纠纷”项下的具体案由，没有相应案由的，才适用“人格权纠纷”项下的案由。故本案案由应定性为物件损害责任纠纷，原判将案由定性为健康权纠纷不当，予以纠正。

虽然涉案房屋原登记在赵某元名下，但永定区政府已于2014年1月22日对该房屋进行了征收，根据《中华人民共和国物权法》第二十八条：“因人民法院、仲裁委员会的法律文书或者人民政府的征收决定等，导致物权设立、变更、转让或者消灭的，自法律文书或者人民政府的征收决定等生效时发生效力”的规定，该房屋的所有权已自2014年1月22日转移给永定区政府。从张家界市永定区沿河城市棚户区改造项目崇文片区指挥部对樊某福下达的《限期腾房奖励领取通知书》的内容可以看出，赵某元一家人已于2015年5月10日前完成了腾房让地，永定区征收办已于2015年5月21日将腾房让地奖金支付至樊某华的银行账户。一审法院对沿河居委会主任张某某所作的调查笔录亦可证实，吴某红受伤时，该房屋已交付给了永定区征收办。另外，本案二审时，永定区政府当庭认可房屋征收后由永定区征收办管理。根据上述事实并结合永定区征收办系棚户区改造项目房屋征收工作部门的事实，可以认定吴某红受伤前，赵某元一家人已腾让房屋，房屋的管理义务已转移给永定区征收办。虽然赵某元一家人未向永定区征收办移交房屋钥匙，但双方签订的《房屋征收补偿协议》并未将交钥匙约定为完成腾房让地的条件，张家界市永定区沿河城市棚户区改造项目崇文片区指挥部作出的《限期腾房奖励领取通知书》及沿河居委会主任张××的证言均可证实，赵某元一家人已完成腾房让地，同为拆迁户的代××、朱××亦当庭证实，其房屋被拆迁并没有交钥匙，故永定区征收办以未收到房屋钥匙为由，辩称其对房屋不具有管理权，不予支持。永定区政府作为该房屋的所有人，永定区征收办作为该房屋的管理人，未管理好房屋，亦未针对拟拆除房屋的危险性设置警示标志，致使已对房屋不具有产权的赵某元一家人拆除屋顶并造成吴某红被檩子砸伤，故永定区政府、永定区征收办对吴某红的受伤具有过错，根据《中华人民共和国侵权责任法》第六条第一款的规定，行为人因过错侵害他人民事权益，应当承担侵权责任。酌情确定永定区政府对吴某红的损失承担10%的赔偿责任，永定区征收办对吴某红的损失承担20%的赔偿责任。原判认定永定区政府、永定区征收办不承担赔偿责任不当，予以纠正。

从证人王××的证言、律师对樊某宏的录像及张家界市永定区沿河城市棚户区改造项目崇文片区指挥部出具的情况说明，并结合樊某华将吴某红送至医院并支付2000元医疗费的事实，可以证实砸伤吴某红的檩子系赵某元一家人在拆除该房屋屋顶时所放置，故致吴某红受伤的危险源系赵某元一家人所开启。赵某元一家人在开启危险源后，既未采取有效的措施防止危险的发生，亦未将房屋的危险状况告知房屋的所有人、管理人或吴某红，致使吴某红被砸伤，可见赵某元一家人对吴某红的受伤具有过错。根据《中华人民共和国侵权责任法》第六条第一款的规定，赵某元、樊某宏、樊某福、樊某华应当对吴某红的损害承担赔偿责任，酌情确定其对吴某红的损失承担50%的赔偿责任。赵某元、樊某宏、樊某福、樊某华上诉请求改判驳回吴某红对其诉讼请求，不予支持。

吴某红作为完全民事行为能力人，应当能预见在棚户区改造项目被征收房屋内收捡废旧物品存在高度危险，但其仍然自甘冒险，导致自己受伤，其自身具有过错，根据《中华人民共和国侵权责任法》第二十六条的规定，可以减轻侵权人的责任。考虑到相关部门并未在该处设置提醒防止危险之类的警示标志，酌情确定吴某红自行承担20%的责任，原判确定其自行承担40%的责任过重，予以纠正。

永定区住建局系国家住房和城乡建设行政管理部门，其对涉案房屋不具有民事上的管理和维护义务，吴某红的伤亦不是其造成，其与吴某红之间不产生民事上的法律关系，故永定区住建局在本案中不具有过错，不应承担民事赔偿责任。吴某红上诉请求永定区住建局承担民事赔偿责任，不予支持。

通过庭审查明，虽然铁军公司系沿河城市棚户区改造项目房屋拆除工程的拆除施工单位，但吴某红受伤时，铁军公司还没有开始对涉案房屋进行拆除施工，故吴某红的人身损害与铁军公司的行为无法律上的因果关系，铁军公司在本案中不具有过错，原判认定其不承担赔偿责任，予以确认。吴某红及赵某元、樊某宏、樊某福、樊某华上诉请求铁军公司承担民事赔偿责任，不予支持。

湖南省张家界市中级人民法院依照《中华人民共和国侵权责任法》第六条第

一款、第十二条、第二十六条，《中华人民共和国物权法》第二十八条，《中华人民共和国民事诉讼法》第一百七十条第一款第二项，《最高人民法院关于适用〈中华人民共和国民事诉讼法〉的解释》第九十条第二款之规定，作出如下判决：

一、撤销张家界市永定区人民法院（2016）湘0802民初2463号民事判决第二项；

二、变更张家界市永定区人民法院（2016）湘0802民初2463号民事判决第一项为上诉人赵某元、樊某宏、樊某福、樊某华共同赔偿上诉人吴某红医疗费、误工费、护理费、营养费、住院伙食补助费、残疾赔偿金、鉴定费、精神损害抚慰金共计37410.14元；

三、被上诉人张家界市永定区人民政府赔偿上诉人吴某红医疗费、误工费、护理费、营养费、住院伙食补助费、残疾赔偿金、鉴定费、精神损害抚慰金共计7882.02元；

四、被上诉人张家界市永定区房屋征收与补偿管理办公室赔偿上诉人吴某红医疗费、误工费、护理费、营养费、住院伙食补助费、残疾赔偿金、鉴定费、精神损害抚慰金共计15764.05元；

五、驳回上诉人吴某红的其他诉讼请求。

【法官后语】

审判实践中，往往对案由的确定不太重视，认为案由是否恰当并不影响案件的处理结果，这种认识应当予以纠正。案由反映了所涉的民事法律关系的性质，是将诉讼争议所包含的法律关系进行的概括，选对了案由，才能找准相应的法律依据。最高人民法院在《最高人民法院关于印发修改后的〈民事案件案由规定〉的通知》中，对案由如何适用进行了详细的说明。本案二审法院根据《最高人民法院关于印发修改后的〈民事案件案由规定〉的通知》，将一审法院确定的“健康权纠纷”案由修改为“物件损害责任纠纷”，更为恰当。

审理物件损害责任纠纷，应找准侵权责任主体，重点应查清该物件的所有人、管理人或使用人，现实中往往存在所有人、管理人或使用人不一致的情形。根据《物权法》第九条的规定，不动产物权的变动一般以登记为公示原则，但《物权法》第二十八条、第二十九条、第三十条同时规定了几种例外情形，其中第二十八条就规定了因人民政府的征收决定导致物权设立、变更、转让或者消灭的，自人民政府的征收决定生效时发生效力。本案所涉房屋在事发前已被当地政府征收，即该房屋的所有权已转移至当地政府。虽然当地政府系该房屋的所有人，但当地政府并非该房屋的管理人，该房屋的管理人是征收补偿管理办公室。在找准房屋所有人、房屋管理人等相应的责任主体后，才能对其进行相应的法律后果评判。本案原告要求承担责任的被告较多，各被告是否均应对原告的损害承担责任，以及承担多大的责任才能与其侵权程度相适应，均须从事实和法律上认真分析。本案二审从物权的转移、危险源的开启、受害人自身的过错、因果关系、证据是否充分等角度，详细论证了各被告有无责任及承担多大的责任，理顺了法律关系，合理确定了各侵权主体的责任，起到了各方服判息诉的效果。

编写人：湖南省张家界市中级人民法院　符兆敏

52

大风吹落玻璃砸伤人，所有人、管理人或使用人不能免责

——陈某茂诉舒某梅、李某富物件脱落、坠落损害责任案

【案件基本信息】

1. 裁判书字号

四川省广安市武胜县人民法院（2017）川1622民初304号民事判决书

2. 案由：物件脱落、坠落损害责任纠纷

3. 当事人

原告：陈某茂

被告：舒某梅、李某富

【基本案情】

原告陈某茂系个体工商户，在四川省武胜县新学乡场镇经营饲料零售。二被告系夫妻关系，二被告在武胜县新学乡××街×号拥有楼房一座，一楼系四个门市，

二楼系三室一厅套房，三楼系四间住房，位置与一楼的四个门市位置相对应。二被告自2015年起就离开新学乡到武胜县城做生意。原告陈某茂租赁了二被告一楼第一个门市及三楼的第三间房（面朝门市，从左向右数）做饲料生意。2016年5月6日15时40分许，原告陈某茂从门市里走出时，二被告共同拥有的位于武胜县新学乡××街×号住房三楼第二间住房（面朝门市，从左向右数）的门窗玻璃坠落将原告陈某茂头部砸伤。事发时，天气伴有阵风。原告陈某茂受伤后被送到武胜县人民医院住院接受治疗，未见好转后转院到重庆市第四人民医院住院接受治疗。2016年7月19日，四川省南充精神卫生中心对原告陈某茂出具了检查意见：1. 脑挫裂伤后综合征；2. 边缘智力。2016年8月8日，原告陈某茂自行委托四川求实司法鉴定所对其伤残等级、后续治疗费、误工期、护理期、营养期进行鉴定。2016年8月18日，四川求实司法鉴定所出具《法医学鉴定意见书》（川求实鉴〔2016〕临鉴5838号），鉴定意见为：1. 被鉴定人陈某茂目前的伤残等级为Ⅸ（九）级；2. 被鉴定人陈某茂颅骨修补的后续医疗费约需人民币25000元（贰万伍仟元）；3. 被鉴定人陈某茂的误工期为180日、护理期90日、营养期60日。2017年2月6日，原告陈某茂来院诉讼，要求被告舒某梅、李某富赔偿原告陈某茂各项费用共计196651.88元。

【案件焦点】

大风吹落玻璃砸伤人，所有人、管理人或使用人能否免责。

【法院裁判要旨】

四川省广安市武胜县人民法院经审理认为：《中华人民共和国侵权责任法》第八十五条规定："建筑物、构筑物或者其他设施及其搁置物、悬挂物发生脱落、坠落造成他人损害，所有人、管理人或者使用人不能证明自己没有过错的，应当承担侵权责任。所有人、管理人或者使用人赔偿后，有其他责任人的，有权向其他责任人追偿。"该条适用的归责原则系过错推定原则，损害发生后，受害人证明自己的损害系因建筑物等设施或者其搁置物、悬挂物脱落、坠落造成的，所有人、管理人或者使用人对自己没有过错承担举证责任，其不能证明自己没有过错的，应当承担侵权责任。

本案中，当原告陈某茂从门市里走出时，二被告共同拥有的位于武胜县新学乡××街×号住房三楼第二间住房（面朝门市，从左向右数）的门窗玻璃坠落将原告陈某茂头部砸伤，原告陈某茂不存在过错，二被告作为涉案住房的所有人与管理人对该住房具有维护和管理的义务，该住房的玻璃坠落将原告陈某茂头部砸伤，二被告未提供充分的证据证明其没有过错，故二被告应承担侵权责任。被告舒某梅辩称事发系因强烈暴风导致玻璃坠落，致使原告陈某茂头部受伤，这属于不可抗力因素造成的损害，二被告没有过错，二被告不应承担赔偿责任。所谓“不可抗力”，是指不能预见、不能避免且不能克服的客观情况，是一种外来的不可抗拒的力量。诸如地震、台风、洪水、海啸等自然现象，以及如战争等社会现象。本案中，尽管风力可能是玻璃坠落的诱因，但事发当日阵风并未导致事发地周围住房的玻璃普遍坠落，事发地附近也并没有发生其他因风力造成玻璃坠落而导致损害发生的事件。因此，本案的致害原因不属于不可抗力，不符合免责条件。建筑物、构筑物或者其他设施的所有人、管理人或者使用人应当对建筑物、构筑物或者其他设施及其搁置物、悬挂物进行合理的管理、维护，避免给他人造成损害。例如，要保证建筑物等设施及其搁置物、悬挂物的稳固；应当进行必要的检查，发现可能造成他人损害的，要及时采取相应的安全措施等。而本案的二被告作为涉案住房的所有人与管理人长期未在涉案住房居住，且怠于履行维护和管理义务，若二被告能够采取有效的措施对该起事件中的门窗等设施进行维护，就能够防患于未然，其损害结果是可以避免的。被告舒某梅的辩称意见无事实依据及法律依据，本院对该辩称意见不予采信。

综上所述，四川省广安市武胜县人民法院依照《中华人民共和国民法总则》第一百七十六条，《中华人民共和国侵权责任法》第十六条、第二十二条、第八十五条和《最高人民法院关于审理人身损害赔偿案件适用法律若干问题的解释》第十七条第一款、第十九条、第二十条、第二十一条、第二十二条、第二十三条第一款、第二十四条、第二十五条、第二十八条之规定，作出如下判决：

一、被告舒某梅、李某富赔偿原告陈某茂合理费用188502.89元；

二、驳回原告陈某茂的其他诉讼请求。

判决书送达后，被告舒某梅、李某富提起上诉，二审维持原判。

【法官后语】

本案系物件脱落、坠落损害责任纠纷。《侵权责任法》第八十五条规定："建筑物、构筑物或者其他设施及其搁置物、悬挂物发生脱落、坠落造成他人损害，所有人、管理人或者使用人不能证明自己没有过错的，应当承担侵权责任。所有人、管理人或者使用人赔偿后，有其他责任人的，有权向其他责任人追偿。"审理物件脱落、坠落损害责任纠纷案件时，重点应把握该类案件的归责原则。该类纠纷采用过错推定原则，损害发生后，受害人证明自己的损害是因建筑物等设施或者其搁置物、悬挂物脱落、坠落造成的，所有人、管理人或者使用人对自己没有过错承担举证责任，其不能证明自己没有过错的，应当承担侵权责任。

通常情况下，受害人并不知晓建筑物、构筑物或者其他设施及其搁置物、悬挂物的管理、维护情况，很难获得足够的证据，因此让受害人来证明所有人、管理人或者使用人存在过错，对受害人来说不公平。所有人、管理人或者使用人控制着建筑物、构筑物或者其他设施及其搁置物、悬挂物，正常情况下，这些物体的脱落、坠落与所有人、管理人或者使用人在管理、维护时存在过错有很大的关系。采用过错推定原则，有利于保护受害人的合法权益。司法实践也证明，对建筑物等设施及其搁置物、悬挂物脱落、坠落致人损害责任采用过错推定原则，是科学合理的。所有人、管理人或者使用人应当以积极作为的方式对建筑物、构筑物或者其他设施及其搁置物、悬挂物尽到谨慎的管理义务，对可能存在的安全隐患及时排查，发现可能造成他人损害的，要及时采取相应的安全措施等。

本案中，尽管风力可能是玻璃坠落的诱因，但这不属于不可抗力，不符合免责或者减轻责任的条件。本案的二被告作为涉案住房的所有人与管理人长期未在涉案住房居住，且怠于履行维护和管理义务，若二被告能够采取有效的措施对该起事件中的门窗等设施进行维护，就能够防患于未然，其损害结果是可以避免的，故判决二被告承担全责。

编写人：四川省广安市武胜县人民法院　滕俊贤

九、申请诉中财产保全损害责任

53

保全申请人撤回起诉，被申请人主张银行存款被冻结期间损失的认定

——三门县横渡镇铁强村村民委员会诉费某华因申请诉中财产保全损害责任案

【案件基本信息】

1. 裁判书字号

浙江省台州市三门县人民法院（2017）浙 1022 民初 4487 号民事判决书

2. 案由：因申请诉中财产保全损害责任纠纷

3. 当事人

原告：三门县横渡镇铁强村村民委员会

被告：费某华

【基本案情】

2017 年 1 月 16 日，费某华向本院提起诉讼，请求法院判决三门县横渡镇铁强村村民委员会返还承包款 3220000 元、风险保证金 250000 元以及赔偿相应利息损失，并于次日向本院提出财产保全申请，要求冻结三门县横渡镇铁强村村民委员会银行账户内的存款 4400000 元。本院于 2017 年 1 月 17 日作出民事裁定书，依法冻结了涉诉账户内的存款 4400000 元。后费某华于 2017 年 4 月 14 日申请撤回上述案件的起诉并申请解除财产保全措施，本院于 2017 年 4 月 17 日解除了对涉诉账户的

冻结。现三门县横渡镇铁强村村民委员会以费某华保全错误为由，要求费某华赔偿相应的经济损失。

另查明，2017 年 1 月 17 日至 3 月 20 日涉诉账户内的余额为 2282807.28 元，3 月 21 日至 3 月 23 日涉诉账户内的余额为 2284804.86 元，3 月 24 日至 4 月 17 日涉诉账户内的余额均超过 4400000 元。

【案件焦点】

三门县横渡镇铁强村村民委员会能否主张银行存款被冻结期间的损失以及损失的具体金额如何认定。

【法院裁判要旨】

浙江省台州市三门县人民法院经审理认为：申请保全有错误的，申请人应当赔偿被申请人因保全所遭受的损失。本案中，原告主张被告错误保全涉诉账户，导致原告客观上无法使用账户内资金而产生经济损失。被告认为自己不存在保全错误，且该项财产保全措施未对原告造成实际损失，其理由为原、被告之间的经济纠纷尚在另案处理中，暂时无法认定被告是否系保全错误；同时，涉诉账户系政府监管账户，原告本身就无法自由使用账户内的资金，而原告又未提供向有关部门审批需要使用涉诉账户内资金的相关证据。本院认为，被告起诉原告建设工程合同纠纷一案，以被告撤诉的形式结案，本院对于案件，并未作出实质意义上的认定，因此被告申请的保全是否错误没有定论，但基于被告的申请，法院确实对原告的账户进行了冻结，在此期间，原告无法对账户内的资金予以支配，一定程度上影响了原告资金的正常运转，相应损失应系客观存在，也确系被告的起诉及申请保全造成，因此相应损失应当由被告予以赔偿。关于原告损失的计算起止时间，本院认为，涉诉账户被冻结的期间自 2017 年 1 月 17 日起至 4 月 17 日止，现原告自愿主张从 2017 年 1 月 17 日起计算至 4 月 14 日止，并无不妥，本院予以支持。结合本院查明的涉诉账户内的余额变动情况，同时考虑到原告账户内被冻结的资金在冻结期间银行仍支付活期存款利息，故原告的经济损失按照中国人民银行规定的同期（六个月）同类贷款基准利率（年 4.35%）减去活期存款利率（年 0.35%）后进行计算较为适宜，即按照中国人民银行规定的同期同类贷款基准利率和同期活期存款基准利率之差（年 4%）分别以 2282807.28 元、2284804.86 元、4400000 元为基数计算 2017 年 1

月17日至3月20日，3月21日至3月23日，3月24日至4月14日的经济损失，经计算数额为26500.40元。故对原告诉讼请求中的合理部分，本院依法予以支持，对不合理部分则予以驳回。

浙江省台州市三门县人民法院依照《中华人民共和国民事诉讼法》第一百零五条，《最高人民法院关于适用〈中华人民共和国民事诉讼法〉的解释》第九十条之规定，作出如下判决：

一、被告费某华于本判决生效后十日内赔偿原告三门县横渡镇铁强村村民委员会经济损失26500.40元；

二、驳回原告三门县横渡镇铁强村村民委员会的其他诉讼请求。

如果未按本判决指定的期间履行给付金钱义务，应当依照《中华人民共和国民事诉讼法》第二百五十三条之规定，加倍支付迟延履行期间的债务利息。

判决后，原、被告均未提出上诉，本判决已经生效。

【法官后语】

本案在审理过程中，形成过两种裁判思路，第一种思路为：申请保全有错误的，申请人应当赔偿被申请人因保全所遭受的损失。因此，根据举证责任分配，被申请人主张损失赔偿时，应举证证明申请人的保全存在错误。具体到本案，被告起诉原告建设工程合同纠纷一案，以被告撤诉的形式结案，因此法院对于该案件并未作出实质意义上的认定，因此被告申请的保全是否错误没有定论，原告也没有提供其他证据证明被告在申请保全时存在过错情形，对此，原告应当承担举证不能的不利法律后果，故对于原告主张赔偿保全期间的经济损失的诉讼请求，应当予以驳回。

第二种思路为：在无法判断申请人是否存在错误保全的情形下，应当进一步判断被申请人主张的损失是否客观存在，是否与申请人的保全行为存在关联性，并以此作出最终的裁判。具体到本案，虽然综合全案证据尚无法证明被告存在保全错误或主观上恶意保全的情形，但对于基于被告的申请，法院确实对原告的账户进行了冻结，在此期间，该账户中储蓄有大量的资金，原告却无法对账户内的资金予以支配，一定程度上影响了原告资金的正常运转。原告作为一个经济主体，在日常的对外经营活动中，资金的支出、收入等需通过其银行基本账户进行，因冻结而导致该账户无法正常使用，相应损失应系客观存在，也确系被告的起诉及申请保全造成，因此相应损失应当由被告予以赔偿。承办人最终采用了第二种裁判思路。

至于损失的具体金额，考虑到原告账户内被冻结的资金在冻结期间银行仍支付活期存款利息，该部分孳息并不因保全而受到影响，在计算实际损失时应当予以扣除，故原告的经济损失按照中国人民银行规定的同期贷款基准利率和同期活期存款基准利率之差为标准计算为宜。

申请诉讼财产保全是法律赋予当事人的诉讼权利之一，其目的在于保障将来的生效判决能够得到有效执行或者避免财产遭受损失，但当事人在申请财产保全时，也需承担行使这项诉讼权利所带来的风险，即保全错误时，基于被申请人的主张而承担相应的赔偿责任。目前司法实践中，保全申请人基本以向保险公司投保的形式减轻自身对诉讼保全风险的承担，也降低了诉讼保全的成本，滥用诉讼保全权利的情况有呈抬头之势。本案对保全期间财产损失的认定以及金额计算标准的确定，既符合法律规定，也体现了公平原则，对制约保全申请人滥用诉讼保全权利将会起到一定的积极作用。

编写人：浙江省台州市三门县人民法院　蒋俊　叶佳丽

54

申请财产保全错误的损失认定

——翁某平等诉厦门市环海华建设集团有限公司申请诉中财产保全损害责任案

【案件基本信息】

1. 裁判书字号

福建省厦门市海沧区人民法院（2017）闽0205民初379号民事判决书

2. 案由：申请诉中财产保全损害责任纠纷

3. 当事人

原告：翁某平、张某强、陈某钦

被告：厦门市环海华建设集团有限公司（以下简称环海华公司）

【基本案情】

环海华公司于2015年5月25日向本院起诉，要求判令厦门迪尔康科技有限公司（以下简称迪尔康公司）、林某进返还暂代垫的部分钢材款2594079.95元，案号为（2015）海民初字第1549号。在该案审理过程中，本院依环海华公司申请，于2015年6月4日作出（2015）海民初字第1549号民事裁定，裁定查封、扣押、冻结迪尔康公司、林某进价值2594079.95元的财产，并于2015年8月13日通知厦门中院协助冻结迪尔康公司财产拍卖款2594079.95元。因其他案件执行，厦门中院按规定对迪尔康公司的财产进行拍卖，并于2015年10月19日发布拍卖款分配方案，分配方案中翁某平等人的工程款9286212元在第四顺位分配，该款可比普通债权优先得到受偿，因拍卖款已不足优先权人申请的款项，环海华公司作为其中的普通债权人之一未能得到受偿。而后，环海华公司申请追加翁某平、张某强、陈某钦为本院（2015）海民初字第1549号案件被告，并于2015年10月28日向本院提交补充诉讼保全申请，要求查封、扣押、冻结翁某平、张某强、陈某钦价值2594079.95元的财产。本院于2015年12月10日作出（2015）海民初字第1549－1号民事裁定，查封、扣押、冻结翁某平、张某强、陈某钦价值2594079.95元的财产。因环海华公司的该项财产保全申请，翁某平、张某强、陈某钦未能从厦门中院领取被冻结的款项2594079.95元。本院于2016年1月26日作出（2015）海民初字第1549号民事判决书认定：环海华公司没有提供证据证明翁某平、张某强、陈某钦作为迪尔康工业园项目的施工人取得钢材款，已经生效的民事判决书、民事裁决书以及厦门市仲裁委员会的裁决书认定迪尔康公司应支付翁某平、张某强、陈某钦工程款，但环海华公司没有举证证实该工程款是否包括钢材款。另外，翁某平、张某强、陈某钦与环海华公司存在挂靠与被挂靠的关系，但双方并未签订合同，更未对钢材款的支付等内容存在明确约定。环海华公司追偿款项的基础法律关系是厦路国贸（合）字第GM12002号《钢材购销合同》，翁某平、张某强、陈某钦并非合同当事人，根据和解协议，环海华公司明确代替迪尔康公司向路桥公司支付钢材款而并非代替翁某平、张某强、陈某钦支付钢材款，自然不能以追偿为由向翁某平、张某强、陈某钦主张返还钢材款，即使翁某平、张某强、陈某钦请求优先受偿的款项包含钢材款，也应由迪尔康公司对此提出异议，与环海华公司没有直接的利害关系。故本院一审判决迪尔康公司返还环海华公司代垫的钢材款、保全费及律师费共计2594079.95元，并驳回环海华公司对翁某平、张某强、陈某钦的诉讼请求。环海华公司不服该案一审判决提出上诉，厦门中院于2016年7月1日作出（2016）闽02民终1552号民事判决书，维持原判。该案的一审、二审民事判决书发生法律效力后，翁某平、张某强、陈某钦于2016年8月18日向本院申请解除财产保全，要求解除对厦门中院分配给翁某平、张某强、陈某钦的工程款2594079.95元的冻结。本院于2016年8月18日作出（2015）海民初字第1549号之二民事裁定书，裁定解除对翁某平、张某强、陈某钦价值2594079.95元的财产的查封、扣押、冻结。2017年1月19日，翁某平、张某强、陈某钦诉至法院。

【案件焦点】

申请财产保全错误的损失认定。

【法院裁判要旨】

福建省厦门市海沧区人民法院经审理认为：本案系因民事诉讼中的诉讼保全行为引发的侵权损害赔偿纠纷，应当适用我国侵权责任法规定的过错责任原则。在申请人对出现财产保全错误存在故意或重大过失的情况下，应当认定为申请人的申请错误。本案中，环海华公司向本院另案起诉要求判令迪尔康公司、林某进返还暂代垫的部分钢材款，在厦门中院因其他执行案件对迪尔康公司财产的拍卖款作出分配方案后，环海华公司申请追加翁某平、张某强、陈某钦为该案被告，并向本院申请诉讼财产保全。本院依环海华公司申请于2015年12月10日作出（2015）海民初字第1549-1号民事裁定，冻结了翁某平、张某强、陈某钦本应由厦门中院另案支付给翁某平、张某强、陈某钦的执行款2594079.95元。现经两审审理，环海华公司在本院（2015）海民初字第1549号案中要求翁某平、张某强、陈某钦共同返还暂代垫的部分钢材款的诉讼请求未获得支持，环海华公司理应赔偿翁某平、张某强、陈某钦因本次保全错误所遭受的损失。翁某平、张某强、陈某钦因本次保全错误所遭受的损失主要为款项的法定利息损失，应按中国人民银行同期贷款利率，自裁定冻结的2015年12月10日起，到翁某平、张某强、陈某钦可依生效的裁判文书向执行法院厦门中院申请正常支取相应执行款止。现翁某平、张某强、陈某钦主张环海华公司支付以2594079.95元为基数，按中国人民银行同期贷款利率，自2015年12月10日至2016年8月18日的利息损失75434.42元，并不超过其实际损失，本院予以认定。翁某平、张某强、陈某钦主张环海华公司赔偿因两次诉讼支出律师代理费116000元，无合同和法律依据，本院不予支持。综上，依照《中华人民共和国侵权责任法》第六条第一款，《中华人民共和国民事诉讼法》第六十四条第一款、第一百零五条的规定，判决如下：

一、被告厦门市环海华建设集团有限公司应于本判决生效之日起十日内向原告翁某平、张某强、陈某钦赔偿因错误申请诉讼保全而产生的损失75434.42元；

二、驳回原告翁某平、张某强、陈某钦的其他诉讼请求。

【法官后语】

《民事诉讼法》第一百零五条规定：申请有错误的，申请人应当赔偿被申请人因保全所遭受的损失。因申请财产保全损害责任纠纷属于侵权责任纠纷，使用一般侵权责任的构成要件及归责原则。

一、环海华公司申请诉讼财产保全是否有错误

判断申请财产保全是否错误，在客观上要看申请保全人的诉讼请求最终是否得到支持，主观上还要看申请保全人是否存在故意或重大过失。判断申请保全人是否存在故意或重大过失，要根据其诉讼请求及所依据的事实和理由考察其提起的诉讼是否合理，或者结合申请保全的标的额、对象及方式等考察其申请财产保全是否适当。本案中，环海华公司向本院另案起诉原本仅仅要求判令迪尔康公司、林某进返还暂代垫的部分钢材款，但在厦门中院因其他执行案件对迪尔康公司财产的拍卖款作出分配方案后，环海华公司才申请追加翁某平、张某强、陈某钦为该案被告，并向本院申请诉讼财产保全。环海华公司追加翁某平、张某强、陈某钦为被告的行为带有明显的主观意图，不但主观上存在过错，客观上也给翁某平、张某强、陈某钦造成了经济损失。

二、环海华公司的错误财产保全申请与原告的损失是否存在因果关系

例如，诉争损害行为在通常情况下并不必然导致损害结果的发生，也不显著增大损害后果发生的风险，则应当被认定为无因果关系。环海华公司申请的财产保全

措施是翁某平、张某强、陈某钦主张损害后果的必要条件，也是充分条件。环海华公司在申请财产保全时应能预见到会影响翁某平、张某强、陈某钦资金占用收益这一损害结果的发生。因此，认定环海华公司的错误财产保全与翁某平、张某强、陈某钦主张的损害后果之间具有因果关系。

三、翁某平、张某强、陈某钦的损失确认

因本案系冻结资金，赔偿的资金利息损失参照中国人民银行同期贷款基准利率或民间借贷司法解释规定的年利率6%的标准确定，自裁定冻结的2015年12月10日起计算到翁某平、张某强、陈某钦可依生效的裁判文书向执行法院厦门中院申请正常支取相应执行款止。翁某平、张某强、陈某钦的诉讼请求未超过实际损失，故予以支持。

编写人：福建省厦门市海沧区人民法院　李庆东　许晔

55

明知存在败诉风险仍申请财产保全的行为构成申请错误，应承担侵权赔偿责任

——广州市穗华房产开发有限公司诉香港C.G.投资有限公司、侯某中申请诉中财产保全损害责任案

【案件基本信息】

1. 裁判书字号

广东省广州市中级人民法院（2015）穗中法民四终字第125号民事判决书

2. 案由：申请诉中财产保全损害责任纠纷

3. 当事人

原告（被上诉人）：广州市穗华房产开发有限公司（以下简称穗华公司）

被告（上诉人）：香港C.G.投资有限公司（以下简称C.G.投资公司）、侯某中

【基本案情】

1986年11月12日，穗华公司与C.G.投资公司合作建设珠江商业大厦项目(即广州富丽华大酒店项目，以下简称富丽华酒店)，总投资额1.7亿港元。C.G.投资公司在合作期间向香港越信隆公司贷款港币6000万元用于富丽华酒店的投资和建设。因C.G.投资公司未能按期履行还款付息义务，越信隆公司遂将C.G.投资公司、富丽华酒店诉至广州市中级人民法院。广州市中级人民法院一审判令C.G.投资公司向越信隆公司偿还贷款本金港币41520425.20元及利息；越信隆公司对C.G.投资公司在富丽华酒店拥有的投资权益享有优先受偿权；富丽华酒店对C.G.投资公司的债务不足清偿部分承担赔偿责任等。C.G.投资公司及富丽华酒店不服上述一审判决向广东省高级人民法院提出上诉。广东省高级人民法院于2003年3月1日以（2002）粤高法民四终字第65号民事判决，终审维持上述判决结果。C.G.投资公司及富丽华酒店不服上述终审判决，先后向广东省高级人民法院及最高人民法院申请再审。最高人民法院于2012年9月25日以（2011）民提字第341号民事判决，终审维持上述裁判结果。在C.G.投资公司和富丽华酒店申诉期间，越信隆公司申请广州市中级人民法院执行上述生效判决，广州市中级人民法院于2009年7月裁定以人民币7287万元的价格拍卖了C.G.投资公司在富丽华酒店52.94%股权。

因C.G.投资公司与穗华公司在富丽华酒店的合作筹建、出资、经营管理、合作期间对外借款等方面存在争议，C.G.投资公司基于与穗华公司缔结的仲裁条款，于2011年4月21日向中国贸仲上海分会申请仲裁，请求穗华公司赔偿投资款损失港币1.125亿元以及利息等，并同时申请对穗华公司名下价值人民币500万元的财产进行保全，侯某中为C.G.投资公司的上述保全申请提供同等金额的存款作担保。广州市中级人民法院于2012年5月18日以（2012）穗中法执字第836号执行裁定书，冻结了穗华公司在富丽华酒店的4.58%股权。此后，穗华公司向广州市中级人民法院申请以等额存款500万元置换被冻结的股权，但C.G.投资公司、侯某中坚决不同意穗华公司的置换申请。广州市中级人民法院经执行听证后裁定冻结穗华公司用于置换的存款500万元，同时解除了对穗华公司持有富丽华酒店4.58%股权的冻结措施。但C.G.投资公司在上述仲裁审理期间请求撤回仲裁申请，中国贸仲上海分会于2012年10月22日作出《撤案决定》，撤销C.G.投资公司的仲裁申请。

在C. G. 投资公司撤回中国贸仲上海分会的仲裁案之前，于2012年9月28日基于相同的仲裁条款、法律关系以及事实和理由向中国贸仲会申请仲裁，请求穗华公司赔偿投资款损失7287万元以及利息等，且同时申请对穗华公司的财产（含股权）再次实施保全。广州市中级人民法院于2012年12月18日作出（2012）穗中法执字第2097号《执行裁定书》，裁定对穗华公司的存款3176.62万元（含本案的500万元）继续采取冻结措施。因该案仲裁的事实和理由同样基于穗华公司与C. G. 投资公司合作建设富丽华酒店期间对外产生债务的分担问题，C. G. 投资公司主张的债务分担问题已经诉讼程序审查并作出终审判决，据此，中国贸仲会于2014年4月21日裁决驳回C. G. 投资公司的全部仲裁请求。广州市中级人民法院遂裁定解除对穗华公司存款3176.62万元的冻结措施。

二审法院确认一审法院查明的上述事实。

【案件焦点】

1. C. G. 投资公司在提起仲裁过程中申请的财产保全是否存在错误；2. 穗华公司主张的损失金额是否应当支持；3. 侯某中是否应当承担连带责任。

【法院裁判要旨】

广东省广州市越秀区人民法院经审理认为：C. G. 投资公司因未能按约向越信隆公司偿还债务引发诉讼，案经广州中院一审、广东省高级人民法院二审、最高人民法院提审，前后历经五次裁判，最高人民法院以（2011）民提字第341号民事判决，终审判令维持C. G. 投资公司应向越信隆公司偿还贷款本金41520425.20港元以及相应利息；越信隆公司对C. G. 投资公司在富丽华酒店拥有的投资权益享有优先受偿权等判决主文。C. G. 投资公司因没有履行生效判决，其在富丽华酒店的股权被依法强制拍卖用于偿还债务，故上述债务纠纷与穗华公司不存在因果关系，属于C. G. 投资公司在合作筹建富丽华酒店期间自行承担的商业风险和法律责任。

在最高人民法院提审案件期间，C. G. 投资公司基于仲裁条款向中国贸仲上海分会提起仲裁申请，而该仲裁案件审查的争议事项同样是其向越信隆公司所借款项以及还款责任主体问题，而C. G. 投资公司与越信隆公司的外部债务纠纷已被法院终审判决，C. G. 投资公司在债务诉讼中主张由富丽华酒店先行清偿外部债务的抗辩意见已被生效判决书所否定，故C. G. 投资公司在提起仲裁时应预判到其仲裁请求存在败诉风险。此外，C. G. 投资公司和穗华公司在中国贸仲上海分会的仲裁案件中经过调查、质证以及发表辩论和最后陈述意见后，C. G. 投资公司却撤回仲裁申请，后又基于同一法律关系和相同的事实和理由向中国贸仲会申请仲裁，并请求继续对原告的财产采取保全措施。而此时，最高人民法院针对C. G. 投资公司就越信隆公司借款担保合同纠纷的再审案作出了（2011）民提字第341号民事判决，维持广东省高级人民法院（2004）粤高法审监民再字第40号民事判决，即C. G. 投资公司需要向越信隆公司偿还借款本息以及越信隆公司对C. G. 投资公司在富丽华酒店拥有的投资权益享有优先受偿权。在执行过程中，C. G. 投资公司在富丽华酒店的投资权益评估拍卖价为7287万元，C. G. 投资公司在中国贸仲会的仲裁申请中所主张的赔偿金额同为7287万，C. G. 投资公司在中国贸仲会受理的仲裁案件的争议事项也是其与越信隆公司的借款及担保纠纷，但该争议事项已历经一审、二审、审判监督、提审程序，C. G. 投资公司的上述意见均被驳回，可见C. G. 投资公司提起的仲裁申请存在败诉的风险已经非常明显，最终中国贸仲会也驳回C. G. 投资公司的全部仲裁请求，故C. G. 投资公司在提起仲裁申请时已能明显预判到其仲裁请求存在败诉风险。再从保全标的物来看，C. G. 投资公司两次提出仲裁请求均为金钱给付类的诉求，C. G. 投资公司提供的财产线索是穗华公司在富丽华酒店的股权，而富丽华酒店此时正在办理股权的整体转让手续，为避免股权被冻结阻碍股权转让而提出用等额银行存款置换被冻结股权，该项置换申请显然更有利于实现C. G. 投资公司的仲裁请求，但C. G. 投资公司在没有任何合法合理理由的情况下，拒不同意置换，且C. G. 投资公司在明知存在败诉风险的情况下，结合最高人民法院终审维持广东省高级人民法院（2004）粤高法审监民再字第40号民事判决的客观事实，足以证实C. G. 投资公司保全股权的目的是要阻碍富丽华酒店100%股权的整体转让。据此，C. G. 投资公司在申请仲裁以及财产保全上存在过错，侵害了原告的财产权益，C. G. 投资公司应承担侵权赔偿责任。

广东省广州市越秀区人民法院于2015年9月23日作出（2013）穗越法民四初字第74号民事判决，判令：

一、C. G. 投资公司向穗华公司赔偿人民币500万元被冻结期间按中国人民银行同期企业贷款利率与活期存款利率为标准计算的利息差额；

二、C. G. 投资公司应于本判决发生法律效力之日起十日内向穗华公司计付自2013年3月26日起至实际清偿之日止的利息（以上述第一项判决主文确定的利息差额为基数，按中国人民银行同期逾期贷款利率为标准计）；

三、侯某中对C. G. 投资公司的赔偿义务承担连带责任；

四、驳回穗华公司的其他诉讼请求。

宣判后，C. G. 投资公司及侯某中不服原审判决，向广州市中级人民法院提起上诉。

二审法院经审理认为：关于C. G. 投资公司在提起仲裁过程中申请的财产保全是否存在错误问题。《中华人民共和国民事诉讼法》第一百零五条规定，（财产保全）申请有错误的，申请人应当赔偿被申请人因保全所遭受的损失。此处“错误”应考虑申请人是否有过错。财产保全错误赔偿责任应适用侵权责任法的过错责任归责原则，申请人是否承担责任应视其对财产保全是否存在故意或者重大过失，不能仅依据裁判结果来认定责任的成立与否。引起本案纠纷的财产保全，系C. G. 投资公司基于仲裁条款就其与穗华公司的内部合同关系提起仲裁申请，并在仲裁过程中申请对穗华公司的财产采取了保全措施。综观本案的事实，C. G. 投资公司提起仲裁申请，请求裁决穗华公司赔偿其损失的理由为穗华公司违法和违约阻碍富丽华酒店向越信隆公司还款（实际为主张由富丽华酒店先行清偿外部债务），导致越信隆公司的贷款逾期而直接导致C. G. 投资公司在富丽华酒店中的股权被拍卖遭受巨大损失。对此，C. G. 投资公司与越信隆公司的外部债务纠纷已被法院终审判决，C. G. 投资公司在该债务诉讼纠纷中所主张的应由富丽华酒店先行清偿外部债务的意见已被生效判决书［（2002）粤高法民四终字第65号、（2004）粤高法审监民再字第40号］所驳回，在终审判决（历经一审、二审、再审、再审）已经认定富丽华酒店出具的《保证书》无效，富丽华酒店仅承担补充清偿责任的情况下，C. G. 投资公司在提起仲裁申请时仍以穗华公司违法和违约阻碍富丽华酒店先行清偿外部债务导致其损失为由，请求裁决穗华公司赔偿其损失，应预判到其仲裁请求存在败诉的风险。此外，C. G. 投资公司在两次仲裁请求均为请求赔偿其损失，为金钱类给付的请求，C. G. 投资公司两次提出的财产保全申请中，均要求冻结穗华公司在富丽华酒店的股权，在穗华公司为避免股权被冻结阻碍股权转让手续而提出用银行存款现金置换被冻结股权，该项置换申请显然更有利于实现C. G. 投资公司的仲裁请求的情况下，C. G. 投资公司拒不同意置换。C. G. 投资公司在应预判存在仲裁裁决申请被驳回的风险情况下，未尽注意义务，仍以穗华公司作为债务人提起仲裁申请并申请财产保全，且不同意用银行存款现金置换被冻结股权，其对申请财产保全所造成的损失存在过错，原审法院认定 C. G. 投资公司应承担赔偿责任并无不当，本院予以维持。

2016 年 4 月 20 日，广州市中级人民法院作出如下判决：

维持（2013）穗越法民四初字第 74 号民事判决中第一项、第三项、第四项判决主文，撤销第二项判决主文。

【法官后语】

申请财产保全损害责任纠纷案件中申请错误的认定并无明确的法律规定标准，个别法院存在仅凭裁判结果认定侵权责任成立的情形。本案意义在于明确此类案件应当适用我国《侵权责任法》之过错责任规则原则作为裁判依据，围绕申请人预判败诉风险的可能性及指定财产保全标的合理性等因素综合考察申请人的主观过错以判断是否构成申请错误。

一、申请财产保全损害责任纠纷案件的法律适用问题

关于申请财产保全错误赔偿责任问题，我国民事诉讼法及仲裁法均有相关规定。《民事诉讼法》第一百零二条及第一百零五条规定，保全限于请求的范围，或者与本案有关的财物；申请有错误的，申请人应当赔偿被申请人因保全所遭受的损失。《仲裁法》第二十八条规定，一方当事人因另一方当事人的行为或者其他原因，可能使裁决不能执行或者难以执行的，可以申请财产保全；当事人申请财产保全的，仲裁委员会应当将当事人的申请依照民事诉讼法的有关规定提交人民法院；申请有错误的，申请人应当赔偿被申请人因财产保全所遭受的损失。上述法律规定虽然明确了保全错误的申请人应当赔偿被申请人因保全所遭受的损失，但对于保全错误的认定标准以及经济损失的计算标准均没有作出具体规定，导致法官处理此类案件适用法律时缺乏统一标准、存在模糊地带。

申请财产保全损害责任纠纷是被申请人因申请人申请财产保全存在错误导致其遭受损失而提起的诉讼，属于侵权之债的诉讼范畴，应当适用我国《侵权责任法》所规定的过错责任归责原则作为裁判依据。依据《侵权责任法》第六条第一款之规

定，行为人因过错侵害他人民事权益，应当承担侵权责任，故判断申请财产保全损害责任纠纷案件应当依据一般侵权民事责任的四项构成要件即行为人的过错（故意或重大过失）、损害行为、损害结果、损害行为与损害结果之间的因果关系进行综合评判，只有同时满足上述构成要件，才能认定诉讼保全申请人申请存在错误，判令赔偿被申请人因财产保全所遭受的损失。

二、财产保全错误赔偿责任应遵循过错责任归责原则

判断申请人申请财产保全是否存在错误应遵循过错责任规则原则，重点在于申请人对其申请财产保全的行为是否存在故意或重大过失进行整体判断，其考察因素既应包括申请人主观方面能否预判涉诉案件存在败诉风险，又应包括申请人指定财产保全标的物的目的性与合理性，而不能仅凭裁判结果认定责任成立与否。

结合本案，首先，C. G. 投资公司对穗华公司提起仲裁申请的理由为穗华公司违法和违约阻碍富丽华酒店向越信隆公司还款致使越信隆公司贷款逾期并直接导致 C. G. 投资公司在富丽华酒店股权被拍卖并遭受损失，而 C. G. 投资公司所主张的应由富丽华酒店先行清偿外部债务的意见已被生效判决所驳回，鉴于此，C. G 投资公司基于同一法律关系及事实和理由提起上述仲裁申请时应当已经预判到其仲裁请求存在败诉风险，故其对申请财产保全的行为存在明显过错。其次，C. G. 投资公司仲裁申请指定要求冻结穗华公司在富丽华酒店的股权，在冻结过程中，穗华公司为避免股权被冻结阻碍股权转让手续办理而提出了用银行存款置换被冻结股权的请求。按常理判断，涉案 C. G. 投资公司仲裁申请为金钱类给付请求，穗华公司的置换申请显然更有利于 C. G. 投资公司仲裁请求的实现，但是 C. G. 投资公司在没有任何合法合理理由的情况下拒不同意置换，足以证实其保全股权目的是阻碍富丽华酒店股权的整体转让，并不具有合理性，鉴于此，广州中院依法作出了同意穗华公司置换主张的民事裁定书，解除了对穗华公司持有的富丽华酒店股权的冻结。最后，本案认定申请人申请财产保全存在过错，并非以 C. G. 投资公司仲裁请求被驳回作为认定标准，而是遵循过错责任规则，通过认定 C. G. 投资公司在提起仲裁申请时应当已经预判存在败诉风险且在被申请人请求用银行存款置换冻结股权时拒不同意，存在明显不合理情形的情况下，存在过错，判令其承担民事赔偿责任。

三、申请人行使民事权利应当遵循诚实信用原则，禁止权利滥用

依据我国《民事诉讼法》第十三条及《民法总则》第一百三十二条之规定，民事诉讼应当遵循诚实信用原则；民事主体不得滥用民事权利损害国家利益、社会公共利益或者他人合法权益。因此，申请人在依法行使申请诉讼保全权利时应当遵循诚实信用原则，禁止权利滥用，否则应当承担侵权责任或其他法律后果。本案C. G. 投资公司在明知存在败诉风险的情况下申请仲裁不一定构成恶意仲裁，但在提起仲裁的同时又申请财产保全，其不是为了实现金钱为给付目的请求，而是为了阻碍富丽华酒店股权的转让，故C. G. 投资公司滥用民事诉讼权利的行为损害了穗华公司的合法权益，理应承担赔偿损失的侵权责任。

综上所述，申请人在申请财产保全时应当正确行使法律赋予的诉讼权利，不仅对诉求输赢要有合法合理预判、综合考虑被申请人履行能力以及是否存在转移财产危及申请人合法债权实现的情形，同时也要权衡可能因申请错误所需承担的不利后果。至于对申请错误的理解与认定应当依据《侵权责任法》所确立的过错归责原则进行综合评判。

编写人：广东省广州市越秀区人民法院　刘婷

56

审理结果并不是确定申请人因申请诉中财产保全造成损害应承担赔偿责任的唯一依据

——青岛北海岸建设投资有限公司诉青岛梧桐投资发展有限公司申请诉中财产保全损害责任案

【案件基本信息】

1. 裁判书字号

山东省青岛市市北区人民法院（2015）北民初字第6374号民事判决书

2. 案由：申请诉中财产保全损害责任纠纷

3. 当事人

原告：青岛北海岸建设投资有限公司（以下简称北海岸公司）

被告：青岛梧桐投资发展有限公司（以下简称梧桐公司）

【基本案情】

2008年10月，青岛市市北区为九〇一地下工程改造成立了青岛地景大道建设项目指挥部（以下简称地景大道指挥部）。2009年4月，梧桐公司和北海岸公司、青岛龙腾源市场经营服务有限公司（以下简称龙腾源公司）签订《三方合作协议》，约定三方合作开发地景大道项目，协议签订后，梧桐公司对涉案一期工程进行施工。

2009年12月26日，龙腾源公司、北海岸公司要求变更《三方合作协议》，要求将新公司注册资本、三方的出资方式和股权比例等进行变更。梧桐公司不同意变更要求，致使《三方合作协议》未能继续履行。梧桐公司退出工地后，地景大道指挥部接管了该合作项目并发包给他人，该项目已施工完毕并投入运营。

2011年4月，梧桐公司具状山东省高级人民法院，主张《三方合作协议》签订后，梧桐公司按约履行协议，但是龙腾源公司、北海岸公司和地景大道指挥部单方要求梧桐公司退出合作项目，并强行将梧桐公司驱逐出项目工地，之后又要求变更协议，梧桐公司未同意。三方的行为使梧桐公司无法实施房地产开发，不能收回投资并获取预期收益，蒙受巨大经济损失。请求法院判令：1. 解除《三方合作协议》；2. 被告返还梧桐公司投资款（包括保证金、施工费和设计费等）2982万元；3. 赔偿投资款利息损失277万元和该项目预期纯利润经济损失7268万元。

诉讼过程中，梧桐公司向法院提出财产保全申请，请求冻结被告银行存款4100万元。法院首先冻结了地景大道指挥部银行存款2078万余元，又冻结了北海岸公司银行存款2000万元。

2013年9月27日，山东省高级人民法院作出判决书，认为《三方合作协议》合法有效。在协议履行过程中，龙腾源公司、北海岸公司要求变更《三方合作协议》，导致协议不能履行，龙腾源公司、北海岸公司的该行为构成违约。现工程已施工完毕并投入使用，《三方合作协议》的合同目的已无法实现，梧桐公司要求解除合同符合法律规定予以支持；梧桐公司要求龙腾源公司返还300万元保证金及利息、要求地景大道指挥部返还已支付设计费、勘察费等前期费用473万元及其利息损失的请求予以支持。但梧桐公司对投资款损失的主张不明确，此诉请不予支持；其他工程款、监理费等没有证据证明已实际发生，且没有证据证明上述合同已经实际履行，被告不予认可，其主张亦不予支持；梧桐公司提交的项目预期利润证据是针对地景大道二期项目做出，与本案没有关联性，该项主张不予支持。北海岸公司未实际收取保证金，也未实际接收项目，在本案中不承担返还财产及赔偿损失责任。判决：1. 解除《三方合作协议》；2. 龙腾源公司返还梧桐公司保证金300万元及利息；3. 地景大道指挥部赔偿梧桐公司投资款473万元及其利息损失；4. 驳回梧桐公司的其他诉讼请求。经最高人民法院的二审审理，维持了该判决。

2015年11月27日，北海岸公司具状青岛市市北区人民法院，主张经法院判决北海岸公司在三方合作开发纠纷中不承担法律责任，因此梧桐公司申请保全冻结北海岸公司银行存款行为违法；梧桐公司主张的损失远远高于其实际损失，其行为明显存在过错及恶意。梧桐公司应对申请保全行为对北海岸公司造成的损失进行赔偿，要求赔偿冻结款项2000万元的利息损失453万元。

【案件焦点】

1. 梧桐公司申请财产保全行为是否存在过错；2. 梧桐公司的过错行为与北海岸公司的损害后果之间是否存在因果关系，此种因果关系对北海岸公司损害后果的参与程度是多少。

【法院裁判要旨】

山东省青岛市市北区人民法院经审理认为：梧桐公司基于合作开发合同将包括北海岸公司在内的合同当事人诉至法院，并申请采取财产保全措施，这是梧桐公司依法行使诉讼权利，维护自己合法权益的合法行为。虽然法院终审判决北海岸公司不承担赔偿损失责任，但是法院同时认定北海岸公司存在违约行为，判决解除了《三方合作协议》，这是北海岸公司承担法律责任的一种形式。北海岸公司主张最终判决结果确定其不承担任何责任，因而梧桐公司申请保全错误的理由不能成立，梧桐公司提起诉讼和申请保全行为本身没有过错。

梧桐公司起诉时应当对其主张提供充分的证据，并应根据证据提出适当的赔偿金额。在该案起诉时，梧桐公司提出的损失金额达到1亿多元，同时基于诉讼请求金额提出了4100万元的保全申请金额。经过法院审理认定梧桐公司对其主张的大多数损失没有合法证据，仅支持了设计费、勘察费等费用700余万元，此金额与梧桐公司主张的金额相去甚远。以上情况说明，梧桐公司在提起诉讼及提出财产保全申请时，未能基于案件事实慎重地提出合理的诉讼请求金额，而是盲目提出诉请及保全金额，夸大了自己的损失，梧桐公司的以上行为在主观上存在过错。该过错行为与北海岸公司银行存款被冻结产生的利息损失之间存在因果关系。北海岸公司对纠纷的产生也有一定过错，依法应当减轻梧桐公司的赔偿责任，应根据双方的过错程度、侵权情节，参照最终赔偿数额与梧桐公司申请的保全金差额确定本案赔偿金额。

青岛市市北区人民法院依照《中华人民共和国民法通则》第一百零六条第二款、第一百三十一条、第一百三十四条第一款第七项，《中华人民共和国侵权责任法》第六条第一款，《中华人民共和国民事诉讼法》第一百条、第一百零五条、第一百四十四条之规定，作出如下判决：

梧桐公司于本判决生效之日起十日内赔偿北海岸公司损失2119189元。

判决送达后，双方均未上诉。

【法官后语】

本案系一般侵权责任纠纷，如成立侵权，应当符合构成侵权责任的四个要件，即行为违法、主观过错、存在损害后果和有因果关系。本案的归责原则为过错责任原则，即只有申请保全人在有过错的情况下才应承担相应的责任。

值得研究的问题是，审理结果是否是确定申请人保全行为存在过错的唯一依据。在本案中，北海岸公司主张，因为法院判决认定其不承担返还款项并赔偿损失的责任，因此梧桐公司申请保全错误，应承担因申请保全而给其造成损失的赔偿责任。笔者认为，梧桐公司因在合同履行中权益受到损害起诉至法院，并申请财产保全，其在起诉时有基本的事实依据和法律依据，符合起诉条件，其申请财产保全也符合法律规定的条件，这是梧桐公司依法行使诉讼权利，维护自己合法权益的合法行为，其起诉及申请保全行为本身不存在过错。虽然法院终审判决北海岸公司不承担返还款项及赔偿损失责任，但是法院同时认定北海岸公司存在违约行为，判决解除了合作协议，这是北海岸公司承担法律责任的一种形式。因此，可以认定，梧桐公司起诉和申请保全是有合法的事实和依据的，该行为不是恶意诉讼行为，北海岸公司的理由不能成立。因此，不能仅以案件审理结果作为判断申请保全人承担损害赔偿的依据。根据民事诉讼制度的性质，如苛求当事人在提起诉讼时必须保证胜诉，如败诉或者部分败诉将承担不能承受的负担，这样只会使权益受损者不敢也不能通过正当程序维护自己的合法权益，从而失去了民事诉讼定分止争的作用。因此，审理结果并不是判断申请保全人承担赔偿责任的唯一依据。

在确定申请保全损害赔偿责任的承担时，应紧密围绕侵权责任的要件进行分析，综合考虑过错程度、因果关系等因素，尤其是对于主观过错的分析判断，是确定赔偿责任的关键。申请财产保全的金额，应当与诉讼请求金额基本一致。在排除了恶意诉讼情况下，当事人提起诉讼应当对诉讼结果有一个合理的预测，应当基于事实审慎地提出自己的诉讼请求，不能盲目夸大自己的合法权益受损害的后果，否则构成诉讼权利的滥用，由此给对方当事人造成的损失应当承担相应的法律责任。本案梧桐公司就是在没有充分证据证明其损失的情况下，盲目提出了过高的诉讼请求金额，并根据诉讼请求金额提出了过高的申请保全金额，法院最终未支持其大部分诉讼请求数额。梧桐公司这一行为存在过错，该过错行为与北海岸公司因保全造成的存款利息损失之间存在因果关系，因此应根据过错程度承担因保全造成的损害赔偿责任。

每个案件的案情千差万别，本案的处理只是对相似案件提供一个解决思路，法官应当结合案情，根据逻辑分析和日常生活经验，合理确定申请人的过错，合理确定申请人因申请诉讼中财产保全造成被申请人损害应承担的赔偿责任。

编写人：山东省青岛市市北区人民法院　左杰

十、其他侵权纠纷

57

通信公司未经有利害关系的业主同意将住宅改变为通讯机房不受法律保护

——唐某亮等诉中国联合网络通信有限公司桂林市分公司建筑物区分所有权案

【案件基本信息】

1. 裁判书字号

广西壮族自治区桂林市中级人民法院（2017）桂03民终2869号民事判决书

2. 案由：建筑物区分所有权纠纷

3. 当事人

原告（被上诉人）：唐某亮、赵某林、蒋某辉、经某、唐某、经某军、经某某、马某海、肖某娥、蒋某荣、周某凤

被告（上诉人）：中国联合网络通信有限公司桂林市分公司

【基本案情】

唐某亮、赵某林、蒋某辉、经某、唐某、经某军、经某某、马某海、肖某娥、蒋某荣、周某凤与中国联合网络通信有限公司桂林市分公司均系全州县全州镇环城路百家井菱角塘市场对面楼房第1幢住宅楼内的业主，彼此的房屋虽楼层、房号不同，但都属于同一幢住宅楼内的邻居。2016年下半年，中国联合网络通信有限公司桂林市分公司在未征得其他业主同意的情况下，开始将其住宅用房改成机房以及通

信设备用房。其他业主虽多次阻止中国联合网络通信有限公司桂林市分公司的施工，但没有实际效果，现中国联合网络通信有限公司桂林市分公司的机房以及通信设备已安装完毕并投入使用。唐某亮、赵某林、蒋某辉、经某、唐某、经某军、经某某、马某海、肖某娥、蒋某荣、周某凤认为中国联合网络通信有限公司桂林市分公司将其住宅改成机房以及通信设备用房，其经营过程中产生的辐射、噪声、用电安全等问题已经严重影响了该幢住宅楼内其他业主的正常生活，故起诉至法院，请求法院判令中国联合网络通信有限公司桂林市分公司立即拆除位于全州县全州镇环城路百家井菱角塘市场对面第1幢第2层201号房屋的机房以及通信设备，恢复房屋住宅用途。

【案件焦点】

1. 中国联合网络通信有限公司桂林市分公司在房屋内安装机房以及通信设备的行为是否属于将住宅改变为经营性用房；2. 中国联合网络通信有限公司桂林市分公司在房屋内安装机房以及通信设备是否应当经过该幢住宅楼内其他业主的同意。

【法院裁判要旨】

广西壮族自治区桂林市全州县人民法院经审理认为：普通住宅与经营性用房在用途上有本质的区别。中国联合网络通信有限公司桂林市分公司在涉诉住宅内安装机房及通信设备，不是为了改善居住条件，而是为了满足周边居民对宽带及固定电话接入业务的需求，该行为属于将住宅改变为经营性用房。

业主将住宅改变为经营性用房的，除遵守法律、法规以及管理规约外，应当经有利害关系的业主同意。唐某亮等11位当事人居住在涉诉住宅楼内，依法应认定为有利害关系的业主。中国联合网络通信有限公司桂林市分公司在涉诉房屋内安装机房及通信设备的行为因未经上述有利害关系的业主同意而不具备合法性，其应当拆除涉诉房屋内的机房及通信设备，恢复该房屋的住宅用途。

广西壮族自治区桂林市全州县人民法院依照《中华人民共和国物权法》第七十七条，《最高人民法院关于审理建筑物区分所有权纠纷案件具体应用法律若干问题的解释》第十条第一款、第十一条之规定，作出如下判决：

中国联合网络通信有限公司桂林市分公司于本判决生效后三十日内拆除位于全

州县全州镇环城路百家井菱角塘市场对面第 1 幢第 2 层 201 号房屋的机房以及通信设备，恢复房屋住宅用途。

中国联合网络通信有限公司桂林市分公司不服一审判决，提出上诉。

广西壮族自治区桂林市中级人民法院经审理认为：中国联合网络通信有限公司桂林市分公司未经有利害关系的业主同意在涉诉房屋内安装机器、通信设备，其最终目的是从事经营性活动，以收取通信费用，为其公司产生经济收益，一审判决认定其改造涉诉房屋的行为属于将住宅改变为经营性用房正确。从现场情况来看，中国联合网络通信有限公司桂林市分公司在涉诉房屋内放置了大量的通信设备及空调等，其在本案中虽举证证明了涉诉房屋不存在辐射风险，但危及涉诉住宅楼内其他住户安全的因素不只是辐射，还有噪声、用电、消防等方面的因素。因此，唐某亮等当事人在本案中提出的诉讼请求有事实和法律依据，一审判决中国联合网络通信有限公司桂林市分公司拆除涉诉房屋的机房及通信设备，恢复房屋住宅用途正确，二审法院应予以维持。

广西壮族自治区桂林市中级人民法院依照《中华人民共和国民事诉讼法》第一百七十条第一款第一项之规定，作出如下判决：

驳回上诉，维持原判。

【法官后语】

随着广大用户对移动通信需求的海量增加，通信公司的基站、机房建设也相应地大量增加，甚至有许多通信机房已落户于居民小区之中，与小区业主普通住宅零距离并存，进而导致小区普通住宅业主与通信机房业主矛盾频发。近年来，各地法院受理小区普通住宅业主诉请通信公司拆除机房、恢复原状等类型案件的数量亦呈现出上升趋势。具体到该案中，对在小区住宅内建设通信机房是否属于将住宅改变为经营性用房，以及改造行为是否应当经过小区业主同意是主要的争议焦点。该案的公正判决对于法院处理此类纠纷具有一定的示范性价值。

审理建筑物区分所有权案件时，只要诉争房屋的用途发生改变，由专供个人、家庭日常生活居住使用改变为用于商业、工业、办公等经营性用房，即可认定该行为影响了业主的安宁生活。而通信公司在小区住宅内安装通信设备，将住宅改造成通信机房，其最终目的是从事经营性活动，以收取通信费用，为公司产生经济收益，其行为与其他将住宅改造成商业、工业、办公等经营性用房性质上一致，也显然会影响到其他业主的安宁生活，应当认定属于业主将住宅改变为经营性用房的情形。依据《物权法》第七十七条“业主将住宅改变为经营性用房的，除遵守法律、法规以及管理规约外，应当经有利害关系的业主同意”的规定，通信公司将住宅改变为经营性的通信机房即使未违反法律、法规以及管理规约，只要没有经过利害关系的业主同意，通信公司改造房屋的行为仍不具备合法性。

依照《最高人民法院关于审理建筑物区分所有权纠纷案件具体应用法律若干问题的解释》第十条“业主将住宅改变为经营性用房，未按照物权法第七十七条的规定经有利害关系的业主同意，有利害关系的业主请求排除妨害、消除危险、恢复原状或者赔偿损失的，人民法院应予支持”；第十一条“业主将住宅改变为经营性用房，本栋建筑物内的其他业主，应当认定为物权法第七十七条所称‘有利害关系的业主’”的规定，该案中唐某亮等原告（被上诉人）均属于“有利害关系的业主”，由于被告（上诉人）中国联合网络通信有限公司桂林市分公司在涉诉房屋内安装机房及通信设备的行为未经唐某亮等有利害关系的业主同意，唐某亮等主张拆除涉诉房屋内通信设备，恢复该房屋的住宅用途有事实和法律依据，应当予以支持。中国联合网络通信有限公司桂林市分公司主张经其改造过的涉诉房屋不存在辐射风险，机房内通信设备不应被拆除并恢复原状，但中国联合网络通信有限公司桂林市分公司在涉诉房屋内安装的大量的通信设备及空调等，除辐射外，危及涉诉住宅楼内其他相邻住户安宁生活的还有噪声、用电、消防等方面的因素，故中国联合网络通信有限公司桂林市分公司的该项主张理由不充分，没有法律依据，不应得到支持。

编写人：广西壮族自治区桂林市中级人民法院　张芳

58

关于地下设施损害责任案中举证责任问题及划分赔偿责任的认定

——王某信诉密山市建邦新能源热力有限公司地面施工、地下设施损害责任案

【案件基本信息】

1. 裁判书字号

黑龙江省鸡西市中级人民法院（2017）黑03民终837号民事判决书

2. 案由：地面施工、地下设施损害责任纠纷

3. 当事人

原告（上诉人）：王某信

被告（上诉人）：密山市建邦新能源热力有限公司（以下简称建邦热力公司）

【基本案情】

在原告王某信住宅附近道路旁边，被告建邦热力公司设有热力管道阀门井一处。因管理不善，阀门井水泥盖损坏而未能及时进行维修，也未设置任何警示标志。2016年3月12日16时许，王某信骑乘电动自行车行驶至自家住宅附近时，在供热阀门井处摔伤，造成右外踝骨折。后王某信给建邦热力公司负责安全生产工作的付某生打电话说明情况。付某生安排人员领王某信到连珠山镇朱大夫诊所及密山市中医医院进行伤情检查，并购买治疗骨伤的药物让王某信在家中治疗。后王某信来到密山市连珠山镇人民政府司法所反映此事，司法所工作人员找到了付某生，称要调解解决此纠纷。付某生与司法所工作人员一同来到王某信家中进行协商，付某生当场给付王某信5000元医疗费，又买了药物给王某信让其在家继续治疗。因王某信未得到有效治疗，伤情未见好转，王某信于2016年6月21日至2016年7月25

日，在密山市中医医院接受治疗。住院34天，花医疗费6158.99元。另查明，王某信在住院前后，产生检查费用共计782.46元。经法医鉴定，王某信右外踝骨折构成十级伤残，医疗终结期为5个月，营养期间60天，护理期为需一人护理60天，无须后续治疗。出院后，王某信与建邦热力公司就赔偿一事协商未果，故诉至法院，要求建邦热力公司赔偿医疗费30000元、伙食补助费1700元及误工费、护理费、伤残赔偿金等各项经济损失，并承担本案的诉讼费用。

【案件焦点】

1. 原告的损害事实与被告之间是否存在因果关系；2. 原告的合法的经济损失数额及如何划分赔偿责任。

【法院裁判要旨】

黑龙江省密山市人民法院经审理认为：公民的身体健康权应受到法律的保护。依照《中华人民共和国侵权责任法》第九十一条第二款“窨井等地下设施造成他人损害，管理人不能证明尽到管理职责的，应当承担侵权责任”的规定，窨井等地下设施造成他人损害的，管理人所应当承担的侵权责任，其归责原则适用过错推定原则。本案中，被告建邦热力公司作为涉案供热管道阀门井的管理人，当阀门井水泥盖板出现损坏时，应当及时采取措施进行维护，消除可能带来的安全隐患，避免发生伤人事件，但建邦热力公司未能举证证明其已经尽到了管理职责，因此，建邦热力公司应对原告王某信的各项经济损失承担赔偿责任。王某信作为完全民事行为能力人，且供热管道阀门井就在其住宅对面道路旁边，对供热阀门井的状况应当清楚。在其知道和应当知道供热管道阀门井损坏的情况下，在骑乘电动自行车路经此地时未尽到高度注意义务，不慎掉入阀门井内受伤，自身也存在过错，因此，依照《中华人民共和国侵权责任法》第二十六条“被侵权人对损害的发生也有过错的，可以减轻侵权人的责任”的规定，可以减轻建邦热力公司的责任。

综上所述，结合双方当事人的过错程度，本院酌情认定，被告建邦热力公司对原告王某信的各项经济损失承担80%的赔偿责任，王某信自行承担20%的责任。依照《中华人民共和国侵权责任法》第六条、第十六条、第二十六条、第九十一条第二款，《最高人民法院关于审理人身损害赔偿案件适用法律若干问题的解释》第十九条、第二十条、第二十一条、第二十二条、第二十三条、第二十四条、第二十五条，《中华人民共和国民事诉讼法》第六十四条第一款，《最高人民法院关于适用〈中华人民共和国民事诉讼法〉的解释》第九十条之规定，判决如下：

一、被告密山市建邦新能源热力有限公司赔偿原告王某信医疗费、伤残赔偿金、护理费、误工费等各项经济损失共计73040.28元，于本判决生效后五日内付清；

二、驳回原告王某信的其他诉讼请求。

王某信、密山市建邦新能源热力有限公司均不服一审判决，提出上诉。鸡西市中级人民法院经二审审理，判决如下：

驳回上诉，维持原判。

【法官后语】

近几年，随着我国城乡建设的加速发展，为了方便人民群众的生活需求，窨井等地下设施随处可见。一些管理部门或公司对地下设施缺乏防护措施，且疏于管理，从而导致人身损害的情形时有发生。下面笔者结合本起案例，对所涉及的法律关系进行探讨。

一、窨井等地下设施管理人的安全保障义务

所谓安全保障义务就是对特定人的人身、财产负有照顾、保护义务的人应当为一定行为或不为一定行为，以避免侵害他人权益。窨井等地下设施一般都属于公共设施，管理人的安全保障义务是指对公共设施负有管理职责的人，如果该设施具有损害他人的危险，即负有防止他人遭受该设施损害的义务。而实际上由于各种各样的原因，公共设施总会存在这样或那样的缺陷，其中有些缺陷是无法避免的，而有些缺陷在现有条件下是完全可以避免或者可以控制到最低程度的，对这部分缺陷造成的损害，管理者无疑成了这些危险源的制造者。尽管管理者在提供公共设施方面毫无过失可言，但是为了保障社会公众的安全和信赖利益，管理者有责任去排除或控制这些危险源，让社会公众放心使用。

二、窨井等地下设施致人损害的举证责任

《侵权责任法》第九十一条第二款规定："窨井等地下设施造成他人损害，管理人不能证明尽到管理职责的，应当承担侵权责任。"通过法律规定可以看出，对于窨井等地下设施致人损害适用的是过错推定原则，即窨井等地下设施的管理人应当承担民事责任，但是窨井等地下设施的管理人能够证明自己没有过错的除外。所谓没有过错，即窨井等地下设施的管理人尽到了安全保障义务。而受害方须承担对加害事实的举证责任，必须证明自己的权利和利益受到损害，并证明这种损害与加害方的行为或者加害人的行为之间存在因果关系。

三、本案中双方当事人应当承担的责任

被告建邦热力公司在原告王某信家附近所设立的阀门井，属于公共供热设施，建邦热力公司作为管理人应对该地下设施尽到安全保障义务。通过双方当事人庭审中举证质证，证明了因建邦热力公司管理不善，阀门井盖损坏后未能及时进行维修，未能尽到安全保障义务，最终导致原告王某信在回家途中骑车摔倒在阀门井内受伤，所以王某信所受到的损害与建邦热力公司未尽到安全保障义务的行为之间存在因果关系，建邦热力公司应当对王某信的损害承担赔偿责任。同时也应注意到，王某信作为完全民事行为能力人，供热管道阀门井就在其住宅对面道路旁边，王某信对供热阀门井的现实状况应当清楚。在其知道和应当知道供热管道阀门井盖损坏的情况下，在骑乘电动自行车路经此地时未尽到高度注意义务，而不慎掉入阀门井内受伤，自身也存在一定过错，因此，依照《侵权责任法》第二十六条“被侵权人对损害的发生也有过错的，可以减轻侵权人的责任”的规定，可以减轻建邦热力公司的责任。法院根据双方当事人的过错程度，最终确认建邦热力公司对原告王某信的各项经济损失承担80%的赔偿责任，王某信自行承担20%的责任。

四、本案中对原告王某信医疗费数额的确定

王某信受伤后，于2016年6月21日至2016年7月25日，在密山市中医医院接受治疗。住院34天，花医疗费用共计6158.99元。在未完全治愈的情况下，又自行出院在家购药继续治疗。在庭审中，王某信向法庭提交10余张药店购药发票，以证明出院后在家自行治疗所产生的医药费损失。根据《最高人民法院关于审理人身损害赔偿案件适用法律若干问题的解释》第十九条第一款规定：“医疗费根据医疗机构出具的医药费、住院费等收款凭证，结合病历和诊断证明等相关证据确定。赔偿义务人对治疗的必要性和合理性有异议的，应当承担相应的举证责任。”对于王某信所提供的上述票据，虽均是药店出具的正规发票，但发票中所载明的药品性质、用途并不明确，也无医院医嘱等相关诊断证明。根据“谁主张，谁举证”的举证原则，王某信有义务对其所主张的事实进行举证，保证所举证据具备真实性、关联性、合法性，否则将无法证明自己的主张。因王某信所提供的药费票据与本案事实缺乏关联性，且被告也对上述药费票据提出了异议。为充分保护双方当事人的合法权利，法院依法告知双方当事人可以提出司法鉴定申请，而王某信拒绝提出鉴定申请，虽建邦热力公司向本院提出司法鉴定申请，但王某信不予配合，导致司法鉴定程序无法进行。故王某信应自行承担不利的法律后果，对其自行购药的票据法院未予采信。法院根据所确认的合法证据，保护王某信住院期间的医疗费用及复查费用共计6941.45元。在审判实务中，处理人身损害赔偿案件时，经常会遇到当事人为了节省治疗成本，在伤情未完全治愈的情况下，自行出院在家购药治疗的情况。因自行购药的费用不属于在医疗机构治疗时所产生的费用，缺乏诊疗依据，不具备规范性。因此，当事人在办理出院时，应让医生在医嘱中将出院后在家治疗的后果及所用治疗药品进行明确，包括药品的名称、用法及用量，以保证自己的合法权益不受损失。

编写人：黑龙江省密山市人民法院　蔡华

59

企业对员工的言论具有一定容忍义务

——苏州庆林工程项目管理有限公司诉昆山阿拉丁网络传媒有限公司、孙某亮网络侵权责任案

【案件基本信息】

1. 裁判书字号

江苏省昆山市人民法院（2016）苏0583民初167号民事判决书

2. 案由：网络侵权责任纠纷

3. 当事人

原告：苏州庆林工程项目管理有限公司（以下简称苏州庆林公司）

被告：昆山阿拉丁网络传媒有限公司（以下简称阿拉丁公司）、孙某亮

【基本案情】

昆山论坛系由阿拉丁公司进行管理。2015年11月11日，网名为“1771553××××”的用户在昆山论坛网站发布标题为《苏州庆林公司常某某拖欠员工工资是个骗子》的帖子，帖子具体内容为：苏州庆林公司老板常某某是个骗子，天天在网上招人，因常某某拖欠员工工资和社保，所有辞职员工现在都在申请劳动仲裁。19名监理工程师证挂靠在他公司，却不给人家钱，人家上门要了N次无果后，要把证退出。不但不给证还勒索、恐吓当事人，让当事人签收据承认拿到工资（马工、李工可以作证）。让多名登云学院学生考取监理员证书，在其公司工作，每月只给一千块钱工资还不按时发放。因不发工资同学刘某干了两个月后辞职，常某某还要扣其考证费用1300元。目前公司仅有几人在岗。所在建三个项目只有总监在岗，其他备案人员都不在岗，这样做监理企业怎么可以。因拖欠所有员工工资，欠交社保，导致员工医保卡不能正常使用，无法到医院就医。公司天天被高利贷堵门，办公场所被法院拍卖。常某某为躲高利贷，天天不敢出面。因没有办公地点，在路边招摇撞骗。这样的公司就是一个皮包公司。这是本人的亲身经历，希望各位同行不要被这家公司骗了。该帖子截至2015年11月19日，点击率为10119，回复57。2015年11月23日，原告委托律师向被告阿拉丁公司寄送律师函，要求删除涉案网帖。后因阿拉丁公司未能删帖，原告诉至法院。在审理中，法院对阿拉丁公司进行调查，令其向本院提供涉案网帖发布者的注册信息，阿拉丁公司回复：发帖人系孙某亮。在第一次庭审后，被告阿拉丁公司删除了昆山论坛上的涉案帖子。

孙某亮于2014年11月16日入职原告公司，于2015年9月7日离职。2015年11月24日，原告与孙某亮就离职后的相关待遇进行了结算。因原告未能依法依约给付孙某亮的工资差额、报销款，孙某亮与原告公司项目管理部经理兼二类工程项目总监连某某一起向本市劳动人事争议仲裁委员会提起了仲裁，仲裁委裁决原告应支付孙某亮2015年2月至2015年9月的工资差额8211元，支付连某某2015年3月至2015年8月的工资差额21134.61元；原告支付连某某职务补贴4166.6元，伙食补贴1950元、通信补贴150元，支付孙某亮报销款120元；原告需为孙某亮补缴

2014 年 12 月至 2015 年 1 月及 2015 年 7 月至 8 月的社保，缴费基数为 4000 元/月，为连某某补缴 2015 年 7 月至 8 月的社保，缴费基数为 7500 元/月。后原告不服向本院提起诉讼，本院判决驳回原告的全部诉讼请求，原告需支付孙某亮欠付劳动报酬 8211 元和报销款 120 元合计 8331 元。本院判决原告支付连某某欠付的劳动报酬 27189.68 元（包括欠付工资、伙食补贴、通信补贴、职务补贴）。

另查明：2014 年至 2015 年年底，本市劳动人事仲裁委员会受理过宋某涛、刘某兵、胡某生、马某兵、王某天、王某刚、孙某亮、连某某、张某生、何某华、朱某美等人与原告公司之间的劳动争议仲裁案件。本院自 2014 年 10 月至 2016 年年初，受理涉及原告公司的劳动争议审理案件 8 件，原告公司确实曾押过孙某亮等人的监理证件。原告公司在 2014 年的营业地址为金澄花园 1 号楼 305 室，后因常某某存在债务，该办公场所被江苏泰兴市法院拍卖，原告经营场所发生变化，原告未到工商部门进行变更登记。原告主张其公司共有员工 26 名，孙某亮陈述原告公司实际正常在岗人员仅为 4 人。

审理中，孙某亮针对本案所涉网帖内容逐一解释：1. 常某某指的是常某民，我们平时是与常某民接触的，他直接给我们发布指令去工作。2. 骗子是指合同上规定每月 20 日发工资，但是每个月到 20 日都没有按时发工资，而且社保停缴，我们每个月工资都是今天拖明天、明天拖后天，不止一次地欺骗我们，都是两个至三个月发一次工资，还是在我们的强烈要求之下两个至三个月发一次工资。3. 天天在网上招人，他们在百姓网等网站上招人，因为拖欠工资公司人都走了，为了正常经营他只有天天在网上招人。4. 所有的辞职员工都在申请劳动仲裁：在公司做的员工只有我们 4 个人，我和连某某因为经济纠纷离职，顾某龙、钱某（他们之前就走了）等因为经济纠纷离职，任某雨在发帖之前也已经离职。5. 何某华、朱某美多次讨要薪资未果。6. 公司天天被高利贷堵门等，这在证据中都能体现，皮包公司指的是为躲高利贷天天只是电话中通知我们去工作，我们在路边交接工作，没有固定经营场所。

庭审中，孙某亮申请证人连某某到庭作证，连某某陈述：昆山论坛上帖子的内容是事实。我是 2015 年 3 月 21 日到原告公司工作，到 8 月底结束，拖欠了我的工资，我两个月社保没缴，还有三个月工资没拿到，劳动仲裁也结束了，法院也审结了，还是没拿到钱。我是原告公司项目部经理，当时我们在前进西路金澄花园 1 号楼305办公，后来法院拍卖了办公场所，我们也没有办公地点。原告公司当时有孙某松、孙某亮、我、陈某中四人在公司工作，其他人都是挂靠的。

以上事实由原告提供的昆山市国信公证处出具的（2015）苏昆国信证民内字第3424号公证书、申通快递详情单、查询单、删帖声明，阿拉丁公司在自己网站上的公司地址，被告提供的昆山劳动人事争议仲裁委员会开庭公、网上投诉资料、孙某亮和连某某的仲裁裁决书和判决书、顾某龙的仲裁裁决书、刘某兵终审判决书、昆山国土资源局公告和各方当事人陈述予以证实。

【案件焦点】

员工网络发帖是否构成侵权。

【法院裁判要旨】

江苏省昆山市人民法院经审理认为：

1. 本案所涉帖子由谁发布以及网帖内容性质问题。本案网帖用户名系被告孙某亮手机号，而被告阿拉丁公司向本院提交的后台注册信息也反映该用户注册使用的手机号即为该号，需要手机验证的形式才能注册，孙某亮未能就此进行解释。故此本院认定该网帖系孙某亮所发。所涉网帖包括老板是骗子、天天在网上招人、拖欠工资和社保、所有员工都在申请劳动仲裁、监理工程师将证件挂靠在公司，公司不给钱，还勒索恐吓当事人，让当事人签收据承认拿到工资，公司被高利贷堵门，办公场所被法院拍卖，因没有办公地点，在路边招聘员工招摇撞骗，公司是皮包公司。从该内容来看，既包括陈述事实，也包括了表达意见。其中包括骗子、皮包公司、招摇撞骗等这样的内容应属于表达意见。

2. 关于事实陈述是否基本属实。从劳动仲裁部门及本院受理的涉及原告公司的案件来看，原告公司确实存在包括孙某亮、连某某等人在内的多人劳动仲裁案件，且孙某亮等多人案件判决认定原告拖欠工资和社保，可见网帖所述的原告拖欠工资和社保现象是存在的。且从网络信访信息等资料来看，确有原告公司员工向劳动主管部门反映过原告公司拖欠工资和社保问题，原告公司一直未予以解决，事实上到目前已经判决的拖欠工资和社保案件尚有部分未能履行。关于证件挂靠及扣证问题，本院受理的刘某兵等劳动争议中确实反映原告公司存在扣押监理证现象。从中国裁判文书网的公开信息显示，原告此前的办公场所即金澄花园1号楼305室被拍卖。目前原告公司经营场所发生变化，但没有到工商管理部门进行变更。原告在本院处理其他案件时，也曾自述过借高利贷维持公司运营和发放工资。由此，网帖所述是有基础事实的。

3. 关于所述意见是否显失公正且存在诋毁。关于意见表达部分，主要包括骗子、皮包公司、这样做监理企业怎么可以等内容。本院认为，《中华人民共和国劳动合同法》第七十七条规定，“劳动者合法权益受到侵害的，有权要求有关部门依法处理，或者依法申请仲裁、提起诉讼”，《中华人民共和国劳动合同法》第七十九条规定：“任何组织或者个人对违反本法的行为都有权举报，县级以上人民政府劳动行政部门应当及时核实、处理，并对举报有功人员给予奖励。”被告孙某亮作为原告的员工，在原告拖欠工资、社保等违法行为时，通过网络发布帖子，原告应保持一定的容忍。被告孙某亮作为劳动者，原告作为用人单位，双方的地位并不平等，应赋予原告更多义务，来保持双方权利义务的平衡。孙某亮入职原告处，给原告提供劳动，要求得到报酬是其主要目的，也是其维系生存的根本，孙某亮在其无法获得工资和原告未缴纳社保的情况下，应允许其通过包括仲裁、诉讼、投诉甚至发帖等合法方式来维护其权利，这是保障劳动者合法权益的重要途径。孙某亮在网帖中用词虽然有所激烈，但发帖者通过一定失范的词汇表达意见来引起社会关注，这符合一般人在公司不遵守劳动法规方面的不满所作的正常反应。

江苏省昆山市人民法院依据《中华人民共和国民法通则》第一百零一条、第一百二十条，《最高人民法院关于贯彻执行〈中华人民共和国民法通则〉若干问题的意见（试行）》第一百五十条和《中华人民共和国侵权责任法》第二条、第三十六条之规定，作出如下判决：

驳回原告的诉讼请求。

【法官后语】

《民法通则》第一百零一条、第一百二十条，《最高人民法院关于贯彻执行〈中华人民共和国民法通则〉若干问题的意见（试行）》第一百五十条以及《最高人民法院关于审理名誉权案件若干问题的解答》《最高人民法院关于审理名誉权案件若干问题的解释》的规定，均明确了法人享有名誉权。《侵权责任法》第二条亦明确了法人名誉权受法律保护。因此，法人享有名誉权无争议。本案争议的核心问题是本案所涉网帖内容是否侵犯原告作为法人的名誉权。

法人的名誉主要指商誉，具体指有关法人商业或职业道德、资信、商品质量或服务质量方面的社会评价。侵犯名誉权的主要方式是侮辱和诽谤，而侵犯法人名誉权的主要方式是诋毁、诽谤。诋毁、诽谤是指行为人故意或过失散播某种虚假的事实，降低或者毁损他人名誉的行为。对法人的诋毁、诽谤，就是行为人通过发布虚假的消息或不公正的评论损害法人名誉权的行为。诽谤的核心是内容的失实、评论不公正存在诋毁之意，同时需要达到公开的程度。侵犯法人名誉权属于一般侵权，应符合《侵权责任法》关于一般侵权四个构成要件的规定。即存在侵权行为、存在主观过错、产生损害后果、侵权行为与损害后果之间存在因果关系。本案中所涉网帖最存争议的是发帖行为是否属于侵权行为即是否存在违法性，本院着重围绕该争议点进行法律评价。

一、侵犯名誉权违法性的评判标准

《最高人民法院关于审理名誉权案件若干问题的解释》第七条规定：(1) 文章反映的问题基本真实，没有侮辱他人人格内容的，不应认定为侵害他人名誉权。(2) 文章反映的问题虽基本属实，但有侮辱他人人格的内容，使他人名誉受到损害的，应认定为侵害他人名誉权。(3) 文章的基本内容失实，使他人名誉受到损害的，应认定为侵害他人名誉权。从法律规定来看，言论分为两类即事实与意见。对陈述事实要求“基本真实”“基本属实”、对表达意见要求不能侮辱他人人格。该条是关于批评文章是否侵权的规定，在认定网络侵权标准上具有参照适用意义。即认定网络侵犯名誉权也可以陈述事实是否基本属实、表达意见是否公正而不存在侮辱为标准。但该条规定以及后续法律规定，均未明确界定和区分侵犯自然人名誉和侵犯法人名誉的不同标准；更未区分法人名誉权在不同情形下的不同标准。且陈述事实是否基本属实，表达意见是否公正而不存在侮辱，属于抽象概念，在司法适用中，应区分不同的情形，平衡言论自由与名誉权保护。本院认为，法人名誉权的核心是商业信誉，外在表现为企业的名称、品牌、产品和服务所获得的社会评价。法人存在社会中具有一定的社会职能，且法人活动同公众利益密切相关，需要更广泛地置于社会的监督之下，法人在面对消费者对其产品和服务进行评论或社会公众对法人经营是否遵守法律规定等法人置于公众监督之下的情形时，法人应承担必要的容忍义务，法人名誉权应受到一定的限缩，保障公众言论以防出现寒蝉效应。具体而言，在法人需要置于公众监督之下情形时，言论发表者不存在捕风捉影、罔顾事实的情况下不应该认定侵犯其名誉权；在公众发表意见时不存在明显恶意的丑化人格、严重偏离公正理念的情况下，不应当认定其意见损害其名誉权。

二、对本案所涉网帖是否属侵权行为的法律评价

前文已经明确了认定网络侵犯法人名誉权的四个构成要件，并提出了在特定情形下法人名誉权应受限缩。本院在此结合本案的特殊性，根据构成要件对本案所涉网帖进行法律评价。

1. 本案所涉帖子由谁发布以及网帖内容性质问题。本案网帖用户名系被告孙某亮手机号，而被告阿拉丁公司向本院提交的后台注册信息也反映该用户注册使用的手机号即为该号，需要手机验证的形式才能注册，孙某亮未能就此进行解释。故此本院认定该网帖系孙某亮所发。所涉网帖包括老板是骗子，天天在网上招人，拖欠工资和社保，所有员工都在申请劳动仲裁，监理工程师将证件挂靠在公司，公司不给钱，还勒索恐吓当事人，让当事人签收据承认拿到工资，公司被高利贷堵门，办公场所被法院拍卖，因没有办公地点，在路边招聘员工招摇撞骗，公司是皮包公司。从该内容来看，既包括陈述事实，也包括了表达意见。其中包括骗子、皮包公司、招摇撞骗等这样的内容应属于表达意见。

2. 关于事实陈述是否基本属实。从劳动仲裁部门及本院受理的涉及原告公司的案件来看，原告公司确实存在包括孙某亮、连某某等人在内的多人劳动仲裁案件，且孙某亮等多人案件判决认定原告拖欠工资和社保，可见网帖所述的原告拖欠工资和社保现象是存在的。且从网络信访信息等资料来看，确有原告公司员工向劳动主管部门反映过原告公司拖欠工资和社保问题，原告公司一直未予以解决，事实上到目前已经判决的拖欠工资和社保案件尚有部分未能履行。关于证件挂靠及扣证问题，本院受理的刘某兵等劳动争议中确实反映原告公司存在扣押监理证现象。从中国裁判文书网的公开信息显示，原告此前的办公场所即金澄花园1号楼305室被拍卖。目前原告公司经营场所发生变化，但没有到工商管理部门进行变更。原告在本院处理其他案件时，也曾自述过借高利贷维持公司运营和发放工资。由此，网帖所述是有基础事实的。

3. 关于所述意见是否显失公正且存在诋毁。关于意见表达部分，主要包括骗子、皮包公司，这样做监理企业怎么可以等内容。本院认为，《劳动合同法》第七

十七条规定："劳动者合法权益受到侵害的，有权要求有关部门依法处理，或者依法申请仲裁、提起诉讼"，《劳动合同法》第七十九条规定："任何组织或者个人对违反本法的行为都有权举报，县级以上人民政府劳动行政部门应当及时核实、处理，并对举报有功人员给予奖励。"被告孙某亮作为原告的员工，在原告拖欠工资、社保等违法行为时，通过网络发布帖子，原告应保持一定的容忍。被告孙某亮作为劳动者，原告作为用人单位，双方的地位并不平等，应赋予原告更多义务，来保持双方权利义务的平衡。孙某亮入职原告处，给原告提供劳动，要求得到报酬是其主要目的，也是其维系生存的根本，孙某亮在其无法获得工资和原告未缴纳社保的情况下，应允许其通过包括仲裁、诉讼、投诉甚至发帖等合法方式来维护其权利，这是保障劳动者合法权益的重要途径。孙某亮在网帖中用词虽然有所激烈，但发帖者通过一定失范的词汇表达意见来引起社会关注，这符合一般人在公司不遵守劳动法规方面的不满所作的正常反应。

三、网帖内容的综合评价

本案所涉网帖就事实方面，存在一定的事实基础，基本事实不失真；就意见表达方面用词有所失范，其中主要包括骗子、皮包公司、招摇撞骗等词易引起网民对事实的过分夸大理解。本院认为，原告公司存在不遵守劳动法等相关规定在先，孙某亮发帖在后；原告公司经营管理应遵守法律规定且应受到包括孙某亮等员工在内所有人的监督，孙某亮网络发帖内容并非罔顾事实，也并非捕风捉影的胡乱猜测；就孙某亮所表达的意见来说，并非恶意的诋毁和故意的丑化，但其用语的确失范，措辞较为激烈；但原告确实存在违反相关法律规定侵害劳动权益的情形，孙某亮通过网络吐槽方式来引起网民和主管部门的关注，原告应保持必要的容忍。本院综合本案事实认定孙某亮所发网帖基本真实，意见表达上用词有所失范，但不应认定为侵犯原告法人名誉权。根据《侵权责任法》第三十六条的规定："网络用户、网络服务提供者利用网络侵害他人民事权益的，应当承担侵权责任。网络用户利用网络服务实施侵权行为的，被侵权人有权通知网络服务提供者采取删除、屏蔽、断开链接等必要措施。网络服务提供者接到通知后未及时采取必要措施的，对损害的扩大部分与该网络用户承担连带责任。网络服务提供者知道网络用户利用其网络服务侵害他人民事权益，未采取必要措施的，与该网络用户承担连带责任。"阿拉丁公司在网络用户侵权情况下，接到通知不采取措施或知道网络用户利用其网络侵害他人权益时不采取措施，才承担责任。本案中，因本院认定孙某亮并不侵犯原告名誉权，故阿拉丁公司亦不承担民事责任。

另外，阿拉丁公司在诉讼中已经删除了该网帖，并向本院提供了涉案网帖用户注册信息，本院亦告知了原告。故本院对原告要求公布真实身份，删除网帖、赔偿损失等诉讼主张不予支持。

编写人：江苏省昆山市人民法院　欧平

图书在版编目（CIP）数据

中国法院2019年度案例．侵权赔偿纠纷／国家法官学院案例开发研究中心编．—北京：中国法制出版社，2019.5

ISBN 978－7－5216－0149－7

Ⅰ.①中… Ⅱ.①国… Ⅲ.①侵权行为－赔偿－民事纠纷－案例－汇编－中国 Ⅳ.①D920.5

中国版本图书馆CIP数据核字（2019）第070619号

策划编辑：李小草（lixiaocao2008@sina.cn）

责任编辑：马金风　张海洋

封面设计：温培英、李宁

中国法院2019年度案例·侵权赔偿纠纷

ZHONGGUO FAYUAN 2019 NIANDU ANLI·QINQUAN PEICHANG JIUFEN

编者/国家法官学院案例开发研究中心

经销/新华书店

印刷/三河市紫恒印装有限公司

开本/730毫米×1030毫米　16开

印张/18.25　字数/249千

版次/2019年5月第1版

2019年5月第1次印刷

中国法制出版社出版

书号 ISBN 978－7－5216－0149－7

定价：48.00元

北京西单横二条2号

邮政编码 100031

传真：010－66031119

网址：http：//www.zgfzs.com

编辑部电话：010－66071862

市场营销部电话：010－66033393

邮购部电话：010－66033288

（如有印装质量问题，请与本社印务部联系调换。电话：010－66032926）